高等职业教育"十三五"规划教材

汽车专业工作过程导向职业核心课程双证系列教材

人力资源和社会保障部职业技能鉴定中心组编

汽车销售实务一体化项目教程

主　编　姬　虹

副主编　卢利平　李林燕　孙　菲

上海交通大学出版社

内容提要

本书分 7 个模块,内容包括:汽车销售礼仪、沟通能力、汽车市场调研、顾客购车行为分析、汽车销售技巧、汽车 4S 店的销售管理、汽车营销策划,并附有实训课题供学生练习。本书在汽车销售礼仪、汽车销售技巧等模块中按照汽车 4S 店的真实场景及销售话术展现在课本上,许多指导技巧以及参赛话术也在本书中得到体现。

本书可供高等职业院校汽车技术服务与营销专业教学使用及参考,也可作为汽车保险与理赔等相关专业的教材,还可供从事汽车营销工作的人员培训或自学使用。

图书在版编目(CIP)数据

汽车销售实务一体化项目教程 / 姬虹主编. —上海:
上海交通大学出版社,2015(2020 重印)
ISBN 978 - 7 - 313 - 13058 - 7

Ⅰ. ①汽⋯　Ⅱ. ①姬⋯　Ⅲ. ①汽车—销售—高等职业
教育—教材　Ⅳ. ①F766

中国版本图书馆 CIP 数据核字(2015)第 111265 号

汽车销售实务一体化项目教程

主　　编:姬　虹
出版发行:上海交通大学出版社　　　　　　地　　址:上海市番禺路 951 号
邮政编码:200030　　　　　　　　　　　　电　　话:021 - 64071208
印　　制:当纳利(上海)信息技术有限公司　经　　销:全国新华书店
开　　本:787 mm×1092 mm　1/16　　　　印　　张:12.75
字　　数:296 千字
版　　次:2015 年 6 月第 1 版　　　　　　　印　　次:2020 年 7 月第 2 次印刷
书　　号:ISBN 978 - 7 - 313 - 13058 - 7
定　　价:35.00 元

前　言

　　伴随着经济全球化的到来,产品同质化趋势日益明显,市场竞争日趋激烈,世界各知名汽车企业纷纷进入中国汽车市场,促进了国内汽车技术的迅猛发展。汽车技术的不断更新,使得汽车营销服务行业发生了新的变化,这就要求高等职业院校的教学模式以及人才培养方案随着汽车营销市场的变化而变化。

　　本书为了满足高等职业院校教学改革和培养高等技术应用型复合型人才的培养目标,解决高等职业院校汽车技术服务与营销专业缺乏理实一体化实用性教材的问题,以实际汽车4S店汽车销售营销活动为主线,设计了整个内容体系。同时本书在汽车销售礼仪、汽车销售技巧等多个模块中按照汽车4S店的真实场景把销售话术展现在课本上。本书的编写团队是多年指导全国高职组汽车营销大赛的老师并且指导的学生多次在大赛中获得一、二等奖,许多指导技巧以及参赛话术也在本书中得到体现。

　　参加本书编写工作的有:河南职业技术学院的姬虹(编写模块一、模块四的项目4.1和4.2、模块五及全书统稿),卢利平(编写模块六、模块七)、李林燕(编写模块二、模块三),陕西工业职业技术学院的孙菲(编写模块四的项目4.3)。全书由河南职业技术学院的姬虹担任主编,河南职业技术学院卢利平、李林燕、陕西工业职业技术学院孙菲担任副主编。

　　本书建议学时为60~70学时,各学校可按照自身专业设置的具体情况灵活分配。

　　在编写的过程中,参阅了大量的文献、资料,在此,对这些文献资料的作者表示诚挚的感谢!

　　限于编者的水平,书中存在的错误和不足之处,敬请广大读者批评指正。

编　者

2014 年 12 月

目 录

模块一　汽车销售礼仪　　001

　项目 1.1　汽车销售服务形象礼仪　　001
　项目 1.2　汽车销售服务接待礼仪　　016

模块二　沟通能力　　038

　项目 2.1　沟通方式　　038
　项目 2.2　提问能力　　044
　项目 2.3　倾听能力　　048
　项目 2.4　沟通反馈能力　　052

模块三　汽车市场调研　　056

　项目 3.1　调研策划　　056
　项目 3.2　调查问卷设计　　062
　项目 3.3　调查实施及结果处理　　066

模块四　顾客购车行为分析　　069

　项目 4.1　顾客购车心理分析与引导　　069
　项目 4.2　顾客购车动机分析与引导　　074
　项目 4.3　顾客购车过程分析与引导　　080

模块五　汽车销售技巧　083

　项目 5.1　寻找和接近顾客技巧　083
　项目 5.2　顾客接待与需求分析技巧　097
　项目 5.3　产品介绍　110
　项目 5.4　试乘试驾　115
　项目 5.5　顾客异议处理　125
　项目 5.6　成交　128
　项目 5.7　交车　135
　项目 5.8　跟踪　143

模块六　汽车 4S 店的销售管理　148

　项目 6.1　汽车 4S 店展厅基础管理　148
　项目 6.2　汽车 4S 店客户关系管理　158
　项目 6.3　汽车 4S 店销售服务管理　168

模块七　汽车营销策划　178

　项目 7.1　汽车营销活动策划案的编写　178
　项目 7.2　汽车营销策划案的实施　185

主要参考文献　194

汽车销售礼仪

项目 1.1 汽车销售服务形象礼仪

项目目的

（1）掌握正确的仪容礼仪规范。
（2）学会在汽车销售过程中合理的展现自身仪容仪态，仪容大方、举止得体。

项目内容

（1）仪容礼仪训练。
（2）仪表服饰礼仪训练。
（3）仪态礼仪训练。

相关知识点析

一、仪容的含义

仪容主要是指一个人的五官容貌，包括一个人的头部和手部，如头发、脸庞、眼睛、鼻子、嘴巴、耳朵等。仪容是每个人生来就有的，具有先天性。但是后天也是可以通过改变来实现追求美的目的，所谓"三分长相、七分打扮"就是这个意思。对于汽车销售人员来说，仪容礼仪方面应遵循以下两条基本原则。

1. 要干净、整洁和卫生

汽车销售人员在平时必须勤洗理、勤修饰，使自己的仪容永远显得清爽、利索，坚决杜绝仪容上的脏、乱、差。

笔记

2. 修饰要避人

汽车销售人员按常规修饰个人仪容时，应该注意回避他人，不应当众修饰自己。在他人面前"当窗理云鬓，对镜贴花黄"，既失之于端庄稳重，又有可能被人误解。例如，女性梳理自己的秀发，本属正常，但若是在工作岗位上这样做，可能会被视为孤芳自赏，缺乏敬岗爱业精神，而若是在大庭广众之下当着陌生人的面这样来修饰自己，还有可能会被误解为搔首弄姿、举止轻浮。所以，汽车销售人员要修饰、整理仪容，一定要注意回避他人，一般可以选择在更衣室或者洗手间进行。

二、基本的仪容礼仪

仪容礼仪包括个人卫生礼仪、美容美发礼仪等，是人类为维系社会正常生活而要求人们共同遵守的最起码的道德规范。它是人们在长期共同生活和相互交往中逐渐形成，并且以风俗、习惯和传统等方式固定下来。一般而言，汽车销售人员的仪容礼仪主要体现在头发、面容、手部、颈部和脚部等几个方面。

汽车销售人员的仪容注意事项及要求如表 1-1 所示。

表 1-1　仪容注意事项及要求

项　目	男　　士	女　　士
着装	穿着标准工作装，熨烫平整、干净得体、无污点，裤线保持笔挺	
头发	梳理整齐、干净无异味、不留长发、无头皮屑	干净梳理有型的头发，发帘尽量不要遮住眼睛；留长发的女士用丝带扎住
面部	注意避免有眼眵、口臭、耳垢；胡须剃干净	注意避免有眼眵、口臭、耳垢；工作场合避免佩戴大耳环
手、指甲	手保持清洁，指甲勤修理，不宜留长指甲；避免佩戴戒指及手镯	
鞋	保持干净，鞋后跟不应有磨损	保持干净，鞋跟在某种程度上 5 cm 以下为宜
袜子	尽量穿深色袜子，避免穿脏、破袜子	尽量穿肉色丝袜，避免穿破袜子，建议多备一双袜子在包里

三、仪表的含义

仪表是指一个人精神面貌的外观体现，俗话说就是"包装"。一个人的卫生习惯、服饰与形象和保持端庄、大方的仪表有着密切的关系。

商品包装之所以重要，是因为：当人们无法通过实际使用去判断商品的品质时，往往会通过商品的包装（外观）来判断商品的内在品质。当你面对汽车服务市场上的交往对象时，具有职业风范的仪表会清楚地表明你对自己的看法及你对对方的看法。塑造正确的职业化仪表，能够帮助汽车销售人员更快更好地服务于客户。

四、仪表礼仪的要素

1. 卫生整洁

清洁卫生是仪表美的关键，是礼仪的基本要求。不管长相多好，服饰多华贵，若满脸污垢、浑身异味，那必然破坏一个人的美感。因此，每个人都应该养成良好的卫生习惯，做到入睡起床洗脸、脚，早晚、饭后勤刷牙，经常洗头又洗澡，讲究梳理勤更衣。不要在人前"打扫个人卫生"。如剔牙齿、掏鼻孔、挖耳屎、修指甲、搓泥垢等，这些行为都应该避开他人进行，否则，不仅不雅观，也不尊重他人。与人谈话时应保持一定距离，声音不要太大，不要对人口沫四溅。

2. 服饰

服饰反映了一个人文化素质之高低，审美情趣之雅俗。一个人的仪表要与他的年龄、体形、职业所在的场合吻合，表现出一种和谐，这种和谐能给人以美感。

具体说来，它既要自然得体，协调大方，又要遵守某种约定俗成的规范或原则。服装不但要与自己的具体条件相适应，还必须时刻注意客观环境、场合对人的着装要求，即着装打扮要优先考虑时间、地点和目的三大要素，并努力在穿着打扮的各方面与时间、地点、目的保持协调一致。

五、服饰打扮的原则

俗话说："佛要金妆，人靠衣妆"。我们与人交往，首先注重的是他的服饰。成功的着装和仪表有着紧密联系，穿着不当往往会降低一个人的身份，很难使周围的人对他有一个好的印象。更重要的是，它往往还是一个企业的信息窗口，与之交往的人士可以通过员工的服饰水平去窥视企业的面貌和实力。汽车销售人员在选择服饰时要根据人们的审美观及审美心理，注意遵循一定的基本原则。

1. 整洁原则

整洁原则是指整齐干净的原则，这是服饰打扮的一个最基本的原则。一个穿着整洁的人总能给人以积极向上的感觉，并且也表示出对交往对方的尊重和对社交活动的重视。整洁原则并不意味着时髦和高档，只要保持服饰的干净合体、全身整齐有致即可。

2. 适合原则

汽车销售人员选择衣服要服从服务环境的需要，要学会放弃个性。如汽车销售人员的服饰必须体现自己的个性、热情、细致和专业的一面，又要衬托出你非常适合汽车服务的背景环境。如果仅仅为了突出个性而忽视汽车服务交往目的，穿着特别时髦甚至暴露的衣服来表现你的坦诚热情，是不可能被顾客接受的，直接影响汽车服务企业的整体形象。

六、仪态的含义

仪态通常是指人们身体呈现出的各种姿势以及人们在各种行为中所表现出来的风度，包括人们在日常生活中的行为动作和表情，如站姿、坐姿、走姿等，是一个人性格、气质、情趣、德才、学识、阅历、礼貌和修养等内在本质的外在体现。仪态用表情、动作或体态来交流感情、传递信息、协调关系，常作为一种伴随性语言来使用。

在汽车销售服务礼仪中，汽车销售人员的仪态礼仪被视为"第二语言"，是一种不说话的"语言"，但却又是内涵极为丰富的"语言"。它所发挥的作用，在某种意义来说，绝不亚于口头语言所发挥的作用。

"站如松，坐如钟，走如风，卧如弓"，是中国传统礼仪的要求，在当今社会中已被赋予了更丰富的涵义。一举手一投足，一颦一笑都反映出个人特有的仪态，它与人的风度密切相

笔记

关,是构成人们风度的主要方面。正确的仪态礼仪要求做到自然舒展、充满生气、端庄稳重、和蔼可亲。正如培根所说:"论起美来,状貌之美胜于颜色之美,而适宜并优雅的动作之美又胜于状貌之美。"

汽车服务人员形象礼仪如图 1.1 所示。

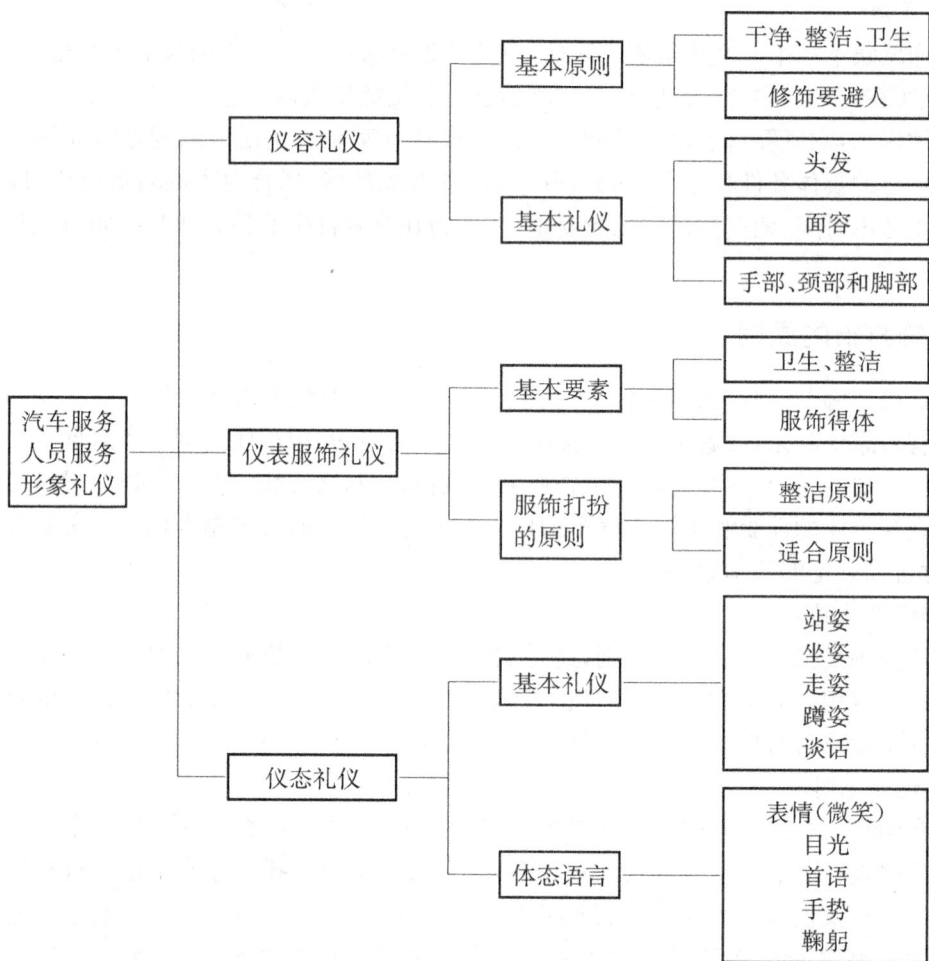

图 1.1　汽车服务人员形象礼仪

操作步骤

汽车销售服务形象礼仪训练总步骤如图 1.2 所示。

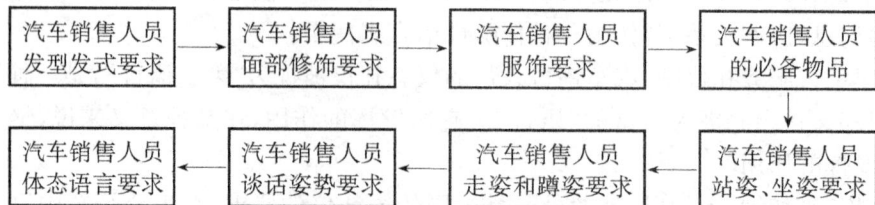

图 1.2　汽车销售服务形象礼仪训练步骤

1. 汽车销售人员发型发式

头发是人体的制高点，很能吸引他人的注意力。所谓头发的礼仪，就是通常所说的美发，即有关头发的护理及修饰的规范。在头发方面，对汽车销售人员的基本要求是干净、整齐、长短适当，发型简单大方、朴素典雅，一般不可以完全不加修饰，但也不可太花哨。

在汽车销售服务活动中，女士的发型种类较多，主要有长发、短发、卷发、发髻等，具体可依脸型、场合来决定。男士的发型变化则比较少，多以短发为主，以6厘米左右为佳，最长也不应该后及领口，前过额头，左右遮住耳朵。女士头发的长度虽然相对要求"宽松"些，但最好不要长过肩部，或挡住眼睛。在庄重严肃的工作场合，则必须暂时将头发梳成发髻，盘在头上，并套上发套。需要强调的是，不管是男是女，汽车销售人员原则上不宜留"大鬓角"，这也是为了使汽车销售人员看起来精神一些，利落一些。

汽车销售人员的头发要时刻保持健康、洁净、清爽的状态。首先必须定期清洗头发，并且坚持不懈，一般来说，每周至少应当清洗2～3次。其次是定期修剪头发，至少要确保每个月修剪一次。最后是梳理头发，汽车销售人员出门上班前，换装上岗前、下班回家时以及其他任何有必要的场合，都必须自觉地梳理头发，确保齐整。

2. 汽车销售人员的面部修饰

1）面容

面部是人际交往中为他人所注意的重点。在汽车销售服务活动中，汽车销售人员要使自己从容而自信，就不能忽略面容的修饰，绝不允许面部不干净不卫生。修饰自己的面部，具体到各个环节，都有不同的要求和规定。

面部的基本护理。做好面部的护理工作是做好美容化妆的先行条件，在注重化妆对人的改变的作用时，必须重视对面部皮肤的护理工作。了解自己的肤质，选择合适的肌肤保养品，采取正确的保养手段是非常重要的。

（1）面部的清洁。洗脸的正确顺序是先从多油垢的"T"区地带洗起，接着是鼻子和下巴，然后再洗面颊和眼部四周，最后清洗耳部、颈部及发际、眉间等。洗脸时要注意以下几点：一是要让洗面乳充分起泡，泡沫越细越不会刺激肌肤；二是不要过于用力揉搓肌肤，以免给肌肤带来不必要的负担；三是每个部位都要洗净（包括发际和脖子）；四是要用流水冲洗去沫；五是冲洗完毕将毛巾轻贴脸颊自然吸干水分。

（2）面部的护理。洗脸去除污垢后，要及时补充水分、油脂、角质层内的保温因子等，使肌肤回复到原来的状态。可以使用化妆水和乳液进行日常的面部护理，还应视实际情况采用面膜敷脸的特殊保养方法。

2）颊部修饰

面部化妆一方面要突出五官最美的部分，另一方面要掩盖或矫正缺陷或不足的部分。无论采用淡妆还是浓妆都要恰当运用化妆技术和化妆品，以达到美化形象的目的。

（1）涂抹粉底。

（2）刷腮红。注意选择腮红的位置和颜色，由上向下呈斜角刷腮红。有络腮胡的男士则要注意每天刮胡须，保持颊部干净清爽。

3）眼部修饰

眼睛是心灵的窗户，它在很大程度上影响着别人对你的第一印象，因此眼部的修饰也是面容修饰的重要内容。眼部的化妆包括眉毛和眼睛的修饰。

（1）修饰眉毛。眉毛是用来衬托眼睛和改善脸型的宽窄长短的。男性一般无须进行修饰，当然如果有瑕疵也可进行必要修饰以求美观。女士则必须经常修剪眉毛并尽可能修出适合的眉形，但是切记不能出现过浓的描画痕迹，汽车销售人员最好不要文眉。

（2）修饰眼睛。首先要保持眼部的干净，清除眼屎，同时保证眼睛不充血、无眼袋。女士可以使用眼影使眼睛变大、加长，改善浮肿的眼皮，使单眼皮有双眼皮的效果。另外，汽车销售人员若是眼睛近视需要戴眼镜，最好使用隐形眼镜，否则必须随时对眼镜进行清洗、擦拭以保证美观。一般情况下，汽车销售人员不得戴太阳眼镜或其他有色眼镜。

4）唇部修饰

对大多数女性来说，最先接触的化妆品就是口红，为双唇点上颜色，总是增加许多光彩。汽车销售人员在进行唇部仪容修饰时要注意以下几点：

（1）清洁双唇。不要让口角长期积存异物或白沫，在干燥季节尤其要注意涂抹润唇膏令嘴唇滋润，以免唇皮皲裂影响美观。男士要注意剃须。

（2）清洁牙齿。牙齿整齐洁白是仪容美的主要表现。对于汽车销售人员来说，应坚持每天早晚刷牙，并且最好在吃完每顿饭后都刷一次牙。在参加正式场合前，一定要事前漱口刷牙或是咀嚼口香糖，以免食物残渣留在口腔里。在进餐后，也不要当着别人的面剔牙，这样做既不雅观，也很失礼。

（3）消除口腔异味。汽车销售人员平时工作期间应少吃或尽量不吃生葱生蒜、洋葱及韭菜一类带刺激性气味的食物，以免在交往中说话"带味"，使接近自己的人感到不快。汽车销售人员在用餐后一时难找机会刷牙时，可尝试用漱口水来进行口腔清洁，但最好不要当众大嚼口香糖。

5）鼻部清洁

汽车销售人员必须时刻保持鼻腔的干净清洁，不流鼻涕。鼻毛过长要及时修剪，以免外露。不得在汽车服务场合清理鼻屎或是吸鼻涕，这些都是很不雅的举动。

6）清洗耳朵

汽车销售人员洗脸时千万不要忘记清洗耳朵，一定要确保耳内外干净，无耳屎。如果耳毛过长，也要及时进行修剪。

3. 汽车销售人员手部、颈部和脚部的要求

1）手部

握手是汽车服务交往中最基本的见面礼仪。一双干净、光洁的手往往能给交往对象留下良好的印象。因此，手也是汽车销售人员修饰仪容的重要部位。汽车销售人员必须时刻保持手部干净清爽，不得留长指甲，指甲内部也要注意不能够有污垢，不得在公共场所修剪指甲或是用牙齿啃咬指甲。女士不能使用色彩夸张的甲油和甲饰，如果手上有厚重的体毛，还必须经常剃、褪，以示美观。

2）颈部

汽车销售人员在清洗面部时，还不要忘了清洗脖颈、脖后等重要部位。如果只顾脸部而忽略了脖颈，致使二者反差过大，同样会给人留下不好的印象。对于随着年龄增长而显现的颈纹，也可适当加以修饰隐藏。

3）脚部

中国有句老话说："远看头，近看脚，不远不近看中腰。"由此可见，脚部的保养和修饰也是很重要的。汽车销售人员，尤其是男士必须养成良好的卫生习惯，每天勤洗脚，勤换鞋袜，以清除脚臭。男士还要注意不能在公共场合穿短裤或是挽起长裤的裤脚。女士如腿毛过重，须注意进行剃褪或是以丝袜进行遮掩。

4. 汽车销售人员服饰的要求

1）男汽车销售人员的服饰要求

（1）西装的穿法：

要拆除衣袖上的商标。

要熨烫平整。

要系好纽扣：站立时，西装上衣的纽扣应当系上，只有在内装背心或毛衣，外穿单排扣上衣时除外。就座后，西装上衣的纽扣则要解开，以防走样。

通常，单排两粒扣的西装只系上边那粒纽扣；单排三粒扣的西装要么只系中间那粒，要么系上面两粒；双排扣的西装则要全部系上。

通常，西装背心只能与单排扣的上衣配套，单排扣式背心最下面那粒纽扣应当不系，双排扣式的则要全部系上。

要不卷不挽。

要慎穿毛衣：在天冷时，在西装上衣内加入毛衣时，最好选用薄型"V"领的单色毛衣。

要少装东西：西装上衣左侧的外胸袋除可以插入一块用以装饰的手巾外，不能放任何物品。内侧的胸袋右以用来放钱夹、名片夹、笔等，外侧的两只口袋，原则上以不放任何东西为佳。

（2）西装的搭配：

西装：首推藏蓝色，还可以选择灰色和深棕色，黑色也可考虑。

衬衫：必须为单一色彩，以白色为宜；衣扣应系上；最美观的袖长是，着西装时露出1厘米左右；选择衬衫时，要特别注意衣领和胸围的松紧度。

领带：同一领带上颜色最好少于三种；主要以单色或几何形状图案为主；打领带的基本要求是：挺括、端正，标准长度是：下端的箭头正好抵达皮带扣的上端。领带夹只宜夹在衬衫的第四粒扣和第五粒扣的距离上。

皮鞋：一般来说，牛皮鞋与西装最般配；与西装配套的皮鞋应为深色，单色；最适合的是黑色。系带的皮鞋是最佳之选。

袜子：穿西装时，所配的袜子也以深色、单色为宜，最好是黑色。袜子的长度不得低于踝骨。

2）女汽车销售人员的服饰要求

（1）套裙的穿法。

长短搭配适当：上衣不宜过长过短，裙子的下摆恰好抵达着装者小腿肚上最丰满处是最标准的裙长，上衣袖长以恰恰盖住着装者的手腕为好。

穿着到位：不允许将上衣披在身上，或者搭在身上，更不允许当着别人的面随便将上衣脱下。

要系好纽扣：上衣的纽扣必须一律全部系上。

考虑场合：正式的场合，以穿着套裙为好。

协调妆饰：化淡妆，恰到好处即可；佩饰以少为宜，合乎身份。

兼顾举止：举止不宜幅度过大，以防走光。

（2）套裙的搭配。

套裙：应以冷色调，不带任何图案为主。

衬衫：衬衫的下摆必须掖入裙腰之内，衬衫的纽扣要一一系好，最上端一粒纽扣除外。

内衣：内衣一定要穿；内衣不宜外穿；内衣不准外露；内衣不准外透。

鞋袜：以黑色牛皮鞋、肉色袜为宜，鞋袜应完好无损，不可以当众脱下。

5. 汽车销售人员必备物品

（1）名片夹：应该选择一个比较好的名片夹来放自己的名片，这样可以保持名片的清洁整齐。同时接受他人名片的时候，应该有一个妥善的位置能够保存，而避免直接把对方的名片放在你的口袋中，或者放在手中不停地摆弄。

（2）备忘便笺纸：能够及时记录顾客信息以及相关的要求，有助于提高工作质量和工作效率。

（3）计算器：能够快速准确的算出汽车相关价格，如购置税、车险、优惠后的价格等重要信息。

（4）钢笔/圆珠笔：不可或缺的工具，一般情况下尽量避免把它携带在衬衫的口袋里面，这样容易把你的衬衫弄脏。

以上物品都放在文件夹内。文件夹拿法：左手持文件夹，文件夹开口朝上，左手手臂略弯曲。

6. 汽车销售人员的站姿和坐姿礼仪训练

1）站姿礼仪

站立是人最基本的姿势，是一种静态的美。正确规范的站姿给人以挺拔笔直、精力充沛、积极进取、充满自信的感觉。在一些正式场合不宜将手插在裤袋里或交叉在胸前，更不要下意识地做些小动作，那样不但显得拘谨，给人缺乏自信之感，而且也有失仪态的庄重。站姿礼仪规范要求如表1-2所示；正确与错误的站姿如图1.3所示；汽车销售人员正确站姿与引导手势如图1.4所示。

表1-2　站姿礼仪规范要求

两肩放松，气下沉，自然呼吸。身体挺立，抬头挺胸，下颌微收，双目平视对方，双手交叉，放在身前，右手搭在左手上	
男　士	女　士
身体挺拔直立，两脚开立，与肩同宽	脚跟并拢，呈V字形，或两脚稍微错开，一前一后，前脚的脚后跟稍稍向后脚背靠拢，后腿的膝盖向前腿靠拢
注意：1. 千万不要僵直硬化，肌肉不能太紧，可以适宜地变化姿态，追求动感美 　　　2. 避免垂头、垂下巴、含胸、腹部松弛、肚腩凸出、耸肩、驼背、屈腿、斜腰、依靠物体、双手抱在胸前等不良站姿	

正确站姿

错误站姿

图 1.3　正确与错误的站姿

2) 坐姿礼仪

坐,也是一种静态造型。端庄优美的坐,会给人以文雅、稳重、自然大方的美感。在正式场合,入座时要轻柔和缓,起座要端庄稳重,不可猛起猛坐,弄得桌椅乱响,造成尴尬气氛。不论何种坐姿,上身都要保持端正,如古人所言的"坐如钟"。若坚持这一点,那么不管怎样变换身体的姿态,都会优美、自然。符合礼仪规范的坐姿能传达出自信练达、积极热情、尊重他人的信息和良好风范。坐姿礼仪规范要求如表 1-3 所示;正确与错误的坐姿如图 1.5 所示。

7. 汽车销售人员的走姿礼仪训练

行走是人生活中的主要动作,走姿是一种动态的美。"行如风"就是用风行水上来形容轻快自然的步态。协调稳健、轻松敏捷的走姿会给人以动态之美,表现朝气蓬勃、积极向上的精神状态。走姿礼仪规范要求如表 1-4 所示;正确的走姿如图 1.6 所示。

8. 汽车销售人员蹲姿礼仪训练

蹲姿是在需要降低体位以便捡起掉在地上的物品或进行其他操作时采取的姿势。在工作场合中为避免弯腰捡拾,特别是女士着裙装时,为避免不雅,一般都采用蹲姿。蹲姿礼仪规范要求如表 1-5 所示;正确的蹲姿如图 1.7 所示。

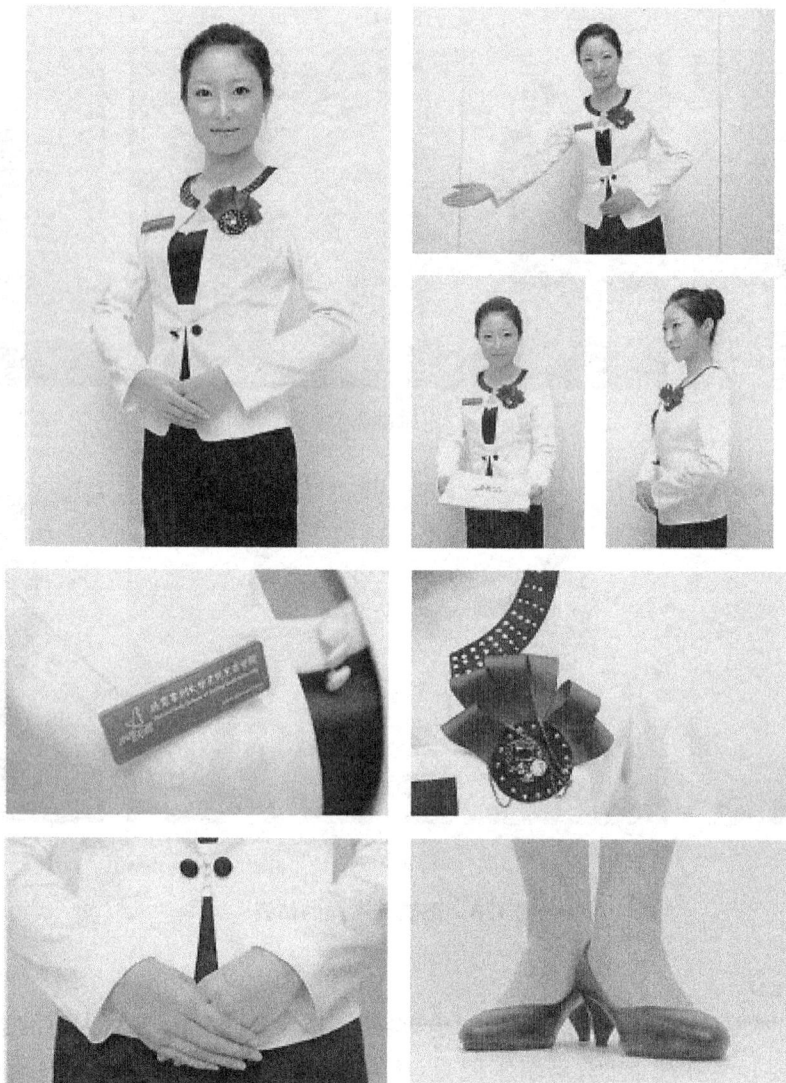

图 1.4　汽车销售人员正确站姿及引导手势

表 1-3　坐姿礼仪规范要求

身体重心垂直向下,腰部挺起,上体保持正直,头部保持平稳,两眼平视,下颌微收,双掌自然地放在膝头或座椅的扶手上	
男　士	女　士
上身挺直,两腿分开,不超肩宽,两脚平行	双腿并拢,两脚同时向左或右放,两手相叠后放在左腿或右腿腿上,也可双腿并拢,两腿交叉置于一侧
注意:1. 用手指示顾客就座的座位,为顾客扶住椅子(遵循女士优先,长者优先的原则) 2. 坐下之前应轻轻拉椅子,用右腿抵住椅背,轻轻用右手拉出,切忌发出声响 3. 坐下的动作不要太快或太慢、太重或太轻。太快显得有失教养,太慢则显得无时间观念 4. 坐下后,上半身应与桌子保持一个拳头左右的感觉,应大方自然,不卑不亢 5. 坐着与人交谈时,双眼应平视对方,但时间不宜过长或过短;也可用手势但不可过多或过大	

（续表）

> 6. 女士不可将双腿叉开
> 7. 双手不要叉腰或交叉在胸前
> 8. 不要摆弄手中的茶杯或将手中的东西不停地晃动
> 9. 腿脚不要不停地晃动

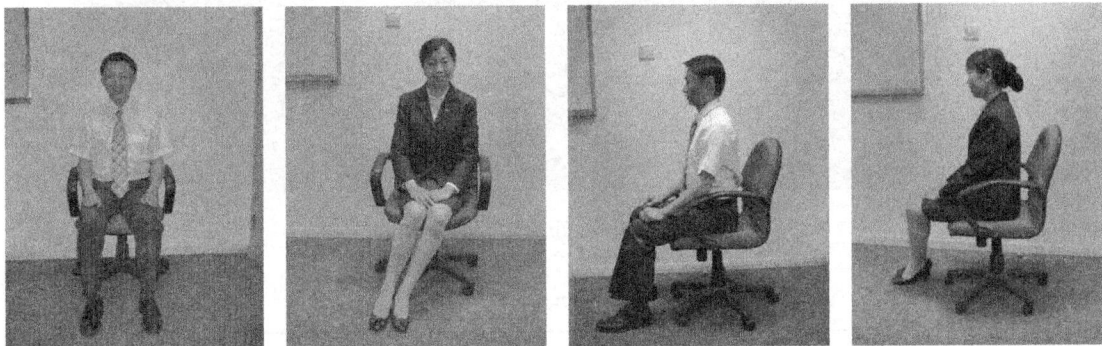

正确坐姿

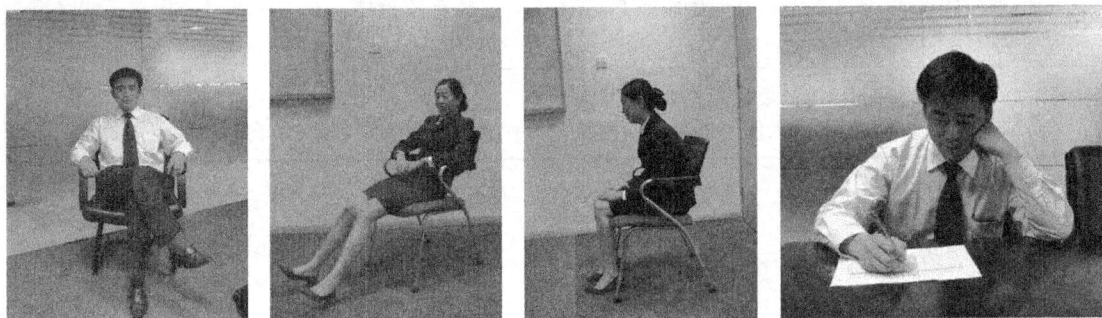

错误坐姿

图 1.5 正确与错误的坐姿

表 1-4 走姿礼仪规范要求

起步时,上身略向前倾,身体重心落在脚掌前部,两脚跟走在一条直线上,脚尖偏离中心线约10°。行走时,双肩平稳,目光平视,下颌微收,面带微笑。手臂伸直放松,手指自然弯曲,手臂自然摆动,摆动幅度以30°~35°为宜。同时,速度要适中,不要过快或过慢,过快给人以轻浮的印象,过慢则显得没有时间观念,没有活力
注意:1. 上身摆运和臂部拨动幅度不可过大,那样会显得体态不优美 　　　2. 避免含胸、歪脖、斜腰及挺腹等现象发生

9. 汽车销售人员谈话姿势礼仪训练

谈话的姿势往往反映出一个人的性格、修养和文明素质。所以,交谈时,双方要互相正视、互相倾听、不能东张西望、看书看报、面带倦容、哈欠连天。否则,会给人心不在焉、傲慢无理等不礼貌的印象。谈话姿势如图1.8所示。

10. 汽车销售人员体态语言礼仪训练

人的各种身体语言有些是天生的,如哭、笑,有些是后天学习而来的;人与人之间大部分

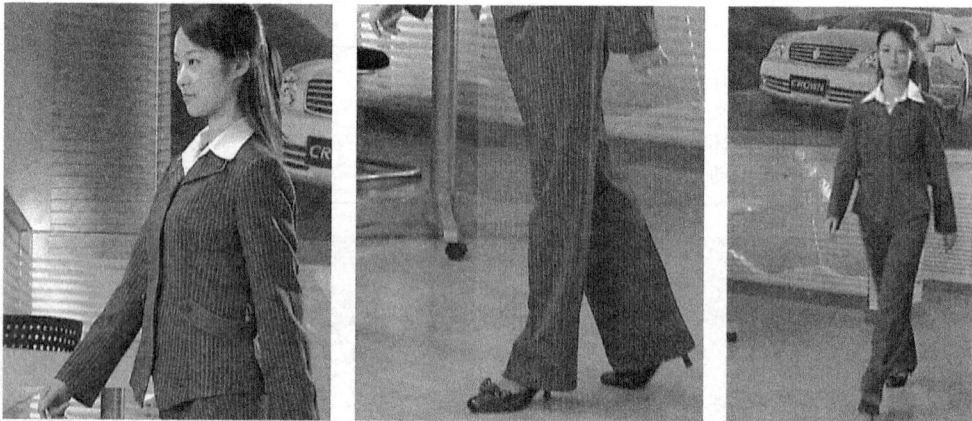

图 1.6　正确的走姿

表 1-5　蹲姿礼仪规范要求

下蹲时一般一脚在前、一脚在后，女士应大腿靠紧向下蹲，男士下蹲时两腿之间可有适当距离。前脚全脚掌着地，后脚跟提起，脚掌着地。臀部始终向下，基本上以后腿支撑身体。女士还可以采用交叉式蹲姿，基本上以后腿支撑身体
注意：1. 女士下蹲时两腿一定要靠近；臀部始终向下 　　　2. 如旁边站有他人，尽量使身体的侧面对人，保持头、胸挺拔姿势，膝关节自然弯曲

图 1.7　正确的蹲姿

的非语言系统都是相通的，微笑、愤怒，有些则有差异，所以体态语在不同文化、习俗中有不同程度的差异性。大致来说，在人际交往和商务服务活动中，有以下几种常见的体语表现形式。

表情语言是人内心的思想感情的脸部外化，这种外化通过面部肌肉运动来实现，如喜怒哀乐等。在汽车服务与销售活动中，表情一般是以喜乐为主，作为最基本的表情，微笑被认为是人类最美好的语言，可谓"犹如一缕春风轻抚人的心田，又似一束柔和的阳光给人以温暖，更似一滴雨露孕育心中的绿地"。

图 1.8　谈话姿势

汽车销售人员应戒绝苦笑、狂笑、皮笑肉不笑、狞笑、冷笑等使人心寒的笑容,施以迷人的微笑,这样才能使人际交往更加和谐。在某些服务性行业里早已提出并实施"八颗牙齿的微笑"、"1 米的微笑"等微笑式服务标准了。

笑是人们的眉、眼、鼻、口、齿以及面部肌肉所进行的协调行动。"发自内心的微笑,会自然调动人的五官:眼睛略眯起、有神,眉毛上扬并稍弯,鼻翼张开,脸肌收拢,嘴角上翘。做到眼到、眉到、鼻到、肌到、嘴到,才会亲切可人,打动人心。"

1) 微笑的类型

最常见的微笑类型有小微笑、普通微笑和大微笑。

(1) 小微笑。往上提起两端嘴角,稍微露出 2 颗门牙,配合微笑。保持 5 秒之后,恢复原来的状态并放松。

(2) 普通微笑。往上提起两端嘴角,露出上门牙 6 颗左右,眼睛也笑一点。保持 5 秒后,恢复原来的状态并放松。

(3) 大微笑。与小微笑一样,也可稍微露出下门牙,保持 5 秒后,恢复原来的状态并放松。

2) 微笑训练方法

在微笑训练的方法中有一种方法就是要将眼睛以下的部分挡住,练习微笑,要求从眼中要看出笑的表情。这就是所谓的"眼中含笑"。这种训练方法的目的就在于:微笑时要调动多部位器官协调动作,形成微笑的表情。如图 1.9 所示。

最常见的微笑训练方法有简易训练方法和细节训练法。

(1) 简易训练方法。用门牙轻轻地咬住木筷子。把嘴角对准木筷子,两边都要翘起,并观察连接嘴唇两端的线是否与木筷子在同一水平线上。保持这个状态 10 秒。在第一状态下,轻轻地拔出木筷子之后,练习维持那状态。

(2) 细节训练方法。形成微笑是在放松的状态下训练的,练习的关键是使嘴角上升的程度一致。如果嘴角歪斜,表情就不会太好看。练习各种笑容的过程中,就会发现最适合自己的微笑。

3) 目光语

目光语是人们通过视线接触所传递的信息,也称眼神。不同的眼神可以表达不同的含义。仰视,有尊敬崇拜的意思;俯视,一般表示爱护、宽容或者傲慢无礼;正视则体现平等公方式1：

① 把手举到脸前

② 双手按箭头方向做"拉"的动作，一边想象笑的形象，一边使嘴笑起来

方式2：

① 把手指放在嘴角并向脸的上方轻轻上提

② 一边上提，一边使嘴充满笑意

图 1.9　训练微笑的方式

正或自信坦率。商务交谈过程中，目光以亲切、温和、大方为宜，应多用平视的目光语。双目注视对方的眼鼻之间，表示重视对方或对其发言颇感兴趣，同时也体现出自己的坦诚。但若对方缄默不语，或是失言时，则不应看着对方，以免尴尬加剧。目光注视的方式如图 1.10所示。

图 1.10　目光注视的方式

一般来说，如果两个人在室内面对面交谈，目光距离最好在1～2米之间。目光注视对方胸部以上、额头以下部位。有时可能会出现谈话双方目光对视的情况，此时不必躲闪，泰然自若地徐徐移开就可以了。

如果是许多朋友在一起交谈，讲话的人不能把注意力只集中在其中一两个熟悉的人身上，要照顾到在场的每一个人。同时，与谁交谈或看谁谈话时，就应把目光注视到对方身上，让人感觉到你在与他交谈或听他讲话时正在关注着他，以示尊重。

目光接触的技巧有：生客看大三角、熟客看倒三角、不生不熟看小三角。

（1）与不熟悉的顾客打招呼时，眼睛要看他面部的大三角：即以肩为底线、头顶为顶点的大三角形。

（2）与较熟悉的顾客打招呼时，眼睛要看着他面部的小三角：即以下巴为底线、额头为顶点的小三角形。

（3）与很熟悉的顾客打招呼时，眼睛要看着他面部的倒三角形。

4）首语

首语是通过头部活动所传递的信息，最常见的是点头语和摇头语。一般点头语的语义是肯定；摇头语的语义是否定。点头语的语义还包括致意、同意、赞同、感谢、应允、满意、认可、理解、顺从等。但因环境和文化的差异，首语也有不同的形式和含义，例如，在保加利亚和印度的某些地方，阿拉伯语系国家，他们的首语是"点头不算摇头算"，形式含义正好和常规相反，一定要注意区别。

5）手势语

手势语是通过手和手指活动所传递的信息。作为信息传递的方式，手势在日常交际中使用频率很高，范围也较广泛。人们常常以拍桌表示愤慨，捶胸以示悲痛，不停地搓手表现为难，跷起大拇指表示称赞，V型手势表示胜利和成功等，在我国还有拱手作揖的礼节。

有时候下意识的手势动作会暴露我们内心的秘密。如十指交叉是不自信、心情不愉快沮丧时常有的动作。据专家研究表明，这实际是一种防御性交臂形式。人们在陌生人面前或是在紧张场合，多有这种姿势，以寻找安全感。再如，一个人和你谈话时，手一直不停摆弄衣角、扣子、笔或随手可及的事物，那么，这个人内心很可能觉得不安、自卑、紧张。另外，双臂交叉胸前，既是拒绝又是保护。人总感到身在某种屏障后才安全，所以就双手抱臂形成自我的保护圈，和对方、他人的距离拉宽了。所以听别人谈话时，应尽量少抱双臂。

指引客户方向或看什么东西的时候，手臂应自然伸出，手心向上，四指并拢，出手的位置应根据与客户所处的位置而定，即使用于距离客户远的那条手臂。

正确的引导手势如图1.11所示。

(a)　　　　　　　　　　(b)

图1.11　正确的引导手势

6）鞠躬礼仪

鞠躬也是表达敬意、尊重、感谢的常用礼节。鞠躬时应从心底发出对对方表示感谢、尊重的意念，从而体现于行动，给对方留下诚意、真实的印象。在行鞠躬礼时，按标准站姿站立或按标准行姿行走时适当减缓速度，面带微笑，头自然下垂，并带动上身前倾 5°，时间要持续 1～3 秒。鞠躬礼仪如图 1.12 所示。

图 1.12　鞠躬礼仪

鞠躬礼仪的要点：

（1）"问候礼"通常是 30°；"告别礼"通常是 45°。

（2）鞠躬时眼睛直视对方是不礼貌的表现。

（3）地位低的人要先鞠躬，而且相对深一些。

（4）男士行礼时，手放在身体的两侧；女士行礼时，双手握于体前。

（5）当别人向你行鞠躬礼时，你一定要以鞠躬礼相还。

实训练习

选择适合自己的工作服饰，按照上述操作进行穿着训练，练习汽车销售人员的站姿、坐姿、走姿、蹲姿、谈姿和体态语言。

项目 1.2　汽车销售服务接待礼仪

项目目的

（1）掌握汽车销售人员应有的标准接待礼仪。

（2）学会在汽车销售过程中灵活运用接待服务礼仪。

项目内容

(1) 介绍礼仪。

(2) 称呼礼仪。

(3) 握手礼仪。

(4) 名片礼仪。

(5) 位次礼仪。

(6) 电话礼仪。

相关知识点析

一、介绍礼仪

介绍是销售交际中常见的环节,介绍的礼节是通往交际大门的钥匙,是社交场合中相互了解的基本方式,它包括为他人作介绍或相互之间的自我介绍。

为他人作介绍时,有一个基本原则,即应该受到特别尊重的一方有了解权。因此,为他人介绍的先后顺序应当是:先向身份高者介绍身份低者;先向年长者介绍年幼者;先向女士介绍男士等。汽车推销人员使用自我介绍的情况较多。自我介绍一般包括姓名、职业、单位、籍贯、经历、年龄、特长和兴趣等内容。汽车销售人员与顾客初次见面,为使谈话很快进入正题,介绍前三项就足够了。

二、称呼礼仪

中华民族素有"礼仪之邦"的美称,这决定了对称呼的要求也相当严格。不称呼或乱称呼对方,都会给对方带来不快,给会面带来障碍。在人际交往中,明确如何称呼对方,是非常有必要的。

称呼别人一要看对象,对不同的人采取不同的称呼;二是称呼时更要注意看场合,对他人的称呼应与具体的环境相对应。称呼也即称谓,是人们交谈中所使用的用以表示彼此身份与关系的名称。商务交往中,选择正确、恰当的称呼,既体现了自身的良好教养,又表示了对对方的尊敬,同时反映出关系发展的程度及一定的社会风尚。

三、握手礼仪

握手是社交场合中运用最多的一种礼节。汽车销售人员与顾客初次见面,经过介绍后或介绍的同时,握手会拉近汽车推销人员与顾客间的距离。但握手是有讲究的,不加注意就会给顾客留下不懂礼貌的印象。

一般情况下,握一下即可,不必用力。握手的顺序应由主人、年长者、身份高者、女士先伸手。汽车推销人员在与顾客握手时,要主动热情、自然大方、面带微笑,双目要注视顾客,切不可斜视或低着头,可根据场合,一边握手,一边寒暄致意,如"××您好""谢谢""再见"等。对年长者和有身份的顾客,应双手握住对方的手,稍稍欠身,以表敬意。

四、名片礼仪

名片是汽车推销人员必备的一种常用交际工具。汽车销售人员在和顾客面谈时,递给顾客一张名片,不仅是很好的自我介绍,而且与顾客建立了联系。这种方式既方便,又体面,但不能滥用,要讲究一定的礼仪。否则,会给人留下草率、马虎的印象。

一般来说,汽车销售人员初次见到顾客,首先要以亲切的态度打招呼,并报上自己的公司名称,然后将名片递给对方。名片夹应放在西装上衣里面的口袋里,而不应从裤子口袋里掏出。递、接名片时最好用双手,或右手递,左手接。递名片时,名片的正面应对着对方,名字向着顾客,最好拿名片的下端,让顾客易于接。接过对方的名片后,应认真看一遍,然后放入口袋或公事包里。在接递名片时,要面带微笑。

五、位次礼仪

当汽车销售人员与客户见面时,很多销售环节、服务环节都与位次礼仪有关,位次礼仪是汽车技术服务与销售领域最常用到的礼仪。如当顾客来到汽车 4S 店展厅选购车辆,销售顾问在接待、产品介绍等环节中要对客户进行行进中的引导,涉及位次礼仪;试乘试驾环节中要注意乘坐交通的礼仪;协商谈判中坐姿礼仪以及会客座次礼仪等都具有明显的规范性和更强的可操作性的特点。汽车销售人员了解并掌握这些礼仪对提升企业的形象,增加与顾客的沟通有很大帮助。

六、电话礼仪

电话是汽车推销员与顾客交往中常用的工具,汽车推销员应最大限度的利用电话。在使用电话时应注重礼节。首先要注意自己讲话的音量和音质,尽量给人以愉快的感觉,要饱含感情,不能与对方争吵。其次打电话的关键是要掌握如何说、怎么说、说些什么,这里面是有学问的。打电话要牢记"5W1H",即 When:什么时候;Who 对象是谁;Where 什么地点;What 说什么事情;Why 为什么;How 如何说。电话拨通后,要简洁地把话说完,尽可能省时省事,否则易让顾客产生厌恶感,影响通话的质量甚至与顾客的关系。

操作步骤

接待礼仪总的操作步骤如图 1.13 所示。

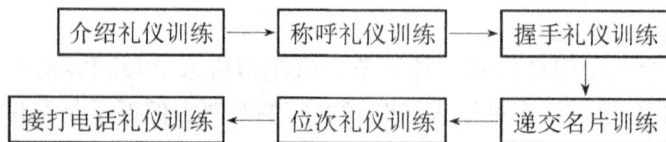

介绍礼仪训练 → 称呼礼仪训练 → 握手礼仪训练
接打电话礼仪训练 ← 位次礼仪训练 ← 递交名片训练

图 1.13　汽车销售服务接待礼仪训练

1. 介绍礼仪

1) 介绍自己

介绍自己即自我介绍,就是在商务交际场合,把自己介绍给其他人,以使对方认识自己。

（1）介绍自我的要点。在进行自我介绍时，应注意三点：一是先递名片；二是时间简短，一般以一分钟或半分钟为宜；三是内容完整。

（2）自我介绍的形式。一般情况下，正式的自我介绍时应先向对方点头致意，得到回应后再向对方介绍自己。自我介绍的具体形式有：

① 应酬式：适用于某些公共场合和一般性的社交场合，这种自我介绍最为简洁，往往只包括姓名一项即可。

② 工作式：适用于工作场合，它包括本人姓名、供职单位及其部门、职务或从事的具体工作等。

③ 交流式：适用于社交活动中，希望与交往对象进一步交流与沟通。它大体上应包括介绍者的姓名、工作、籍贯、学历、兴趣及与交往对象的某些熟人的关系。

④ 礼仪式：适用于讲座、报告、演出、庆典、仪式等一些正规而隆重的场合。包括姓名、单位、职务等，同时还应加入一些适当的谦辞、敬辞。

⑤ 问答式：适用于应试、应聘和公务交往。问答式的自我介绍，应该是有问必答，问什么就答什么。

（3）自我介绍的顺序。介绍的标准化顺序是所谓的位低者先行，就是地位低的人先做介绍。一般的规则是：主人和客人在一块儿时，主人先做介绍；长辈和晚辈在一块儿，晚辈先做介绍；男士和女士在一块儿，男士先做介绍。地位低的人和地位高的人在一块儿，地位低的人先做介绍。

（4）自我介绍的注意事项。

注意时间：要抓住时机，在适当的场合进行自我介绍。自我介绍时要简洁，尽可能地节省时间，以半分钟左右为佳。

讲究态度：进行自我介绍，态度一定要自然、友善、亲切、随和。语气要自然增长，语速要正常，语音要清晰。

真实诚恳：进行自我介绍要实事求是，真实可信，不可自吹自擂，夸大其词。

（5）自我介绍时的礼仪规范。必须镇定而充满信心。一般人对于自信的人，都会另眼相看。如果你有信心，对方会对你产生好感。相反，如果你胆怯，紧张，可能会使对方产生同样的反映，对你有所保留，使彼此之间的沟通产生障碍。

根据场合与时机，把握介绍的深度。注意不要中止客户的谈话而介绍自己，要等待适当的时机，不失分寸。

要注意眼神的运用。自我介绍时，眼神要表达出对客户友善、关怀及渴望沟通的心情。

表情庄重，尊重对方。无论男女都渴望别人尊重自己，特别希望别人重视自己，因此自我介绍时，态度不要轻浮，表情一定要庄重。

如果希望认识某一个客户，要采取主动，不能等待对方注意自己。

2）他人介绍

又叫第三方介绍，即自己作为第三者，替不相识的双方做介绍。为他人介绍时，主要有以下几个方面。

（1）介绍的顺序。为他人做介绍时，要遵守"尊者优先"的规则。其先后顺序大体上有

笔记

6种：

① 先男后女：把男士引见给女士。这是最常见的一种方式。唯有女士面对尊贵人物时，才允许有例外。

② 先少后老：即优先考虑被介绍人双方的年龄差异，通常适用于同性之间。

③ 先宾后主：适用于来宾众多的场合，尤其是主人未必与客人个个相识的时候。

④ 先未婚者后已婚者：此顺序仅适用于对被介绍人非常知根知底的前提之下，要是拿不准，最好不要冒昧行事。

⑤ 先低后高：它适用于比较正式的场合，特别适用于职业相同的人士之间。

⑥ 先个体后团体：当新加入一个团体的人初次与该团体的其他成员见面时，负责人将新人介绍给团体的其他成员。

（2）他人介绍的注意事项。

① 介绍者为被介绍者人介绍之前，一定要征求一下被介绍双方的意见，切勿上去开口即讲，显得很唐突，让被介绍者感到措手不及。

② 被介绍者在介绍者询问自己是否有意认识某人时，一般不应拒绝，而应欣然应允。实在不愿意时，则应说明理由。

③ 介绍人和被介绍人都应起立，以示尊重和礼貌；待介绍人介绍完毕后，被介绍双方应微笑点头示意或握手致意。

④ 一般情况下，介绍人和被介绍人都应起立，以示尊重和礼貌。但是在宴会、会议桌、谈判桌上，视情况介绍人和被介绍人可不必起立，被介绍双方可点头微笑致意；如果被介绍双方相隔较远，中间又有障碍物，可举起右手致意，点头微笑致意。

⑤ 待介绍人介绍完毕后，被介绍双方应微笑点头示意或握手致意，并且彼此问候对方。问候语有"你好、很高兴认识你、久仰大名、幸会幸会"，必要时还可以进一步做自我介绍。

（3）介绍集体。介绍集体是他人介绍的一种特殊形式，被介绍者一方或双方都不止一人，大体可分两种情况：一是为一人和多人作介绍；二是为多人和多人作介绍。鉴于此，替别人作介绍时，介绍他人的基本规则是可以使用的。

集体介绍的时机：

① 规模较大的社交聚会，有多方参加，各方均可能有多人，要为双方做介绍。

② 大型的公务活动，参加者不止一方，而各方不止一人。

③ 涉外交往活动，参加活动的宾主双方皆不止一人。

④ 正式的大型宴会，主持人一方人员与来宾均不止一人。

⑤ 演讲、报告、比赛，参加者不止一人。

⑥ 会见、会谈，各方参加者不止一人。

⑦ 婚礼、生日晚会，当事人与来宾双方均不止一人。

⑧ 举行会议，应邀前来的与会者往往不止一人。

⑨ 接待参观、访问者，来宾不止一人。

进行集体介绍的顺序可参照他人介绍的顺序，也可酌情处理。但注意越是正式、大型的交际活动，越要注意介绍的顺序。

①"少数服从多数"，当被介绍者双方地位、身份大致相似时，应先介绍人数较少的一方。

② 强调地位、身份。若被介绍者双方地位、身份存在差异，虽人数较少或只一人，也应将其放在尊贵的位置，最后加以介绍。

③ 单向介绍。在演讲、报告、比赛、会议、会见时，往往只需要将主角介绍给广大参加者。

④ 人数多一方的介绍。若一方人数较多，可采取笼统的方式进行介绍。如"这是我的家人"、"这是我的同学"。

⑤ 人数较多各方的介绍。若被介绍的不止两方，需要对被介绍的各方进行位次排列。排列的方法：以其负责人身份为准；以其单位规模为准；以单位名称的英文字母顺序为准；以抵达时间的先后顺序为准；以座次顺序为准；以距离介绍者的远近为准。

集体介绍的注意事项与他人介绍的注意事项基本相似。除此之外，还应再注意以下两点：

① 不要使用易生歧义的简称，在首次介绍时要准确地使用全称。

② 不要开玩笑，要很正规。介绍时要庄重、亲切，切勿开玩笑。

（4）接受介绍时的礼仪。

起立：男士起立，女士也要起立，尤其是向你介绍长辈时，应起立以示对对方的尊重。

目视对方，面带微笑：被介绍人的目光一定要注视着对方的脸部，无论是男女。不要让其他事情分散你的注意力，不要东张西望，以免给对方留下心不在焉、不重视或不欢迎对方的印象。

握手：如果双方均为男性，握手绝对必要。如果把男性介绍给女性认识时，女性觉得有握手必要时，可以先伸出手来，以表示感谢。

问候对方并复述对方姓名：可以说"认识你很高兴，刘慧女士"或"你好，王富强先生"。

交谈后离开时要互相道别：离开时，说一声"再见"可以给对方留下很好的印象。

2. 称呼礼仪

1）称呼的方式

在工作中，彼此之间的称呼有其特殊性。总的要求，是庄重、正式、规范。常见的称呼方式有以下几种：

（1）职务性称呼。在工作中，以交往对象的职务相称，以示身份有别、敬意有加，这是一种最常见的称呼方法。

① 仅称职务，如"部长"、"经理"、"主任"，等等。

② 职务之前加上姓氏，如"隋处长"、"马委员"，等等。

③ 职务之前加上姓名，仅适用极其正式的场合，如"×××主席"等。

（2）职称性称呼。对于具有职称者，尤其是具有高级、中级职称者，可直接以其职称相称。以职称相称，下列三种情况较为常见：

① 仅称职称，如"教授"、"律师"、"工程师"，等等。

笔记

② 在职称前加上姓氏,如"钱编审"、"孙研究员"。有时,这种称呼也可加以约定俗成的简化,如"吴工程师"简称为"吴工"。但使用简称应以不发生误会,歧义为限。

③ 在职称前加上姓名,它适用于十分正式的场合。如"安文教授"、"杜锦华主任医师"、"郭雷主任编辑",等等。

(3)学衔性称呼。工作中,以学衔作为称呼,可增加其权威性,有助于增强现场的学术气氛。称呼学衔,也有四种情况使用最多。它们分别是:

① 仅称学衔,如"博士"。

② 在学衔前加上姓氏,如"杨博士"。

③ 在学衔前加上姓名,如"劳静博士"。

④ 将学衔具体化,说明其所属学科,并在其后加上姓名。如"史学博士周燕"、"工学硕士郑伟"、"法学学士李丽珍",等等。此种称呼最为正式。

(4)行业性称呼。在工作中,有时可按行业进行称呼。它具体又分为两种情况:

① 称呼职业,即直接以被称呼者的职业作为称呼。如将教员称为"老师",将教练员称为"教练",将专业辩护人员称为"律师",将警察称为"警官",将会计师称为"会计",将医生称为"医生"或"大夫",等等。

在一般情况下,在此类称呼前,均可加上姓氏或姓名。

② 称呼"小姐"、"女士"、"先生"。

对商界、服务业从业人员,一般约定俗成地按性别的不同分别称呼为"小姐"、"女士"或"先生"。其中,"小姐"、"女士"两者的区别在于:未婚者称"小姐",已婚者或不明确其婚否者则称"女士"。在公司、外企、宾馆、商店、餐馆、歌厅、酒吧、交通行业,此种称呼极其通行。在此种称呼前,可加姓氏或姓名。

(5)姓名称呼。在工作岗位上称呼姓名,一般限于同事、熟人之间。其具体方法有3种:

① 直呼姓名。

② 只呼其姓,不称其名,但要在它前面加上"老"、"大"、"小"。

③ 只称其名,不呼其姓,通常限于同性之间,尤其是上司称呼下级、长辈称呼晚辈之时。在亲友、同学、邻里之间,也可使用这种称呼。

2)称呼的禁忌

在使用称呼时,一定要回避以下几种错误的做法。否则,会失敬于人。

(1)使用错误的称呼。使用错误的称呼,主要在于粗心大意,用心不专。常见的错误称呼有两种:

误读。一般表现为念错被称呼者的姓名。如"郇"、"查"、"盖"这些姓氏就极易弄错。要避免犯此错误,要作好先期准备,必要时,虚心请教。

误会。主要指对被称呼的年纪、辈分、婚否以及与其他人的关系做出了错误判断。如将未婚妇女称为"夫人",就属于误会。

(2)使用过时的称呼。有些称呼,具有一定的时效性,一旦时过境迁,若再采用,难免贻笑大方。比方说,法国大革命时期人民彼此之间互称"公民"。在我国古代,对官员称为"老爷"、"大人"。若全盘照搬过来,就会显得滑稽可笑,不伦不类。

笔记

（3）使用不通行的称呼。有些称呼，具有一定的地域性，如北京人爱称人为"师傅"，山东人爱称人为"伙计"，中国人把配偶、孩子经常称为"爱人"、"小鬼"。但是，在南方人听来，"师傅"等于"出家人"，"伙计"肯定是"打工仔"。而外国人则将"爱人"理解为进行"婚外恋"的"第三者"，将"小鬼"理解为"鬼怪"、"精灵"，可见更为"南辕北辙"，误会太大了。

（4）使用不当的行业称呼。学生喜欢互称为"同学"，军人经常互称"战友"，工人可以称为"师傅"，道士、和尚可以称为"出家人"，这并无可厚非。但以此去称呼"界外"人士，并不表示亲近，没准还会不为对方领情，反而产生被贬低的感觉。

（5）使用庸俗低级的称呼。在人际交往中，有些称呼在正式场合切勿使用。如"兄弟"、"朋友"、"哥们儿"、"姐们儿"、"磁器"、"死党"、"铁哥们儿"等一类的称呼，就显得庸俗低级，档次不高。它们听起来令人肉麻不堪，而且带有明显的黑社会人员的风格。逢人便称"老板"，也显得不伦不类。

（6）使用绰号作为称呼。对于关系一般者，切勿自作主张给对方起绰号，更不能随意以道听途说来的对方的绰号去称呼对方。至于一些对对方具有侮辱性质的绰号，如"北佬"、"阿乡"、"鬼子"、"鬼妹"、"拐子"、"秃子"、"罗锅"、"四眼"、"肥肥"、"傻大个"、"柴禾妞"、"北极熊"、"黑哥们"、"麻秆儿"，等等，则更应当免开尊口。另外，还要注意，不要随便拿别人的姓名乱开玩笑。要尊重一个人，必须首先学会去尊重他的姓名。每一个正常人，都极为看重本人的姓名，而不容他人对此进行任何形式的轻践。

3）称呼应注意的问题

（1）称呼要看对象。与多人见面招呼时，称呼对方应遵循先上级后下级、先长辈后晚辈、先女士后男士、先疏后亲的礼遇顺序进行。

同事之间的称谓已有一定的讲究。一般来说，在开会、工作等场合，直接称呼职务、职业。还可以采用在"姓＋职务、职业称谓"，如"李经理"；可以采用"名＋职务"，如"尔康主管"；可以采用"姓名＋职务、职称称谓"相称，如"张飞教授"。

一般年纪较大、职务较高、辈分较高的人常对年纪较轻、职务较低、辈分较小的人称呼姓名。相反，年纪较轻、职务较低、辈分较小的人对年纪较大、职务较高、辈分较高的人称呼姓名是没有礼貌的。

在所有称呼中，最亲切、最随便的一种称呼是不称姓而直呼其名，但只限于长者对年轻人，老师对学生，或关系亲密的个人之间。

对不同性别的人应使用不同的称呼，对女性可以称"小姐"、"小姑娘"、"女士"等，对男性可称"先生"、"师傅"等。

（2）称呼要看场合。一般情况下，人们对对方的称呼都是与其环境相对应的正式称谓。如某4S店有一位姓刘的经理，下级向他汇报工作时称他"刘经理"；同事和他交往时称"老刘"；年轻人在车间里称他"刘师傅"；他的亲密朋友在与他交往时称其"刘大哥"；回家时，妻子称他为"当家的"；对他不满的人私下里称他为"姓刘的"。

（3）称呼和身份、修养有关。能否恰当地称呼对方还跟一个人的文化修养有关，一个没有见过场面的农民很难称呼一个风度翩翩的服务顾问为"先生"。因此，作为汽车服务人员应该不断提高自身修养，学会恰当地称呼对方。

笔记

3. 握手礼仪

1) 握手的次序

在正式场合,握手时伸手的先后次序主要取决于职位、身份。在社交、休闲场合,则主要取决于年纪、性别、婚否。根据礼仪规范,握手时双方伸手的先后次序,一般应当遵守"尊者先伸手"的原则,应由尊者首先伸出手来,位卑者只能在此后予以响应,而绝不可贸然抢先伸手,不然就是违反礼仪的举动。其基本规则如下:

(1) 职业、身份高者与职位、身份低者。职业、身份高者与职位、身份低者握手,应由职位、身份高者首先伸出手来。

(2) 男女之间。男女之间握手,男士要等女士先伸出手后才握手。如果女士不伸手或无握手之意,男士向对方点头致意或微微鞠躬致意。男女初次见面,女方可以不与男士握手,只是点头致意即可。男女握手时,男士要脱帽和脱右手手套,如果偶遇匆匆忙忙来不及脱,要道歉。女士除非对长辈,一般可不必脱手套。

(3) 宾客之间。宾客之间握手,主人有向客人先伸出手的义务。在宴会、宾馆或机场接待宾客,当客人抵达时,不论对方是男士还是女士,女主人都应该主动先伸出手。男士因是主人,尽管对方是女宾,也可先伸出手,以表示对客人的热情欢迎。而在客人告辞时,则应由客人首先伸出手来与主人相握,在此表示的是"再见"之意。

(4) 长幼之间。长幼之间握手,年幼的一般要等年长的先伸手。和长辈及年长的人握手,不论男女,都要起立趋前握手,并要脱下手套,以示尊敬。

(5) 上下级之间。上下级之间握手,下级要等上级先伸出手。但涉及主宾关系时,可不考虑上下级关系,做主人的应先伸手。

(6) 一个人与多人。若是一个人需要与多人握手,则握手时也应讲究先后次序,由尊而卑,即先年长者后年幼者,先长辈后晚辈,先老师后学生,先女士后男士,先已婚者后未婚者,先上级后下级,先职位、身份高者后职位、身份低者。

另外,已婚者与未婚者握手,应由已婚者首先伸出手来。社交场合的先至者与后来者握手,应由先至者首先伸出手来。

2) 握手的时机

(1) 遇到久未谋面的熟人时。

(2) 在比较正式的场合与相识之人道别时。

(3) 自己作为东道主迎送客人时。

(4) 向客户辞行时。

(5) 被介绍给不相识者时。

(6) 在外面偶遇同事、朋友、客户或上司时。

(7) 感谢他人的支持、鼓励或帮助时。

(8) 向他人或他人向自己表示恭喜、祝贺时。

(9) 应邀参与社交活动见东道主时。

(10) 对他人表示理解、支持、肯定时要握手,以示真心实意。

3) 握手姿态

(1) 男士握位。整个手掌(见图1.14)。

图 1.14　男士握位

图 1.15　女士握位

（2）女士握位。食指位（见图 1.15）。

（3）男女握位。男士握手应握女士的手指部位（或手掌三分之一处），或轻轻贴一下（见图 1.16）。

4）握手的方式

握手的标准方式，是行礼时行至距握手对象约 1 米处，双腿立正，上身略向前倾，伸出右手，四指并拢，拇指张开与对方相握。握手时应用力适度，上下稍许晃动三四次，随后松开手来，恢复原状。

（1）神态。与人握手时神态应专注、热情、友好、自然。在通常情况下，与人握手时，应面含微笑，目视对方双眼，并且口道问候。在握手时切勿显得自己三心二意，敷衍了事，漫不经心，傲慢冷淡。如果在此时迟迟不握他人早已伸出的手，或是一边握手，一边东张西望，目中无人，甚至忙于跟其他人打招呼，都是极不应该的。

图 1.16　男女握位

（2）力度。握手时用力应适度，不轻不重，恰到好处。如果手指轻轻一碰，刚刚触及就离开，或是懒懒地、慢慢地相握，缺少应有的力度，会给人勉强应付、不得已而为之之感。

一般来说，手握得紧是表示热情。男人之间可以握的较紧，甚至另一只手也加上，包括对方的手大幅度上下摆动，或者在手相握时，左手又握住对方胳膊肘、小臂甚至肩膀，以表示热烈。但是注意既不能握得太使劲，使人感到疼痛，也不能显得过于柔弱，不像个男子汉。对女性或陌生人，轻握是很不礼貌的，尤其是男性与女性握手应热情、大方、用力适度。

（3）时间。通常是握紧后打过招呼即松开。握手的时间通常是 3～5 秒钟。匆匆握一下就松手，是在敷衍；长久地握着不放，又未免让人尴尬。但如亲密朋友意外相遇、敬慕已久而初次见面、至爱亲朋依依惜别、衷心感谢难以表达等场合，握手时间就长一点，甚至紧握不放，话语不休。在公共场合，如列队迎接外宾，握手的时间一般较短。握手的时间应根据与

笔记

对方的亲密程度而定。

握手"七要诀"如图 1.17 所示。

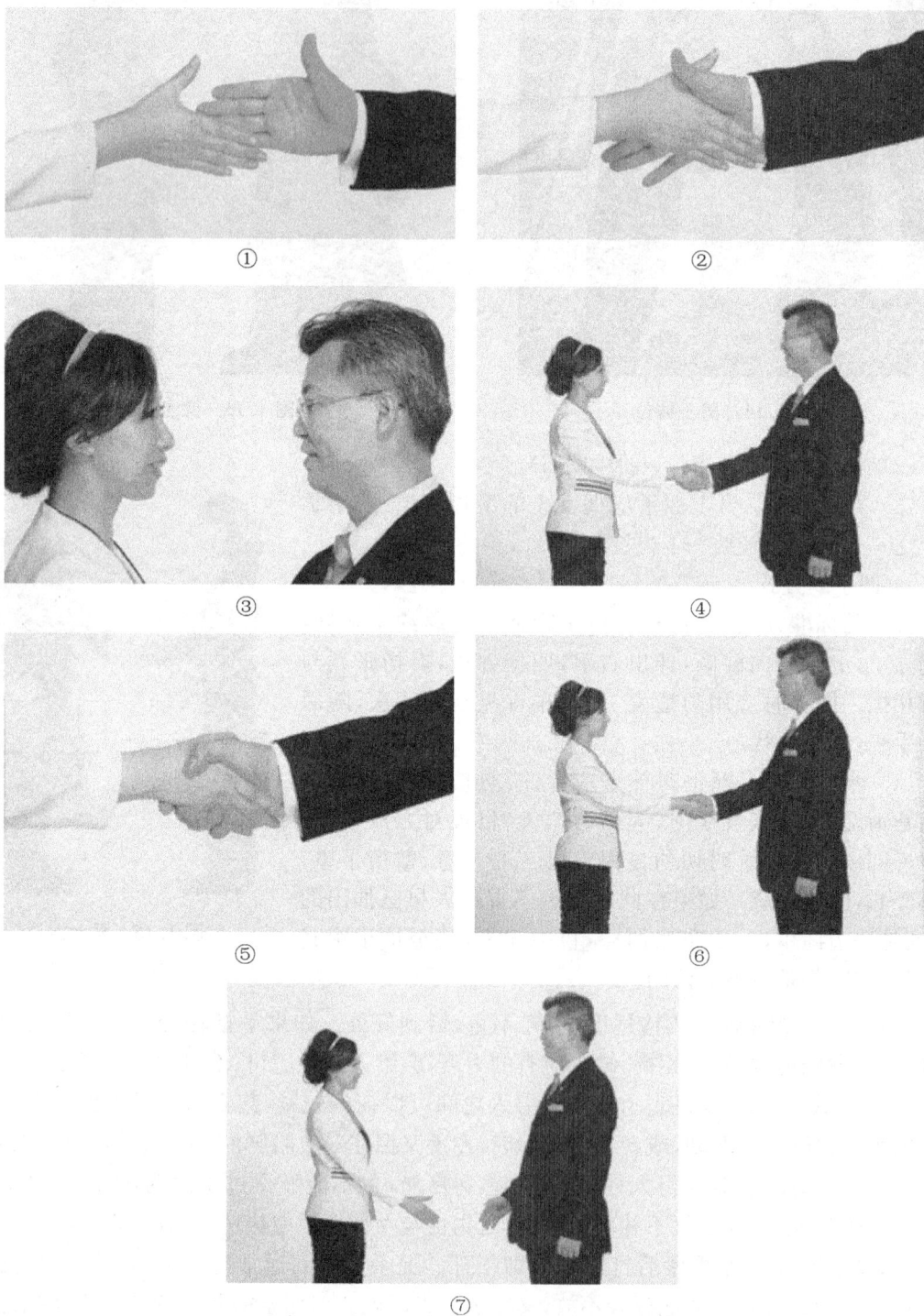

图 1.17 握手"七要诀"

① 大方伸手;② 虎口相对;③ 目视对方;④ 面带微笑;⑤ 力度七分;⑥ 男女平等;⑦ 三秒结束

5）握手的禁忌

在人际交往中，握手虽然司空见惯，看似寻常，但是由于它可被用来传递多种信息，因此在行握手礼时应努力做到合乎规范，并且避免违反下述失礼的禁忌。

（1）不要用左手与他人握手，尤其是在与阿拉伯人、印度人打交道时要牢记此点，因为在他们看来左手是不洁的。

（2）不要在握手时争先恐后，而应当遵守秩序，依次而行。特别要记住，与基督教信徒交往时，要避免两人握手时与另外两人相握的手形成交叉状，这种形状类似十字架，在基督教信徒眼中是很不吉利的。

（3）不要戴着手套握手，在社交场合女士的晚礼服手套除外。

（4）不要在握手时戴着墨镜，只有患有眼疾或眼部有缺陷者才能例外。

（5）不要在握手时将另外一只手插在衣袋里。

（6）不要在握手时另外一只手依旧拿着香烟、报刊、公文包、行李等东西而不肯放下。

（7）不要在握手时面无表情，不置一词，好似根本无视对方的存在，而纯粹是为了应付。

（8）不要在握手时长篇大论，点头哈腰，滥用热情，显得过分客套，让对方不自在，不舒服。

（9）不要在握手时把对方的手拉过来、推过去，或者上下左右抖个没完。

（10）不要在与人握手之后，立即揩拭自己的手掌，好像与对方握一下手就会使自己受到感染似的。

4. 名片礼仪

1）名片的用途

自我介绍。名片具有进行自我介绍和保持联络的作用。

替代便函。在名片上写上简短的几句话，可用来表示对友人的祝贺、感谢、介绍、辞行、慰问、馈赠以及吊唁等多种礼节。

介绍别人。如一位总经理想把公司新来的销售部经理介绍给自己的朋友，可在自己的名片的左下角用铅笔写上介绍（pour presentation，P. P.），然后把销售经理的名片附在后面一并送去。

业务介绍和宣传。一般名片上写有公司名称及相关业务，在进行商务往来时，名片是公司的招牌，具有类似广告宣传单作用，可使对方了解你所从事的业务。

通知变更。一旦调任、迁居或更换电话号码，送给至亲好友一张注明上述变动的名片，相当于及时而又礼貌地打了招呼。

用于拜会或留言。拜访客户或友人时，若对方不在家，拜访者可在名片上写上"很遗憾，未能相见"等，既表示留言，也是很友善的表示。

用作礼单。向友人寄送或托送礼物鲜花时，可在礼品或花束上附上名片并写上祝贺短语。自己收到友人的礼品，可立即回复一张名片，左角下面用铅笔写上谨谢（pour remerciement，P. R.），以表示感谢。

代替请柬。在非正式邀请中，可用名片代替请柬，并写明时间、地点和内容。

2）名片的递接

（1）发送名片的时机：

① 希望与对方认识时，尤其是初次见面，相互介绍之后就可递上名片。

笔 记

② 当被介绍给对方时。

③ 初次登门拜访对方时。

④ 当对方希望与自己交换名片时。

⑤ 当自己的信息有变更,需告知对方时。

⑥ 当对方主动向自己索要名片时。

⑦ 当需要知晓对方的准确情况,想要获得对方的名片时。

⑧ 好朋友很久没见面了,告别时可以相互交换名片。

(2) 发送名片的礼节:

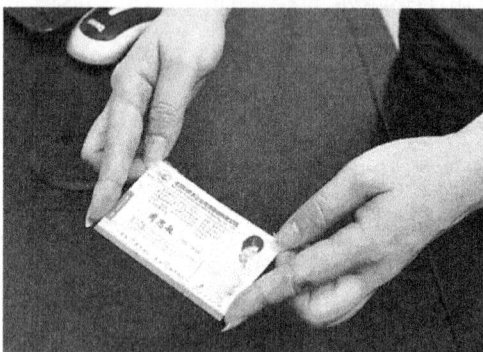

图1.18　名片的递送

① 首先要把自己的名片准备好,整齐地放在名片夹、盒或口袋中。

② 出示名片的顺序:地位低的人先向地位高的人递名片;男性先向女性递名片;当对方不止一人时,应先将名片递给职务较高或年龄较大者;或者由近至远处递,依次进行。

③ 向对方递送名片时,应面带微笑,稍欠身,注视对方,将名片正对着对方,用双手的拇指和食指分别持握名片上端的两角送给对方,如果是坐着的,应当起立或欠身递送,并说些客气话(见图1.18)。

(3) 接受名片的礼节:

① 他人递名片给自己时,应起身站立,面含微笑,目视对方。

② 接受名片时,双手捧接,或以右手接过(见图1.19)。

③ 拿到对方名片时,应先仔细地看一遍,特别是碰到生字、难字一定要请教对方,以免出错。同时也确认一下对方的头衔。

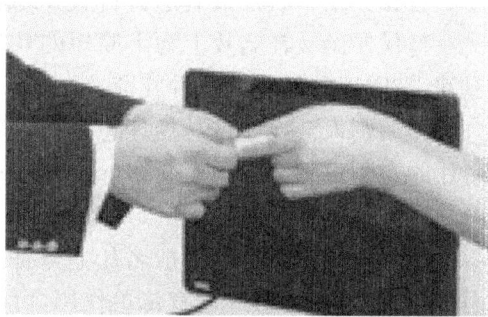

图1.19　名片的接受礼仪

④ 收了对方的名片后,若是站着讲话,应该将名片拿在齐胸的高处;若是坐着,就放在视线所及之处。

⑤ 在交谈时,不可折皱、玩弄对方的名片。

⑥ 与对方分别时不可将对方名片任意丢弃在桌上。

(4) 递接名片的注意事项:

① 不要用左手递交名片。

② 不要将名片背面对着对方或是颠倒着面对对方。

③ 不要将名片举得高于胸部。

④ 不要以手指夹着名片给人。

⑤ 不要将自己的名片像发牌一样扔发给每个人。

⑥ 不要混淆自己的名片和他人的名片，要分开装。

⑦ 不要在对方的名片上压放任何物品，也不可在离去时忘了拿对方的名片。

⑧ 不要将名片放在后裤袋或裙兜里。

3）索要名片的礼仪

（1）向对方提议交换名片。最常用的有以下几种方法：

① 交易法。"将欲取之，必先予之"。比如我想要史密斯先生名片，我把名片递给他了，"史密斯先生这是我的名片"。当然，在国际交往中，会有一些地位落差，有的人地位身份高，你把名片递给他，他对你说声谢谢，然后就没下文了。你要担心出现这种情况的话，就是跟对方有较大落差的时候，不妨采用下一个方法。

② 激将法。"尊敬的威廉斯董事长，很高兴认识你，不知道能不能有幸跟您交换一下名片？"他不想给你也得给你，如果对方还是不给，那么可以采取另一种方法。

③ 联络法。"史玛尔小姐，我认识你非常高兴，以后到联邦德国来希望还能够见到你，不知道以后怎么跟你联络比较方便？"她一般会给，如果她不给，意思就是她会主动跟你联系，其深刻含义就是这辈子不跟你联系。

（2）委婉地索要名片：

① 向尊长索取名片，可以这样说："今后如何向您老请教？"。

② 向平辈或晚辈索要名片，可以这样说："以后怎样与您联系？"。

（3）当他人索取本人名片，而自己又不想给对方时，应用委婉的方法表达此意。可以说："对不起，我忘了带名片。"或者："抱歉，我的名片用完了。"若本人没有名片，又不想明说时，可用这种方法表述。

5. 位次礼仪

1）行进中的位次礼仪

举步行走，是任何一个正常人活动的基本方式。即使采用其他交通工具，例如汽车、火车、地铁、轮船、飞机或者自行车，行路依然必不可少。在前面的章节中，已经介绍了走姿的基本要求，除此之外，行进中的位次排序问题，礼仪要求有以下三种情况：

情况一：平面行进时

➤ 两人横向行进，内侧高于外侧。

➤ 多人并排行进，中央高于两侧。

➤ 对于纵向来讲，前方高于后方。

情况二：上下楼梯时

➤ 纵向：上下楼时宜单行行进，以前方为上。把选择前进方向的权利让给对方。

➤ 男女同行时，一般女士优先走在前方。但若遇到着裙装（特别是短裙）的女士，上下楼时宜令女士居后。

➤ 横向：陪同人员应该把内侧（靠墙一侧）让给客人，把方便留给客人（见图 1.20）。

情况三：出入房间时

➤ 出入房门时，一般客人或位高者先出入，表示对宾

图 1.20 上下楼梯时

客的尊重。

➤ 如有特殊情况时，如双方均为首次到一个陌生房间，陪同人员宜先入房门。

作为汽车服务人员，在公众场合，还有一些最基本的礼仪规范是必须掌握的。

（1）不吃零食、不吸香烟。一个人在公共场所边走边吃或叼根香烟，不仅形象不雅，而且不够卫生、不利于身体健康。更重要的是还有可能给公共环境及其他过往的行人的健康与安全造成不便，妨碍公共卫生与秩序，有违社会公德。

（2）不随地吐痰，不随意打喷嚏、擤鼻涕。唾沫、鼻涕等分泌物中，包含的细菌很多。行路时，若需要清嗓子、吐痰、擤鼻涕、打喷嚏，应注意避开他人，尽量控制发出的声量。痰和鼻涕应用纸巾包好，投入垃圾箱。切忌将痰、鼻涕"自行消化"，更不可随地乱吐、乱搞或者将鼻涕乱擦到公共物品上。打喷嚏要用手或纸巾遮掩，切忌打喷嚏时将口水喷到别人脸上、身上。

（3）不乱扔垃圾。在行路当中，若有个人的废弃物品需要处理，应将其投入专用的垃圾箱。不要"天女散花"，随手乱丢，破坏公共场合的环境卫生。对于口香糖一类难以清理的垃圾则应该按照环保要求，用纸巾包好之后再投放到垃圾箱，切不可随口乱吐。

（4）礼貌谦让。通过狭窄路段时，应请他人先行，不要争先恐后。在拥挤之处不小心碰到别人，要立即说"对不起"，对方则应答"没关系"。不要若无其事或是借题发挥、寻衅滋事。

（5）保持适当距离。社交礼仪认为：人际距离在某种情况下也是一种无声的语言。它不仅反映着人们彼此之间关系的现状，而且也体现着其中某一方，尤其是保持某一距离的主动者对另一方的态度、看法。因此不可马虎大意。引领客人时，应走在客人左前方的二三步处，要与客人的步伐保持一致，引路时要注意客人，适当地做些介绍。

2）乘坐轿车的礼仪

轿车特指区别于货车、皮卡、SUV、大巴、中巴的小型汽车，有四门或两门、封闭式车身、固定顶盖、一个车厢的汽车，一般包括司机在内可乘坐4～9人。

乘坐轿车时，需要注意的礼仪问题主要涉及座次、举止、上下车顺序等3个方面。

（1）座次。在比较正规的场合，乘坐轿车时一定要分清座次的尊卑，以找到符合自己身份的座位。而在非正式场合，则不必过分拘礼。轿车上座次的尊卑，从礼仪上来讲，主要有下面几种情况：

① 商务面包车。上座位为车辆中前部靠近车门的位置。此类汽车上座位置的确定，一般考虑乘客的乘坐舒适性和上下车的便利性。

② 越野吉普车。前排副驾位置为上座位。越野车功率大，底盘高，安全性也较高，但通常后排比较颠簸，而前排副驾的视野和舒适性最佳，因此为上座位置。

③ 双排座轿车。

情况一：主人或熟识的朋友亲自驾驶汽车时：这种情况下，副驾位置为上座位。你坐到后面位置等于向主人宣布你在打"的"，非常不礼貌。如果有两位客人，则与主人较熟悉、关系密切的一位坐在前面副驾位。

情况二：专业司机驾车，一般商务或公务接待场合。这时，主要考虑乘车者的安全性和下车时是否方便，第二排司机斜对角位置为上座位。而前排副驾一般为陪同人员座位

（见图 1.21）。

情况三：职业司机驾车，接送高级官员、将领、明星等知名公众的人物时，主要考虑乘坐者的安全性和隐私性，司机后方位置为汽车的上座位，通常也被称作 VIP 位置。

前面讲的都是以双排四座为例，双排五座轿车的座次可以参照双排四座来区分，其中，后排中座的尊卑顺序排在后排左座后面。而多排轿车的顺序是，以前排为上，以后排为下，以右为尊，以左为卑。

（2）举止。与其他人一同乘坐轿车时，即应将轿车视为一处公共场所。在这个移动的公共场所里，同样有必要对个人的行为举止多加约束。具体来说，应当注意以下问题：

不要争抢座位，上下轿车时，要井然有序，相互礼让。

动作要得体。入座时，要大方、端庄、稳重地走到车门前，转身背对车门，先轻轻坐下，再将头和身体移入车内，然后再将双脚收入车内。女士应注意双脚并拢一起收入车内，最后才来调整坐姿、整理衣裙。切忌车门打开后，先将脚和头伸进车内，然后再将身体挪入车内，这是很不雅观的动作。下车时，待车门打开后，转身面对车门，同时将双脚慢慢移出在车外，女士仍然要注意双脚并拢，待双脚落地踩稳后，再慢慢将身体移出车外。坐好之后应注意举止，切勿与异性卿卿我我，或是东倒西歪。

图 1.21　双排座轿车

要讲卫生。如果是雨雪天气，上车之前，要把雨具收好并用袋子装好，把身上的雨雪拍打干净，不要把车子里面弄得湿乎乎的；鞋子上如果有泥，要尽量擦洗干净再上车。不要在车上吸烟、吃零食、喝饮料，更不要随手乱扔东西。不要携带有异味的东西上车。

不要往车外丢东西、吐痰，也不要在车上脱鞋、脱袜、换衣服。

要注意安全。上车后，如果坐在副驾驶座，应该主动系好安全带。不要与驾车者交谈或做其他影响驾车者注意力的事情，以防其走神。当自己上下车、开关门时，要先看车前车后，有没有过往行人或车辆，如果旁边停有车辆也要观察一下是否有足够的距离让你开启车门。切勿疏忽大意，造成意外事故。

（3）上下车顺序。上下轿车的顺序也有礼可循。其基本要求是：倘若条件允许，应请尊长、女士、来宾先上车，后下车。具体而言，还有一些细节也应注意：

如果是主人驾驶轿车时，有可能的话，主人应后上车先下车，以便照顾客人上下车。

乘坐由专职司机驾驶的轿车时，坐于前排者，大都应后上车，先下车，以便照顾坐于后排者。

乘坐由专职司机驾驶的轿车，并与其他人同坐于后一排时，应请尊、长、女士来宾从右侧车门先上车，自己再从车后绕到左侧车门后上车。下车时，则应自己先从左侧下车，再从车后绕过来帮助对方。

为了上下车方便，坐在折叠座位上的人，应当最后上车，最先下车。

乘坐多排座轿车时，通常应以距离车门的远近为序。上车时，距车门最远者先上，其他人随后由远而近依序上车。下车时则相反。

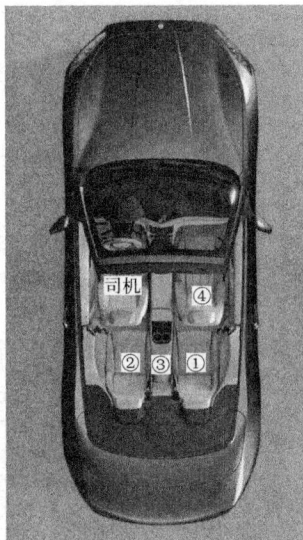

知识链接

女性上下车姿势

女性上下车姿势必须十分讲究,具体如下。

1. 上车姿势

上车时仪态要优雅,姿势应该为"背入式",即将身体背向车厢入座,坐定后即将双脚同时缩进车内(如穿长裙,应在关上车门前将裙子弄好)。步骤如图1.22所示。

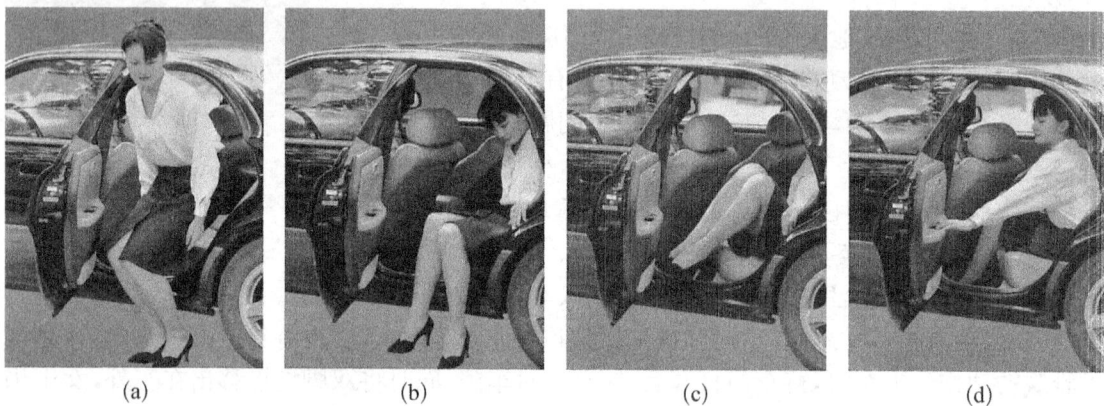

| (a) | (b) | (c) | (d) |

图1.22 上车步骤

(a) 开门后手自然下垂,可半蹲捋裙摆顺势坐下 (b) 依靠手臂做支点,腿脚并拢提高 (c) 继续保持腿与膝盖的并拢姿势,脚平移至车内 (d) 略调整身体位置,坐端正后,关上车门

图1.23 关门姿势

2. 下车姿势

应将身体尽量移近车门,立定,然后将身体重心移至另一只脚,再将整个身体移离车外,最后踏出另一只脚。如穿短裙则应将两只脚同时踏出车外,再将身体移出,双脚不可一先一后。起身后等直立身体以后转身关车门,关门时不要东张西望,而是面向车门,好像关注的样子。避免太大力气。关门姿势如图1.23所示。

3)乘坐电梯的礼仪

出入电梯的顺序,主要有以下几种情况:

(1)平面式电梯。规则:左行右站。

(2)无人操作升降电梯。陪同人员先进后出,以便控制电梯。先进去可以把按钮摁住,让客人进去方便,不会有被夹的危险。同时可以更方便帮客人按楼层。

(3)有人操作升降电梯。陪同人员后进后出,但也不绝对。比如电梯里人太多,你最后进来已经堵在门口了,如果你还硬要最后出去,那别人就没法出去了。

总之,作为服务人员,进出电梯还应当注意:如果服务人员不陪同客人时应使用专用的电梯。乘电梯时，里面的人出来之后，外面的人方可进去。要尊重周围的乘客。进出电梯时，大都要侧身而行，免得碰撞、踩踏别人。进入电梯后，应尽量站在里边。

4）会客座次礼仪

总体上讲，会客时，应当恭请来宾就座于上座。会见时的座次安排，大致有如下五种主要方式。

（1）相对式。具体做法是宾主双方面对面而坐。这种方式显得主次分明，往往易于使宾主双方公事公办，保持距离。这种方式多适用于公务性会客，通常又分为两种情况（见图1.24）：

① 双方就座后，一方面对正门，另一方背对正门。此时讲究"面门为上"，即面对正门之座为上座，应请客人就座；背对正门之座为下座，宜由主人就座。

② 双方就座于室内两侧，并且面对面地就座。此时讲究进门后"以右为上"，即进门后右侧之座为上座，应请客人就座；左侧之座为下座，宜由主人就座。当宾主双方不止一人时，情况也是如此。

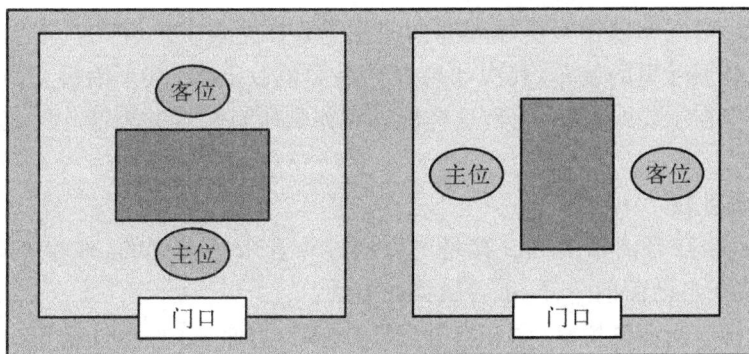

图1.24　相对式会客位次

（2）并列式。基本做法是宾主双方并排就座，以暗示双方"平起平坐"、地位相仿、关系密切。具体也分为两类情况（见图1.25）：

① 双方一同面门而座。此时讲究"以右为上"，即主人要请客人就坐在自己的右侧。若双方不止一人时，双方的其他人员可各自分别在主人或主宾的一侧，按身份高低依次就座。

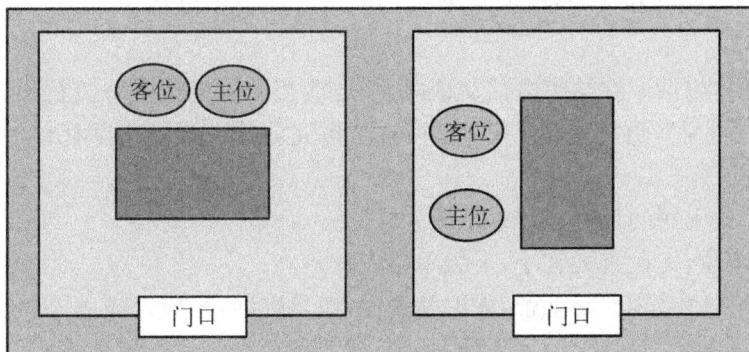

图1.25　并列式会客位次

② 双方一同在室内的右侧或左侧就座。此时讲究"以远为上",即距门较远之座为上座,应当让给客人;距门较近之座为下座,应留给主人。

(3) 居中式。所谓居中式排位,实为并列式排位的一种特例。它是指当多人并排就座时,讲究"居中为上",即应以居于中央的位置为上座,请客人就座;以其两侧的位置为下座,由主方人员就座。

(4) 主席式。主要适用于正式场合,由主人一方同时会见两方或两方以上的客人。此时,一般应由主人面对正门而坐,其他各方来宾则应在其对面背门而坐。这种安排犹如主人正在主持会议,故称之为主席式。有时,主人也可坐在长桌或椭圆桌的一端,而请各方客人坐在他的两侧。

(5) 自由式。自由式的座次排列,即会见时有关各方均不分主次、不讲位次,而是一律自由择座。自由式通常用在客人较多,座次无法排列,或者大家都是亲朋好友,没有必要排列座次时。进行多方会面时,此法常常采用。

总之,会客时排座次,要遵循的原则就是宾主对面而坐,以面门为上;宾主并列而坐,以右为上;当难以排列座次时,可自由择座。

在汽车销售中,汽车销售人员和顾客的座次是:首先要求顾客和汽车销售人员的位置要面对汽车4S店展厅里的展车,其次如果顾客是2位以上者,汽车销售人员切忌不要坐在顾客中间,而是坐在主要顾客的一旁,这样能够观察到所有顾客的表情与反应。

6. 电话礼仪

1) 电话基本礼仪

(1) 面带微笑,声音清晰柔和。笑是可以通过声音来感觉到的,拿起电话,应该面带微笑。要像对方就在自己面前一样,带着微笑通电话。

通话时,声音应当清晰悦耳、温和有礼、吐字准确、语速适中、语气亲切自然。讲话声音不宜太大,让对方听清楚即可。

(2) 姿态端正。通话过程中,应该保持端正的姿势,或站或坐,都要保持身体挺直,不要东倒西歪,弯腰驼背。打电话过程中不能吸烟、喝茶、吃零食,也不要对着电话打哈欠。话筒与嘴的距离保持在5~10 cm左右。

通话结束后,应轻放话筒,不要用力摔。

(3) 正确介绍自我。接通电话后,通话者首先向对方正确介绍自己,即"自报家门"。电话中自我介绍方式是在私人电话中,报本人的姓名。在公务电话中,报本人所在的单位、部门、姓名和职务。

(4) 尊者先挂电话。在结束电话交谈时,一般应当由打电话的一方提出,然后彼此客气地道别,说一声"再见",再挂电话,不可只管自己讲完就挂电话。交际礼仪的规则是地位高者先挂。

① 上班,无论上司的性别、年龄,上级先挂。

② 单位与单位,无论官大官小,上级单位先挂。

③ 在商务交往中,客户是上帝,无论是投诉,还是咨询,客户先挂。

④ 一般求人的事,等被求的人先挂。

⑤ 如果自己有重要的事情,不宜继续通话,应该说明原因,并告诉对方"有空时,我马上

打电话给您。"。

（5）尊重别人隐私。当别人打电话或接电话时,要做到不偷听、不旁听。当帮别人接听电话时,要做到不随意传播,也不可当着众人的面,大声转述电话的内容。

2）打电话的礼仪

打电话的基本礼仪有:事前准备、时间适度、体谅对方、内容简练和表现文明五个方面。

（1）做好打电话前的准备。为了使通话简洁顺畅,打电话前,应首先做好通话内容的准备。如把要找的人名、职务、要谈的主要内容进行简单归纳,写在纸上。这样就可以做到通话时层次分明、条理清楚,不至于通话时丢三落四、语无伦次,让对方不得要领。通话内容要简明扼要、干净利落,不能吞吞吐吐、东拉西扯,不着边际,既浪费了对方的时间,又会给对方留下"办事不干练"的不良印象。此外,与不熟悉的单位或个人联络,对对方的名字与电话号码应当弄得一清二楚,以便"胸有成竹",免得因为搞错而浪费时间。

（2）时间适度。通话时间包括打电话的适宜时间和通话的时间长度。

通话适宜时间。打电话时,应该以客为尊,让客户产生宾至如归的亲切感觉,那么就应该注意在恰当的时段内打电话。通常,早上 10:00～11:30、下午 2:00～4:00 是所有公司的"黄金"时段,打电话的时段应该尽量选择在这些最有绩效的时段。

除有要事必须立即通知外,不要在他人的休息时间打电话。例如,上午 7 点之前、晚上 10 点之后以及一日三餐的吃饭时间、节假日等。因紧急事宜打电话到别人家里时,通话以前先要说声"对不起",并说明理由。另外,因公事打电话,尽量不要打到对方家里,尤其是晚上。打电话到海外,还应考虑到两地的时差问题。如果需要打电话到对方工作单位,要想使通话效果好一些,使之不至于受到对方繁忙或疲劳的影响,则通话时间应选择在周一上午 10 点左右至周五下午 3 点左右,而不应是在对方刚上班、快下班、午休或吃午饭时,不识时务地把电话打过去。一般来讲,周一上班一个小时没有重要事情不要打电话,因为此时大多数单位要开例会安排一周的工作日程或处理一些重要事务。周五下午下班前不要打电话,因为临近下班时间人们的心理状态处于疲劳期。此外,不要因私事打电话到对方单位。通话时机选择要点,如图 1.26 所示;不适合通话的时段,如图 1.27 所示。

图 1.26　通话时机选择要点

通话时机的选择要点:
➤ 不要在他人休息时间内打电话
➤ 给海外人士打电话前要了解时差
➤ 打公务电话不要占用他人的私人时间
➤ 避开对方的通话高峰时间
➤ 避开对方业务繁忙时间
➤ 避开对方生理厌倦时间

图 1.27　不适合通话的时段

不适合通话的时段:
➤ 忙碌的时候
➤ 用餐、午休时间
➤ 惯性工作时间
➤ 下班前10分钟
➤ 过早或过晚时

通话长度。基本要求:以短为佳,宁短勿长。在电话礼仪里,有一条"三分钟原则",即发话人要自觉地、有意识地将每次通话的长度,限定在 3 分钟之内。

（3）体谅对方。如开始通话时,先问一下对方,现在通话是否方便。倘若对方不方便,可约另外的时间。若通话时间较长，也要先征求一下对方意见，并在结束时略表歉意。在对方节假日、用餐、睡觉时，万不得已打电话影响了别人，不仅要讲清楚原因，还要说一声"对不起"。在上班时间内，一般情况下不要为了私事而长时间通话。

（4）内容简练。事先准备。不要现说现想、缺少条理、丢三落四。

简明扼要。问候完毕，即应开宗明义，直言主题，少讲空话，不说废话，不没话找话，不吞吞吐吐，不东拉西扯。

适可而止。话说完了，要及时终止通话。由发话人终止通话，是电话礼仪的惯例之一，也是发话人的一项义务。发话人不放下电话，受话人一般是不能挂电话的。

（5）表现文明。表现文明主要体现在语言文明、态度文明和举止文明三个方面：

语言文明。打电话坚持用"您好"开头，请字在中，"谢谢"收尾，态度温文尔雅。接通电话后，应该向受话方首先问声"您好"，再用简单的语言自报家门和证实对方的身份，然后立即向对方说明打电话的目的，再迅速转入所谈事情的正题。通话结束时要使用"再见"，要是少了这句礼貌用语，就会使终止通话显得有些突如其来，并让自己的待人以礼有始无终。

态度文明。对于受话人，不要态度粗暴无理，也不要阿谀奉承。电话若需要总机接转，勿忘对总机的话务员问上一声好，并且还要加上一声"谢谢"。碰上要找的人不在，需要接电话之人代找，或代为转告、留言时，态度都要文明有礼。通话时，电话忽然中断，依礼需由发话人立即再拨，并说明原因，不要不了了之，或只等受话人一方打来电话。若拨错了电话，应对接听者表示歉意，不要一言不发，挂断了事。

举止文明。当众拨打电话时，不要在通话时把话筒夹在脖子上，或是趴着、仰着、坐在桌子上，或是高架双腿与人通话。拨号时，不要以笔代手，边打边吃。挂电话时要轻放，不要用力一摔，令对方"大惊失色"。通话不要"半途而废"，或拨号时对方一再占线，要有耐心，不要拿电话机撒气。

3）接电话的礼仪

在通电话的过程中，接听电话的一方显然是被动者。尽管如此，人们在接听电话时，也需要专心致志、彬彬有礼。

（1）本人受话。在本人受话时，应注意接听及时、应对谦和、主次分明和认真记录。

① 接听及时。在电话礼仪中，有"铃响不过三"的原则。接听电话是否及时，反映着一个人待人接物的真实态度。电话铃声一旦响起，应尽快予以接听。不要铃响许久，甚至响过几遍之后，才姗姗来迟。不过，铃声才响过一次，就拿起听筒也显得操之过急。在正常情况下，不允许不接听他人打来的电话，尤其是"如约而来"的电话。因特殊原因，致使铃响过久才接电话，须向发话人表示歉意，要先说声"对不起"。根据欧美行为学家的统计，人的耐性是7秒钟，7秒钟之后就很容易产生浮躁。因此，最多只能让来电者稍候7秒钟，否则对方很容易产生收线、以后再打的想法。接听提醒如图1.28所示。

提醒您：
不要在铃响许久才接电话，也不要在通话过程中让人等待，否则会使人觉得你妄自尊大

图 1.28 接听提醒

② 应对谦和。拿起话筒后,即应主动介绍自己:"您好,我是华之诚汽车服务有限公司×××,请……"不要一声不吭,故弄玄虚。在通话时,不论是何缘故,要聚精会神地接听电话。不要心不在焉,或是把话筒置于一旁,任其"自言自语"。在通话过程中,要谦恭友好,不卑不亢,不要拿腔拿调。当通话因故暂时中断后,要等候对方再拨进来,不要扬长而去,也不要为此而责怪对方。若接听到误拨进来的电话,要耐心向对方说明,若有可能,还要向对方提供帮助,或者为其代转电话,不要为此勃然大怒,甚至出口伤人。

③ 主次分明。在会晤重要客人或举行会议期间有人打来电话,可向其说明原因,表示歉意。并再约一个具体时间,到时主动打电话过去。在接听电话之时,适逢另一个电话打了进来,不要置之不理,可先对通话对象说明原因,请其勿挂电话,稍候片刻,然后立即接另一个电话,待接通之后,先请对方稍候,或过一会再打进来,然后再继续刚才正打的电话。无论多么忙,都不要拔下电话线,对外界进行自我隔绝。

④ 认真记录。对电话通知,要详细记录,及时汇报。

(2) 代接电话。

代接电话时,要注意热情相助、尊重隐私、记忆准确和传达及时。

① 热情相助。接电话时,假如对方所找非己,不要口出不快,拒绝对方代找旁人的请求,尤其是不要对对方所找之人口有微词。如果对方要找的人不在,应主动询问"需要留一个口讯给他(她)吗?"。

② 尊重隐私。代接电话时,当发话人有求于己,要求转达某事给某人,一定要严守口风,切勿随意扩散,广而告之,辜负了他人的信任。即使发话人要找的人就在附近,也不要大喊大叫,闹得人人皆知。当别人通话时,不要"旁听",也不要插嘴。

③ 记忆准确。若发话人要找的人不在,可向其说明后,问对方是否需要代为转达。若对方有此请求时,即应相助于人。对发话人要求转达的具体内容要认真做好笔录,在对方讲完之后,还要重复一遍。记录电话的内容一般为 5W1H 要素:Who(洽谈对象)、What(来电内容)、Why(来电原因、理由)、Where(来电中提到的场所)、When(来电的时间和电话中提到的时间)、How(方法)。5W1H 通话要点如图 1.29 所示。

5W1H通话要点:
➤ WHY(理由):打电话的目的、理由
➤ WHAT(内容):商谈细节
➤ WHO(对象):洽谈对象
➤ WHEN(时间):对方合宜的通话时间
➤ WHERE(场所):洽谈较适宜的场所
➤ HOW(方法):应如何表达较得体

图 1.29 5W1H 通话要点

④ 传达及时。接听寻找他人的电话时,先要弄明白"对方是谁"、"现在找谁"两个问题。若对方不愿讲第一个问题,可不必勉强。若对方要找的人不在,可先以实相告,再询问对方"有什么事情?"若发话人所找的人就在附近,要立即去找,不要拖延。若答应发话人代为传话,要尽快落实,不要置之脑后,除非万不得已时,不要把自己代人转达的内容,再托他人转告。

实训练习

设计情景,在情境中运用到本项目中所讲述的汽车服务礼仪。

模块二

沟 通 能 力

项目 2.1 沟 通 方 式

项目目的

(1) 熟练掌握各种沟通方式的特点。

(2) 能够根据实际情况恰当地选择不同的沟通方式。

(3) 强化沟通意识,掌握沟通技巧,培养沟通习惯。

项目内容

(1) 沟通的概念与作用。

(2) 沟通的方式及不同沟通方式的特点。

(3) 沟通方式的选择。

相关知识点析

一、沟通的概念与作用

沟通就是发送者与接收者之间为了一定目的,运用一定符号,所进行的信息、思想和情感的传递与交流的过程。

社会是人与人相互作用的产物。马克思指出:"人是一切社会关系的总和。""一个人的发展取决于和他直接或间接进行交往的其他一切人的发展。"因此,沟通能力是一个人生存与发展的必备能力,也是决定一个人成功的必要条件。

沟通是吸引客户的一种方法。在销售工作中,那些有能力、有素质,能把自己的业务做到炉火纯青地步的销售人员,往往会受到客户的欢迎和喜欢。相反,只会死板地说教的销售人员,是很难让客户对他及其推销的产品产生兴趣的,而这样的推销也是不会取得好业绩的。

二、沟通方式

信息技术的不断发展、网络的加速普及带来了新的沟通方式,这些方式打破了时间和空间的限制,使得人们之间的沟通越来越便捷。但是,万变不离其宗,沟通方式归纳起来主要有以下三种:

（一）语言沟通

语言沟通,是指信息发出者通过说话的方式将信息传递出去,而信息的接收者通过听觉来接收信息后作出反馈的过程。

语言沟通方便、直接,是常用的沟通方式。在语言沟通的过程中,要掌握好"听"、"说"、"问"三个环节的技巧。

1. 听

（1）注意倾听对方的谈话,不要兼顾别的事情。

（2）倾听对方讲话的过程中,尽量不要打断对方。

（3）倾听时,可以在对方停顿时适时进行反馈,以示专注。例如,"是这样吗"、"好极了"等。

（4）可以适当地重复对方说过的话,以示重视或赞同。

2. 说

（1）恰当地称赞对方,可使对方乐于交谈下去。

（2）语言沟通是有来有往的双方或多方对话,不要只顾自己喋喋不休。

（3）说话要生动、具体、活泼、明了,不要含糊不清,以免耽误别人时间。

（4）交谈的中心不能只围绕自己或自己感兴趣的事情,可以谈一些共同的体验,以便架起交谈的桥梁。

（5）谈论自己的缺点可以使对方消除戒心,对你产生信任。听到对方的称赞不可喜形于色,更不可骄傲自夸。

3. 问

善于运用提问技巧,就可以了解客户需求,及早触及与销售相关的问题,从而有效地引导洽谈的进程。常用的提问技巧及方式:求索式、证明式、选择式、引导式等。

（二）书面沟通

呈现在信息接收者面前,信息接收者通过视觉接收信息后作出反馈的过程。书面沟通有时可以起到比语言沟通更好的效果。例如,当沟通双方语言种类不同,采用语言沟通会产生障碍时,沟通者就可采用书面沟通的方式。这种情况下书面沟通的效果会比语言沟通的效果更好。书面沟通的种类包括书信、报告、备忘录、组织内发行的期刊、公告及其他传递文字或符号的手段。

（三）非语言沟通

非语言沟通是指信息发出者通过身体动作、体态、语气语调等方式将信息传递给信息接收者,信息接收者通过视觉、听觉、嗅觉、触觉等感觉系统接收信息并作出反馈的过程。与前

笔 记

两种沟通方式相比,在这种沟通方式中,信息发出者在发出信息时很可能是无意识的。

1. 头部动作

运用头部动作、姿态来发出信息的非语言符号。点头和摇头是最基本的头部动作。点头一般表示同意、肯定或赞许,摇头表示反对、否定或批评。

2. 面部表情

面部表情可以分为惊讶、害怕、生气、伤心等。沟通时,人们应该尽可能正确地判断对方面部表情所代表的情绪。微笑是一种世界通用的语言,它表示友善、愿意与人交往,是最富有吸引力、最有价值的面部表情之一。

3. 眼神交流

眼睛是心灵的窗口,眼神交流是沟通的重要内容。眼神能有力地表达个人的态度,如服从、胆怯、愤怒,是辅助话语表达的重要技巧。眼神接触要自然,不要过度频繁、眼神躲避,或以敌视的眼神望着对方。

4. 身体姿势

身体姿势在沟通中也能够传递出非常重要的信息。双手交叉或双腿交叠得太紧,都是封闭式的姿势,显示心情紧张或没有兴趣和别人交往;身体面向对方,上身微微向前倾斜是非常重要的姿势,显示敬意和投入。

5. 手势

说话时配合适当的手势,可以增强内容表达的效果和感染力。但是,手势运用应当自然,不要太夸张。手势过多、幅度过大,往往会给人以造作之感,而且过多的信息也容易造成对方的误解。

6. 声音

声音有语调、声量、清晰程度及流畅程度等性质。语调要恰当,并且高低抑扬,给人以亲近感。声量要适中,不要过大或过小,声音太大会给人以凶恶的感觉,声音太小则会让人听不清楚。说话要尽量清晰、流畅,不要过于简略或含糊。

7. 形象语言

形象语言是指通过相貌、穿着、打扮等特征来传递信息、表达情感的非语言符号。作为一种非语言符号,形象语言具有交际功能,能够表明说话者的身份、地位和职业,也可以表现说话者的情感和价值观念。衣着得体是形象语言的基本要求。

三、沟通方式的选择

(一)沟通风格分析

在与消费者沟通的过程中,我们首先要分析客户的沟通风格属于那种类型。不同的人对他人控制力和对自己控制力的强弱水平不同。通常把控制他人的力量称为支配力,把自我控制的力量称为自制力,在不同强弱的自制力和控制力的追求下,形成了不同个性的消费者在购买行为中的不同行为和语言特点。不同消费者的沟通风格分类如图 2.1 所示。

1. 分析型

分析型的特征是严肃认真、有条不紊、有计划、有步骤、注重细节等,通常的表现是面部

<<<< ───

```
                    自
                    制
                    力
                    强
    分析型                        威权型


   支配力弱      Ⅱ │ Ⅰ           支配力强
   ─────────────┼─────────────
                Ⅲ │ Ⅳ

    合作型                        表现型
                    自
                    制
                    力
                    弱
```

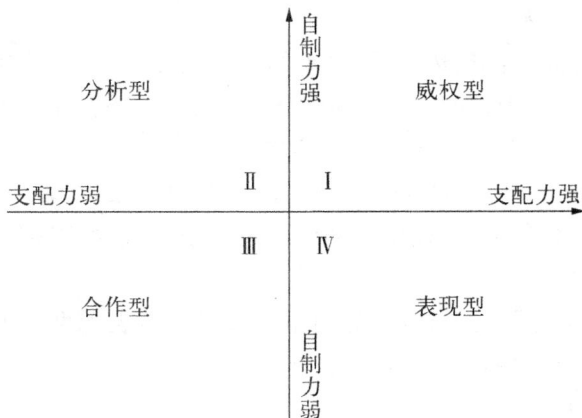

图 2.1　四种沟通风格

表情比较少、语调单一、动作慢。遇到分析型的人，在和他沟通的时候要注意以下几点：

◇ 注重细节。

◇ 遵守时间。

◇ 尽快切入主题。

◇ 要一边说一边拿纸和笔在记录，像他一样认真一丝不苟。

◇ 不要有太多和他眼神的交流，更避免有太多身体接触，你的身体不要太多的前倾，应该略微的后仰，因为分析型的人强调安全，尊重他的个人空间。

◇ 同分析型的人说话的过程中，一定要用很多的准确的专业术语，这是他需求的。

◇ 同分析型的人说话过程中，要多列举一些具体的数据，多做计划，使用图表。

2. 威权型

威权型的特征是果断、有作为、强调效率、独立等，具体的表现是说话快且有说服力、面部表情较少、语言直接、情感不外露等。在跟威权型特点的人进行沟通时，要注意以下问题：

◇ 给他的回答一定要非常的准确。

◇ 与他沟通的时候，可以问一些封闭式的问题，他会觉得效率非常高。

◇ 要讲究实际情况，有具体的依据和大量创新的思想。

◇ 威权型的人非常强调效率，要在最短的时间里给他一个非常准确的答案，而不是一种模棱两可的结果。

◇ 同威权型的人沟通的时候，一定要非常的直接，不要有太多的寒暄，直接说出你的来历，或者直接告诉他你的目的，要节约时间。

◇ 说话的时候声音要洪亮，充满了信心，语速一定要比较快。如果你在这个威权型的人面前声音很小缺乏信心，他就会产生很大的怀疑。

◇ 一定要有计划，并且最终要落到一个结果上，他看重的是结果。

◇ 谈话中不要感情流露太多，要直奔结果，从结果的方向说，而不要从感情的方向去说。

◇ 在与他沟通的过程中，要有强烈的目光接触。目光的接触是一种信心的表现，所以说与威权型的人一起沟通时，你一定要和他有目光的接触。

3. 表现型

表现型的特征是外向、合群、热情、不注重细节，主要的表现有快速的动作和手势、抑扬顿挫的语调、幽默等。与表现型的客户交流沟通时要注意以下几个方面：

◇ 在与表现型的人沟通的时候，声音一定要相应地洪亮。

◇ 要有一些动作和手势。如果我们很死板，没有动作，那么表现型的人的热情很快就消失掉。所以我们要配合着他，在他出现动作的过程中，我们的眼神一定要看着他的动作，否则，他会感到非常的失望。

◇ 表现型的人特点是只见森林，不见树木。所以在与表现型的人沟通的过程中，我们要多从宏观的角度去解释说明。

◇ 说话要非常直接。

◇ 表现型的人不注重细节，甚至有可能说完就忘了。所以达成协议以后，最好与之进行一个书面的确认，这样可以提醒他。

4. 合作型

合作型的特征是合作、友好、赞同、耐心等，其主要表现形式有说话慢条斯理、声音轻柔、抑扬顿挫、频繁的目光接触等。与合作型特点的人沟通时，要注意以下几点：

◇ 合作型的人看重的是双方良好的关系，他们不看重结果。这一点告诉我们在与他沟通的时候，首先要建立良好关系。

◇ 同合作型的人沟通，要时刻充满微笑。如果你突然不笑了，和蔼的人就会想：他为什么不笑了？是不是我哪句话说错了？会不会是我得罪他了？是不是以后他就不来找我了？等等，他会想很多。所以你在沟通的过程中，一定要注意始终保持微笑的姿态。

◇ 说话要比较慢，要注意抑扬顿挫，不要给他压力，要鼓励他，去征求他的意见。所以，遇到合作型的人要多提问："您有什么意见，您有什么看法"等。问完你会发现，他能说出很多非常好的意见，如果你不问的话，他基本上不会主动去说。

◇ 遇到合作型的人一定要时常注意同他要有频繁的目光接触。每次接触的时间不长，但是频率要高。三五分钟，他就会目光接触一次，接触以后立刻又会羞愧地低下头，过一会儿再去接触一下，但是不要盯着他不放，要接触一下回避一下，沟通效果会非常好。

在我们沟通过程中，目的是为了达成一个共同的协议。而我们在工作生活中遇到的人不一样，我们要和不同的人去沟通，要和不同的人去达成协议。那么我们就要了解不同人的特征。人以类聚，我们以他相应的特征和其沟通时就容易达成协议。所以不论是威权型的人、分析型的人、合作型的人还是表现型的人，我们变换自己的沟通特征与之相应，这样你就会给所有的人留下一个好的印象，所有的人都会觉得与你沟通会非常的愉快，这个就是我们学习人际沟通风格的一个目的。通过学习人际沟通风格，会使我们同他人沟通时做到游刃有余，使我们不论是在家庭还是在工作中，都会有非常高的效率，不论和任何人沟通都会能达到一个圆满的、共同的协议。米开朗基罗在雕刻大卫像之前，花了很多时间挑选大理石，因为他知道：它可以改变石头的外形，却无法改变石头本身的质地与纹理。

（二）沟通方式的选择

在我们沟通的过程中，为了完成一个良好的沟通效果，首先要选择正确的方法。例如：你的一份报告传给你的同事或交给你的上级，更多的是一种信息的沟通；我们在和客户一起沟通的过程中,更重要的是为了增加你和客户之间的感情和信任。这个时候,信息是次要的,情感是主要的。所以说,在我们选择方法的过程中,首先要考虑到我们的内容本身是以信息为主还是以思想和情感为主,根据这两个不同内容来选择合适的方法。

在日常工作中,电子邮件可以传递大量的、准确的信息,甚至很多动画片都可以通过电子邮件来传递。但是它有一个非常重要的不足之处:不可能很好的传递你的思想和情感。当你和对方要交流的是情感的时候,电子邮件这种方式就不利于去沟通情感。一家著名的公司为了增进员工之间的相互信任和情感交流,规定在公司内部 200 米之内不允许用电话进行沟通,只允许面对面的沟通,结果产生了非常好的效果,公司所有员工之间的感情非常融洽。同时,我们也看到,很多的 IT 公司和一些网站公司,它有非常好的沟通渠道:E-mail、电话、因特网,但忽略了最好的沟通方式:面谈。致使在电子化沟通方式日益普及的今天,人和人之间的了解、信任和感情已非常淡化了。所以,不论作为一个沟通者或者作为一个管理者,你一定不要忘记使用面谈这种方式进行沟通。

操作步骤

总体来讲,一个有效的沟通主要有以下 3 个步骤:

1. 有效发送信息

有效地发送信息,要考虑"4W1H":选择发送的时机(When)、确定发送的内容(What)、谁会接受信息(Who)、何处发送信息(Where)和选择有效的发送方式(How)。有效发送信息是做好沟通工作的前提。

2. 接受信息,积极倾听

倾听是一种能力、一种素质,一种思维习惯。良好的倾听能力是人们获取知识的主要途径之一,倾听能力是学好各门学科的基本功。是尊重他人、关爱他人的行为;是与人交往的一种能力;是一个人心理健康的表现。养成良好的倾听习惯不仅是学习的需要,更是学生今后学习、工作和生活必备的能力之一,它有着非凡的价值。在如今仅会表达是不够的,如何倾听别人的意见也是一种重要的学习技能。

3. 有效反馈

对于一个完整的、有效的沟通来说,仅仅这两个环节是不够的,还必须有反馈,即信息的接收者在接收信息的过程中或过程后,及时地回应对方,以便澄清"表达"和"倾听"过程中可能的误解和失真。反馈是沟通的过程中或沟通结束时的一个关键环节,不少人在沟通过程中不注意、不重视或者忽略了反馈,结果沟通效果打了折扣。不少人在沟通中都以为对方听懂了自己的意思,可是实际操作过程中却与自己原来的意思大相径庭。其实,在双方沟通时,多问一句"您说的是不是这个意思……"、"请您再说一下,好吗?",问题自然解决。

实训练习

1. 请你看看,自己是什么沟通风格?为什么?
2. 设计不同的情景,体现如何与各种不同风格的人打交道。

笔记

项目 2.2 | 提 问 能 力

项目目的

（1）熟练掌握提问的技巧。

（2）能够在沟通过程中更好地与沟通对象进行交流。

项目内容

（1）提问在沟通中的重要性。

（2）提问的技巧。

（3）提问的方法。

（4）提问的注意事项。

相关知识点析

一、提问在沟通中的重要性

法国启蒙思想家、作家、哲学家伏尔泰说："判断一个人要根据他的问话，而不是他的回答。"爱因斯坦说："提出一个问题往往比解决一个问题更重要。"美国新闻学家杰克·海敦说："大约有百分之九十九的新闻是部分或全部以访问——也就是向别人提问——为基础写成的。"这都充分说明了提问的重要性。同样，在销售过程中，这个最具价值的技能——提问对于我们促成交易也是非常重要的，因为顾客往往不会主动把自己的意见或想法说给你听。通过提问，我们可以了解顾客的需求以及如何针对顾客的疑虑进行产品的解说。只有在我们充分了解顾客时，我们才能进行销售。因此，有效的提问将对我们能否成交起着决定性的作用。

二、提问的方法

在一般的销售场合提问主要划分为封闭式提问和开放式提问两大类。

1. 封闭式问句

（1）定义：封闭式问句是指特定的领域带出特定答复的问句，一般用"是"或"否"作为回答的要求。

（2）举例："您家人的健康对您很重要，所以看电视的时候您一定不愿意让射线辐射眼睛，是不是？"——"您觉着海尔电视这种功能真的实用吗？"

（3）封闭式问句的优缺点：

优点：可以使发问者得到特定的资料或信息，而答复这类问题也不必花多少功夫去思考。

缺点：这类问句含有相当程度的威胁性，往往会引起客户不舒服的感觉。所以在语言的运用上不宜过于尖锐，多用中性词语。

（4）封闭式问句细分的几种情况：

① 选择式语句——即给对方提出几种情况让对方从中选择的问句。这种问句都是提供两个以上的条件，供对方任意选择，对方只是在特定范围内选择，没有超出范围的选择余地。如："您喜欢时尚一点的还是简洁点的？""您觉着内在的质量比较重要还是单纯有一个时髦的外观重要？"

② 澄清式语句——即针对对方答复重新让其证实或补充的一种问句。这种问句在于让对方对自己说的话进一步明朗态度。如："您刚才说过您喜欢功能先进的电视，海信电视不正是很适合您吗？"

③ 暗示式问句——这种问句本身已强烈地暗示出预期的答案，无非是销售中敦促对方表态而已。如："买电视买的是产品本身，而不是赠品，您说是吗？""有了这种先进的开机直通车功能，您使用电视就会更方便，是不是？""看以前的老式电视，经常觉着眼睛挺累的，是不是？""一般只有高档的显示器才有色温调整功能，比如电脑显示器，是不是？"

④ 参照式问句——把第三者意见作为参照系提出的问句。如果第三者是对方熟悉的人，对顾客会产生重大的影响，顾客就可能会同意。如："最近香格里拉大酒店订购了我们海信156台等离子彩电，您觉着怎么样？"

2. 开放式问句

（1）定义：开放式语句是指在广泛的领域内带出广泛答复的问句，通常无法采用"是"或"否"等简单的措辞做出答复。

（2）举例："您觉着好的电视应该具有哪些特点？"

（3）优缺点：

优点：这类问句因为不限定答复的范围，所以能使对方畅所欲言，发问者可以获得更多的信息。

缺点：提问的技巧性很重要，所问的问题如果与自己的产品相悖，则容易造成尴尬、被动。因此，问题的诱导性很重要。千万不能问自己产品尚不完美的方面。

（4）开放式问句的几种情况：

① 商量式问句——和对方商量问题的句式。这类问句，一般和对方切身利益有关，属于征询对方意见的发问形式。如："您看，我给您介绍了这款电视的主要优势，您还需要再考虑吗？"

② 探索式语句——针对对方答复内容，继续进行引申的一种问句。不但可以发掘比较充分的信息，而且可以显示出发问者对对方所谈问题的兴趣和重视。如："您刚才说用过海尔的彩电感觉质量不好，能不能说一下哪些方面不好？"

③ 启发式问句——启发对方谈看法和意见的问句，以便吸收新的意见和建议。如："现在看电视机的技术如何，主要看机芯先不先进，您觉得呢？"

销售过程中，不但要多介绍我们产品的优势，同时更重要的是要"问"出顾客真正的需求，才好"对症下药"，成功销售产品。提问问题时，应该由广泛的问题逐步缩小到特定的问题，避免含糊不清的措辞；避免使用威胁性、教训性、讽刺性的语句；避免盘问式或审问式的

笔记

语句。

三、提问的技巧

甲乙两个信徒都很爱抽烟。一天祷告时,甲问神父:"我祷告时可以抽烟吗?"神父生气地说:"绝不可以!"乙问神父:"我抽烟时可以祷告吗?"神父和蔼地说:"当然可以!"从这个例子不难看出:提问不在于多,而在于善问;提问是有目的的,拥有好的提问技巧与方式,才可以实现你的目的。在提问时,要注意以下问题:

(1) 问题是否简单明了。

(2) 问题是否能引导客户进行有益的思考。你的问题应该把顾客引到一条通向你的产品或服务的道路上。

(3) 问题是否促使顾客考虑新的信息和观念。问一些超越客户层次的问题,让他们既不感到不舒服,又能以新的方式挑战现有的思维方式,从而增加你的权威度。

(4) 问题是否显得比竞争对手知识更丰富。问一些竞争对手想都没想过的问题,使自己脱颖而出。

(5) 问题是否能把顾客(和你)引向以往的经历。给他们讲述他们骄傲自豪的事情的机会,可以有效地获得信息,拉近距离,增加亲切感和信任度。

(6) 问题是否能使话题自然过渡。问一些承前启下的问题,如"是不是"、"对不对"、"你会不会",对你们谈话的一部分内容进行肯定,并过渡到下一个话题。

(7) 问题是否与客户的目标直接相关。问一些真正与顾客相关的问题,使得他愿意给出真实的答案。

(8) 问题是否能够从顾客的回答里引出能助你成功交易的信息。问他想要怎样使用你的产品或服务,他的期望是什么。

(9) 问题是否能够创造一种有利于销售的积极气氛。你的问题要激励人不是激怒人。

把以上每条列出两到三个问题,把它们应用到销售中去。要想成功地提问,就要提前把问题想出来、写出来。虽然这样做很难,但这样的确可以使你成为一个出色的销售员。其实只要用心的销售,销售不是艰难的过程。好的问题能快速击中顾客的实际困难和需求,还不会让顾客有被强迫的感觉。

四、提问的注意事项

任何事情都有一定的适用范围,如果超出了这个范围,事情就会变质。提问也不例外,如果你的提问超出了一定的限度,不但容易使对方产生反感,而且还会影响到你的沟通效果。在提问时要注意以下事项:

(1) 提问的内容要适度。提问需要结合对方的谈话内容,来提出相关的问题。所有的问题都必须紧紧围绕谈话的主题,如果你提出的问题和对方的谈话内容无关,或者关系不大,对方会认为你没有认真倾听,从而对你产生不好的印象或者某种误解,对双方的有效沟通和人际关系也会有负面影响。即使对方不介意这些,一些漫无边际的问题也会大大延长沟通时间,且毫无沟通效果。

(2) 提问的数量要适度。提问的数量不可过多,如果你提出的问题没完没了,肯定会使对方厌烦;与此同时,问题也不可以太少,如果没有什么问题,对方因得不到相关的信息反馈,同样会对你的倾听效果和态度产生疑问。因此,提问时如果疑问过多,可以依据问题的相关内容和逻辑关系把它们整合在一起;如果没有疑问时,为了配合对方,也可以把自己理解的意思用问题的形式表达出来,以得到对方的确认。

(3)提问的速度要适度。提问的速度也会影响沟通的效果,如果速度过快,对方很可能听不清你的问题,来不及对问题作出及时反应,还会营造一种紧张的氛围;如果速度过慢,会让对方觉得不耐烦,失去与你沟通的兴趣和信心。因此,提问的速度既要保证能让对方听清楚你提出的问题,又必须做到依据沟通的场所和特定的情境及提问的对象来确定速度的快慢。

(4)提问的语气要适度。说话的语气也能传递一些重要的信息,所以提问时语气的合适与否同样会影响到沟通的效果。语气的轻重缓急能表达出你当时的心情与感受,无形中传递给对方更多的信息,所以提问时一定要注意自己的语气和想要表达的感情相吻合,这样会使提问更加有效。

(5)提问的方式要适度。提问有两种方式:一是开放式提问;二是封闭式提问。开放式提问给对方回答的空间比较大,能得到比较多的信息,但回答所需的时间也比较长;明显不同的是,封闭式提问只用简单的是与否就能回答,得到的答案比较明确,回答的时间也比较短。因此,在提问时要依据具体需要和时间安排来确定哪一种是你最需要的提问方式,也可以将两种提问方式结合起来一起使用,充分利用两种提问方式的独特优势,来分别弥补各自的不足。

操作步骤

为了能够更好地采用提问方法与客户进行沟通,作为一名销售人员,提问时应考虑:向谁问,何时问、怎样问? 要根据交谈对象、内容和目的的不同,采取不同的提问方式。

对下面的销售案例进行分析,我们来看一下怎样提问来达到交易促成的目的。

顾客 A 想给儿子买一台护眼灯,要求健康保护眼睛,并且价格便宜。当然,售货员 B 自己并不知道顾客想买的是什么,有什么样的购买要求。

B:你好,欢迎光临××专卖店,请问您选一款什么样的灯?

A:我想买一款护眼灯。

B:是您自己用呢还是给小孩用?

A:给小孩用的。

B:好的,您看一下我们这款魔鬼鱼护眼灯怎么样?

A:哇,你们这款魔鬼鱼价格也太贵了吧。

B:我们的产品价格是比较实惠的,再说,买护眼灯也不能光看价格,最重要的是要看质量,是不是真的对眼睛有保护作用,您说对吗?

A:那倒是,可是你推荐的这款我不喜欢。

B:为什么? 是不喜欢它的造型还是不喜欢颜色?

A:我不喜欢这个颜色。

B:那您看看这款蓝色的怎么样,蓝色的不论男孩女孩都比较合适。

A:我还是觉得价格有点贵。

B：如果您对其他方面都满意的话，我们可以谈一下价格的问题。

最后，顾客接受了报价，购买了这款魔鬼鱼产品。

在这个销售过程中销售员使用了大量的封闭性问题，使得每句问话都紧紧围绕着顾客的购买动机。顾客说，"我想买一款护眼灯"，销售员马上问道"是您自己用呢还是给小孩用？"这句问话非常具体，缩小了产品推荐的范围，直接锁定了顾客购买的目标产品，这样就可以引导顾客在儿童护眼灯里面进行选择。当顾客回答说"可是你推荐的这款我不喜欢"时，销售员马上问"为什么？是不喜欢它的造型还是不喜欢颜色？"如果售货员只是问"为什么不喜欢？"顾客心理一定非常懊恼，不喜欢就是不喜欢，你管我为什么。好就好在销售员接了一句，"是不喜欢它的造型还是不喜欢颜色"，这样的话顾客就很难以不喜欢的借口进行搪塞。

在销售过程中，开放式问题和封闭式问题的交叉提问，是非常需要技巧的，开放式问题问得太多的话，顾客的回答没有目的性，销售人员很难收集到有用的信息；如果封闭性问题问得太多的话，顾客则很有压力，沟通气氛过于紧张。

实训练习

自己设定销售场景，运用不同的提问方法，完成提问式销售。

项目 2.3　倾 听 能 力

项目目的

（1）熟练掌握倾听的技巧。

（2）提高倾听能力，能够在沟通过程中更好地了解对方心声。

项目内容

（1）倾听的概念及作用。

（2）倾听的原则。

（3）有效倾听的技巧。

（4）倾听的 5 个层次。

相关知识点析

一、倾听的概念及作用

说到"听"，人们往往想到的就是人的听觉器官对声音的生理反应，认为只要耳朵听到对方的话音，就达到了"听"的目的，这种看法是片面的。倾听不是简单地用耳朵来听，它也是一门艺术。倾听属于有效沟通的必要部分，以求思想达成一致和感情的通畅。狭义的倾听是指凭助听觉器官接受言语信息,进而通过思维活动达到认知、理解的全过程;广义的倾听包括文字交流等方式。其主体者是听者,而倾诉的主体者是诉说者。两者一唱一和有排解矛盾或者宣泄感情等优点。倾听者作为真挚的朋友或者辅导者,要虚心、耐心、诚心和善意为倾诉者排忧解难。

作为销售人员,必须学会倾听。当客户说话的时候,要全神贯注地倾听。看着对方的脸,听他的声音,了解他话语里所包含的意思。越善于倾听,说话的人越信任你。但是太多的人往往只顾着说。上帝给我们一对耳朵,一张嘴,其实就是要我们多听少说。生活中,有魅力的人一定是一个倾听者,而不是滔滔不绝、喋喋不休的人。倾听,不仅仅是对别人的尊重,也是对别人的一种赞美。我们知道,在社交过程中,最善于与人沟通的高手,是那些善于倾听的人。也许在交谈过程中他并没有说上几句话,但是他一定会得到他人的肯定,认为他是善于言辞的人。如果我们只用眼睛或耳朵来接收文字,而不用心去洞察发现对方的心意,就没有实现读或听所希望达到的目的。结果只是浪费时间,并不能达到有效沟通的目的。只有认真地倾听,你才能了解客户的真正需求,从而为客户创造一个良好的沟通环境。有一句古话说得好:话不投机半句多。所以沟通的前提就是要学会倾听客户的心声,让自己有足够的理由和顾客交上朋友。

同时,倾听是企业管理沟通中的关键环节,善于倾听的管理者可以给员工留下良好的印象,激励他们畅所欲言,这样不仅可以让管理者获得重要的信息,更有助于管理者作出正确的决策。同时,对于缺乏经验的管理者来说,倾听还可以增长知识和经验,减少或避免因为不了解情况而出现失误。

二、倾听的原则

(1) 倾听者要适应讲话者的风格。每个人发送信息的时候,他说话的音量和语速是不一样,你要尽可能适应他的风格,尽可能接收他更多、更全面、更准确的信息。

(2) 倾听不仅仅用耳朵在听,还应该用你的眼睛看。你耳朵听到的仅仅是一些信息,而眼睛看到的是他传递给你更多的一种思想和情感,因为这是需要更多的肢体语言去传递,所以听是耳朵和眼睛共同的工作。

(3) 理解对方。听的过程中一定要注意,站在对方的角度去想问题,而不是去评论对方。

(4) 鼓励对方。在听的过程中,看着对方保持目光交流,并且适当地去点头示意,表现出有兴趣的倾听。

三、倾听的技巧

1. 消除外在与内在的干扰

外在和内在的干扰是妨碍倾听的主要因素,因此要改进倾听技巧的首要方法就是尽可能地消除干扰,把注意力完全放在对方的身上才能掌握对方的肢体语言,明白对方说了什么以及对方的话所代表的感觉与意义。

2. 鼓励对方先开口

首先,倾听别人说话是一种礼貌,愿意听表示愿意客观地考虑对方的看法,这会让说话的人感觉受到尊重,有助于建立融洽的关系,彼此接纳。其次,鼓励对方先开口可以降低谈话中的竞争意味,可以培养开放的气氛,有助于彼此交换意见。没有了压力,说话的人自然可以专心掌握谈话重点,不必忙着为自己的矛盾之处寻找遁词。再次,对方先提出看法,倾听者就有机会在表达自己的意见之前掌握双方意见的一致之处,再说话的时候更容易说服对方,使其更加愿意接纳你的意见。

3. 使用并观察肢体语言

透过肢体语言可以清楚地表现说话人内心的感觉,倾听者如果态度封闭、冷淡,说话者自然就会特别在意自己的一举一动,不容易敞开心胸。相反,如果倾听者态度开放、很感兴趣,就表示愿意了解、接纳对方的想法,说话的人就会受到鼓舞。这些肢体语言包括:自然的微笑,不要交叉双臂,手不要放在脸上,身体稍微前倾,常常看对方的眼睛,点头等。

4. 非必要时,避免打断他人的谈话

善于倾听别人说话的人不会因为自己想强调一些枝微末节、修正对方话中一些无关紧要的部分、转变话题,或者说完一句刚刚没说完的话就随便打断对方的话。经常打断别人说话就表示不善于听人说话,个性激进、礼貌不周,很难与人沟通。

虽然打断别人的话是一种不礼貌的行为,但"乒乓效应"则属例外。"乒乓效应"是指倾听者要适时的提出一些切中要点的问题或发表一些意见感想来响应对方的说法,还有就是听漏了某些内容或是没有听懂的时候,要在对方的话暂告一段落时迅速地提出疑问。

5. 听取关键词

关键词是指描绘具体事实的字眼,这些字眼透露出某些讯息的同时也显示出说话者的兴趣和情绪。找出谈话中的关键词可以帮助倾听者决定如何响应对方的说法。倾听者只要在自己提出的问题或感想中加入对方所说过的关键内容,对方就可以感觉到你对他所说的话很感兴趣或者很关心。

6. 反应式倾听

是指重述刚刚所听到的话,这是一种很重要的沟通技巧。但是反应式倾听不是像鹦鹉学舌一样,而是应该用自己的话简要的述说对方的重点。反应式倾听的好处主要是让倾听者能够及时掌握说话者的真实意思和谈话重点,同时使对话不至于中断。

7. 弄清楚各种暗示

有的人可能不愿直接说出自己真实的想法和感觉,往往会运用一些叙述或疑问进行暗示。这种暗示性的说法往往有碍沟通,如果遇到不良的听众,话中的用意和内容往往还会被误解,最后可能会导致双方的失言或引发言语上的冲突。所以遇到暗示性强烈的话,就应该鼓励对方把话说得更清楚一些。

8. 抓住重点

找出对方谈话中的重点并且把注意力集中在重点上面,这样才能比较容易地从对方的观点中了解整个问题。只要不将注意力放在各种细枝末节上,就不会因为没有听到对方话中的重点或是错过主要的内容,而浪费了宝贵的时间,或者做出错误的假设。

9. 回顾与总结

谈话中回顾并整理出谈话重点可以帮助倾听者继续提出问题。如果能指出说话者表达中的一些语焉不详之处,或是不能确定说话者比较重视哪些内容或想法,就可以利用询问的

方式来回顾和总结让对方知道并有所注意。

10. 接受说话者的观点

尊重说话者的观点,可以让对方了解,我们一直在听而且也听懂了他所说的话,虽然不一定同意他的观点但是尊重他的想法。接受说话者的观点可以促进双方彼此接纳并建立融洽的关系。

四、倾听层次

在沟通倾听的过程中,因为我们每个人的倾听技巧不一样,所以看似普通的倾听却又分为 5 种不同层次的倾听效果。

1. 听而不闻

所谓听而不闻,简而言之,可以说是不做任何努力地去听。

听而不闻的表现是不做任何努力,你可以从他的肢体语言看出,他的眼神没有和你交流,他可能会左顾右盼,他的身体也可能会倒向一边。听而不闻,意味着不可能有一个好的结果,当然更不可能达成一个协议。

2. 假装倾听

假装倾听就是要做出倾听的样子让对方看到,当然假装倾听也没有用心在听。在工作中常有假装倾听现象的发生,例如:你和客户之间交谈的时候,客户有另外一种想法,出于礼貌他在假装倾听,其实他根本没有听进去;上下级在沟通的过程中,下级惧怕上级的权力,所以做出倾听的样子,实际上没有在听。假装倾听的人会努力做出倾听的样子,他的身体大幅度的前倾,甚至用手托着下巴,实际上是没有听。

3. 选择性的倾听

选择性地倾听,就是只听一部分内容,倾向于倾听所期望或想听到的内容。

4. 专注的倾听

听者主动积极地听对方所说的话,能够专心地注意对方,能够聆听对方的话语内容。这种层次的倾听,常常能够激发对方的主意,但是很难引起对方的共鸣。

5. 设身处地的倾听

不仅是听,而且努力在理解讲话者所说的内容,站在对方的利益上去听,去理解他,这才是真正的、设身处地的倾听。设身处地的倾听是为了理解对方,多从对方的角度着想。这种倾听者不急于做出判断,而是感同身受对方的情感。他们能够设身处地看待事物,总结已经传递的信息,质疑或是权衡所听到的话,有意识地注意非语言线索,询问而不是辩解质疑讲话者。他们的宗旨是带着理解和尊重积极主动地倾听。这种感情注入的倾听方式在形成良好人际关系方面起着极其重要的作用。

操作步骤

有效倾听的步骤如下:

1. 准备倾听

首先,就是你给讲话者一个信号,说我做好准备了,给讲话者以充分的注意。其次,准备倾听与你不同的意见,从对方的角度想问题。

2. 发出准备倾听的信息

通常在听之前会和讲话者有一个眼神上的交流,显示你给予发出信息者的充分注意。这就告诉对方:我准备好了,你可以说了。要经常用眼神交流,不要东张西望,应该看着对方。

3. 采取积极的行动

积极的行为包括我们刚才说的频繁地点头,鼓励对方去说。那么,在听的过程中,也可以身体略微地前倾而不是后仰,这样是一种积极的姿态,这种积极的姿态表示着:你愿意去听,努力在听。同时,对方也会有更多的信息发送给你。

4. 理解对方全部的信息

倾听的目的是为了理解对方全部的信息。在沟通的过程中你没有听清楚、没有理解时,应该及时告诉对方,请对方重复或者是解释,这一点是我们在沟通过程中常犯的错误。所以在沟通时,如果发生这样的情况要及时通知对方。

实训练习

两人一组,一个人连续说 3 分钟,另外一个人只许听,不许发声,可以有身体语言。之后换过来。结束以后每人先谈一谈听到对方说了些什么,然后由对方谈一谈听者所描述的信息是不是自己想表达的。

项目 2.4　沟通反馈能力

项目目的

(1) 掌握沟通中有效反馈的方法。
(2) 提高沟通反馈能力。

项目内容

(1) 反馈的概念及作用。
(2) 反馈的类型。
(3) 沟通中有效反馈的技巧。

相关知识点析

一、反馈的概念及作用

所谓反馈就是在沟通的过程中,信息的接收者向信息的发送者做出回应的行为。一个完整的沟通过程既包括信息发送者的“表达”和信息接收者的“倾听”,也包括信息接收者对信息发送者的反馈。如果没有反馈的信息,那么沟通就不完善。因为信息过去了却没有回来,是一种单向的行为,所以说,没有反馈的信息就不能称为完整的沟通。沟通需要反馈,这样表达者才可以确认他们发出的信息是否被对方接受,并作出适当的反应。那么作为人际交往的一个技巧,积极的反馈对帮助建立人际交往是很有效的。

在与人进行沟通的过程中,提供反馈是一项非常重要的技能,它是影响沟通过程中重要途径之一。要清楚表达我们对对方的意见,在与人沟通过程中,不能说在听就表示你听了,还要给对方一定的反馈信息,要学会用眼睛、表情、动作、语言告诉对方你在真诚、认真地倾听,并做出一定的建设性反馈,如果做不到这些,就会给沟通带来一些问题。

同时,沟通是一个双向的行为,沟通双方不仅要善于表达,还要善于倾听,通过双方沟通、倾听、反馈再沟通、倾听、反馈的循环交流过程,才能达到沟通的目的或问题的解决办法。沟通就是一个互动的过程,沟通的双方只有积极配合,才能使沟通的目的得到实现。

二、反馈的类型

反馈有三种:

第一种就是正面的反馈。正面的反馈就是对对方做得好的事情予以表彰,希望好的行为再次出现。

第二种是建设性的反馈。建设性的反馈就是在对方做得不足的地方,给他提出改进的意见。建设性的反馈是一种建议,而不是一种批评,这是非常重要的。

第三种是负面反馈。负面反馈就是对行为进行批评,对所做的事情没有做好。负面的反馈对接受者没有帮助,有时还会带来了很多负面的影响。

三、提出反馈的技巧

1. 针对对方的需求

反馈要站在对方的立场和角度上,针对对方最为需要的方面,给予反馈。

例如,在半年绩效考核中,下属渴望知道上司对他工作和能力的评价,并期待上司能为自己指明下一步努力的方向。如果作为上司的经理人,在绩效考核之后不反馈,或者轻描淡写地说一下,则会挫伤下属的积极性。

2. 具体、明确

以下是给予具体、明确反馈的两个例子:

错误的反馈:

"小李,你的工作真是很重要啊!"这种表述方式很空洞,小李也不知道为什么自己的工作就重要了,从而不能真正给对方留下深刻的印象。

正确的反馈:

"公司公文和往来信函,是一个公司素质高低的表现,代表着一个公司的水平、精神和文化。小李,你的工作很重要。"这种对下属的反馈就不是空洞的、干巴巴的说教,而能起到事半功倍的效果。

3. 有建设性

经理容易武断地给下属的意见或想法下结论,比如有的往往带着批评或蔑视的语气说"你的想法根本就行不通!"、"小伙子,你还是太年轻了!"等,弄得下级很没趣,结果挫伤了下属主动沟通的积极性。如果我们换一种态度,以建设性的、鼓励的口气给下属反馈,效果就会不同,比如"小王,你的意见很好,尽管有些想法目前还不能实现,但是,你很动脑筋,很关心咱们部门业务的开展,像这样的建议以后还要多说啊!"效果就很不一样。建设性反馈是一种建议,而不是批评,这是非常重要的。

4. 对事不对人

积极的反馈就事论事,忌讳涉及别人的面子和人格尊严,带有侮辱别人的话语千万不要说。这样的言语只能加深双方的敌对和对抗情绪,与最初的沟通愿望适得其反。

四、接受反馈的技巧

接受反馈是反馈过程中一个十分重要的环节,在接受反馈时应该做到以下几点。

1. 耐心倾听,不打断

接受反馈时,一定要抱着谦虚的态度,以真诚的姿态倾听他人反馈意见。无论这些意见在你看来是否正确和是否中听,在对方反馈时都要暂时友好地接纳,不能打断别人的反馈或拒绝接受反馈。

2. 避免自卫

沟通不是打反击战。对方在向你反馈时,如果仅仅站在自己的立场,挑肥拣瘦地选择是否接受,一旦听到对自己不利、不好或不想听的东西,就去辩解和辩论,明智的另一方会马上终止反馈。

3. 总结接收到的反馈信息,并确认理解

在对方结束反馈后,可以重复一下对方反馈中的主要内容、观点,并且对方看你总结的要点是否完整、准确,保证你正确地理解对方要传递的信息。

4. 理解对方的目的

当你倾听对方的讲话时,你要把你的目标暂时放在一边,把焦点集中到他们所想反馈的目的上,完全理解他们。要仔细分析是不是包含着其他的目的。

5. 表明态度

别人对你反馈之后,自己要有一个明确的态度,如理解、同意、赞成、支持、不同意、保留意见、怎么行动等。不明确表示自己对反馈的态度与意见,对方会误解你没有听懂或内心对抗,这样就会增加沟通成本,影响沟通质量。

操作步骤

一、提出反馈的步骤

1. 认真倾听

在沟通的过程中,要认真倾听对方交流的内容。通过认真倾听,可以获取反馈的重要信息,发现说服对方的关键。

2. 选择恰当时机进行有效反馈

反馈应主动,不能在被问到时才说。同时,反馈应具体准确、把握要害反馈,也要注意时机。认真倾听并积极反馈会让对方更加愿意把他内心的东西不断地告诉你,你了解得越多,就越能掌控整个沟通过程。

二、接受反馈的步骤

1. 耐心倾听

在接受反馈时,要耐心倾听对方的反馈意见,不贸然打断。作为反馈的接收者必须培养倾听的习惯,使反馈者能够尽可能地展示他自己的性格、想法,以便于你尽可能多地了解情况。

2. 总结接收到的反馈信息

为了了解对方的真实意见或建议,可以对所有的信息进行总结确认。

3. 对反馈的问题进行整理

针对对方反馈的问题,要表明自己的态度,或者整理过后围绕沟通目标进行下一个问题的提问。

实训练习

一位同学说:"我有事情,不想参加这次春游,而且春游也很无聊。"如果你是班干部,如何理解这句话的意思? 准备怎么以不同的方式来回复这个同学? 如何用发问方式,了解其真实的态度呢?

笔记

模块三

汽车市场调研

项目 3.1　调 研 策 划

项目目的

对所需研究的汽车市场调研问题进行分析，确定调查项目、调查内容及调查方法。

项目内容

(1) 汽车市场调研的概念和作用。

(2) 汽车市场调研的主要内容。

(3) 汽车市场调研的方法。

(4) 汽车市场调研的步骤。

相关知识点析

一、汽车市场调研的概念与作用

市场调研(Marketing Research)就是运用科学的方法，有目的、有计划、系统地收集、整理和分析研究有关市场营销方面的信息，提出解决问题的建议，供营销管理人员了解营销环境，发现机会与问题，作为市场预测和营销决策的依据。具体来说，汽车市场调研就是以汽车消费群体为特定的调查对象，发现和提出汽车营销的问题与需求，用科学的方法对相关的市场信息进行系统的收集、记录、整理和分析，从而掌握市场的现状及其发展趋势。汽车市场调研的核心问题如图 3.1 所示。

汽车市场调研是整个汽车营销活动的出发点，其作用是非常重要的。

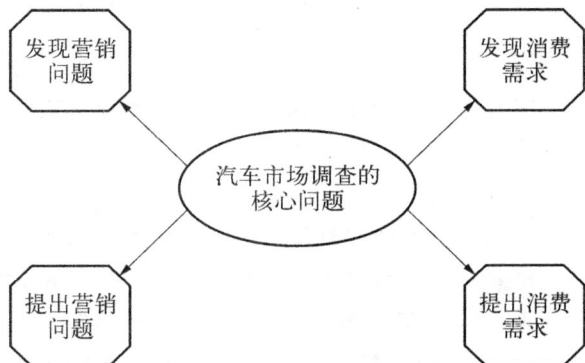

图 3.1　汽车市场调研的核心问题

1. 有利于汽车营销企业制定科学的营销规划

根据汽车市场调研结果,可以分析出市场需求及其变化趋势、市场规模与竞争格局、消费者购买情况及意见、消费环境的基本特征等情况,使企业能科学地制定和调整企业营销规划。

2. 有利于企业优化营销组合

企业根据市场调研的结果分析研究产品的生命周期,开发新产品,并制定产品在生命周期各阶段的营销组合策略。

3. 有利于开拓新市场

企业可发现消费者尚未满足的需求并衡量市场上现有产品及营销策略满足消费需求的程度,从而不断开拓新的市场。营销环境的变化往往会影响和改变消费者的购买动机和购买行为,给企业带来新的机会和挑战,企业可据此确定和调整发展方向。

1962 年,李·艾柯卡就任福特汽车公司分部总经理后,便策划生产一种受顾客欢迎的新车,这一念头是他对整个汽车市场营销环境作了充分调查研究之后产生的。第一,福特公司的市场调查人员调查得知:第二次世界大战以后,生育率激增,几千万的婴儿都已长大成人,今后十年的人口平均年龄要急剧下降,20 多岁的年龄组要增长一半,18～34 岁的年轻人占到新车购买者的一半。根据这一消息,他预见,今后十年的汽车销售量会大幅度增长,对象就是年轻人。第二,艾柯卡的职员通过调查同时发现:随着受教育程度的提高,消费模式也在改变,妇女和独身者顾客数量增加,两辆汽车的家庭越来越多,人们愿意把更多的钱花在娱乐上。人们正在追求一种样式新颖的轻型豪华车。第三,艾柯卡在欧洲了解"红雀"牌汽车销售情况时,发现"红雀"太小了,没有行李厢,虽然省油,但外形不漂亮,如不尽快推出一种新车型,公司就有可能被对手击败。根据以上市场调查的结果,艾柯卡提出了一个目标市场,适合这个市场的车应当是:车型要独树一帜,容易辨认;为便于妇女和新学驾驶汽车的人购买,要容易操纵;为便于外出旅行,要有行李厢;为吸引年轻人,外型要像跑车,而且要胜过跑车。在做了充分的市场调查以及其他工作后,野马汽车获得了巨大的成功。

正是因为艾柯卡做了充分的市场调查,对自己汽车的品牌以及消费者需求详尽了解后,为福特公司创造了巨大的利润。"磨刀不误砍柴工",充分的市场调查对营销的作用不言而喻,产生的利润,利益远远超过了预期的想象。

二、汽车市场调研的内容

汽车市场调研的主要内容包括汽车市场环境调查、汽车市场需求调查、汽车产品调查、竞争对手调查和企业自身营销组合要素调查。

1. 汽车市场环境调查

汽车市场环境调查要素包括政治法律环境、经济环境、科技环境和社会文化环境等。

调查政治法律环境就是要对政府有关汽车方面的方针、政策和各种法令、条例等可能影响本企业的诸因素进行调查。如汽车价格政策、汽车税收政策等。并且要调查有关部门及其领导人、关键人的情况。公司开辟市场要打交道的政府职能部门和单位，通过调查找出各部门各单位的关键人员。

经济环境调查的内容主要有：国家、地区或城市的经济特性，包括经济发展规模、趋势、速度和效益；所在地区的经济结构、人口及其就业状况、交通条件、基础设施情况、同类行业竞争的情况；一般利率水平，获取贷款的可能性以及预期的通货膨胀率；国民经济产业结构和主导产业；居民收入水平、消费结构和消费水平；与特定汽车类型相关因素的调查。

科技环境的调查就是对国际国内新技术、新车型的发展速度、变化趋势、应用和推广等情况进行调查。

社会文化环境的调查就是对一个社会的文化、风气、时尚、爱好、习俗、宗教等进行深入调查，同时也要调查当地人的文化水平、调查民族特点情况以及风俗习惯。

2. 汽车市场需求调查

汽车市场需求调查的内容主要有：市场容量调查、汽车市场需求影响因素调查、购车动机调查、购车行为调查。

市场容量调查主要是对现有和潜在人口变化、收入水平、生活水平、本企业的市场占有率、购买力投向、顾客对某类汽车的总需求量及其饱和点、汽车市场需求发展趋势的调查，主要包括顾客区域人口状况调查和顾客区域收入状况调查。

汽车市场需求影响因素调查就是调查国家关于国民经济结构和汽车产业结构的调整和变化；顾客的构成、分布及消费需求的层次状况；顾客现实需求和潜在需求的情况；顾客的收入变化及其购买能力与投向。

购车动机调查就是调查顾客的购车意向，影响顾客购车动机的因素，顾客购车动机的类型等。

购车行为调查就是调查各阶层的购车欲望、购车动机、购车习惯、购车爱好、购买地点、品牌偏好等情况，以及顾客对本汽车营销企业和其他提供同类车辆的汽车营销企业的欢迎程度。如不同顾客的不同购买行为，顾客的购买模式，影响顾客购买行为的社会因素及心理因素等。即"3W1H"：在何时购买、何处购买、由谁购买和如何购买等情况。

3. 汽车产品调查

包括对汽车新产品设计、开发和试销，对现有汽车产品进行改良，对目标顾客在产品款式、性能、质量、包装等方面的偏好趋势进行预测。定价是产品销售的必要因素，需要对供求形势及影响价格的其他因素变化趋势进行调查。

4. 竞争对手调查

竞争对手调查的要素主要有：竞争对手的确认、竞争者基本情况调查、竞争者的实力、竞争者的营销策略。

有没有直接或间接的竞争对手？有哪些？这是调查首先要解决的问题。竞争对手主要是指经营同类车辆，并以同一地区为经营地域的企业。同时，与经营替代车型的企业也是一种竞争关系。

对竞争对手基本情况的调查主要有以下内容：竞争对手的所在地和活动范围；竞争对手的经营规模和资金状况；竞争对手经营的车辆品种、价格、服务方式及在顾客中的声誉和形象；竞争对手新车型经营情况；竞争对手的销售渠道；竞争对手的手段和策略；现有竞争程度（市场占有率等）、范围和方式；潜在的竞争对手状况。

按照竞争者力量对比，可分为强力竞争和弱力竞争。前者对本企业能构成较大威胁；后者暂不构成威胁，但也有做大的可能。同时，竞争者优势在哪？不足在哪？以及竞争对手的组织结构或领导机制如何？这些都是要调查的内容。

竞争者的营销策略调查包括竞争者的营销方式与策略、品牌与服务、价格、广告与促销、分销等策略的现状、应用及效果等的调查。

5. 企业自身营销组合要素调查

企业自身营销组合要素调查的内容包括：品牌与车型调查、汽车销售价格调查、汽车营销渠道调查、汽车广告促销调查。

不同的调研目标所要进行的调查项目不同，在进行汽车市场调研时要根据调研的目标选取合适的调查项目。

三、汽车市场调研的方法

进行汽车市场调研，首先要确定调研对象，确定调研对象的方法主要有：普查、重点调查、典型调查、抽样调查等。收集资料的方法主要有：文案调查法、实地调查法和网络调查法。

1. 文案调查法

文案调查收集的是已经加工过的次级资料，而不是对原始资料的搜集，以收集文献性信息为主，它具体表现为各种文献资料。文案调查所收集的资料包括动态和静态两个方面，尤其偏重于动态角度。

文案调查可以发现问题并为市场研究提供重要参考依据。文案调查可为实地调查创造条件。文案调查可用于有关部门和企业进行经常性的市场调查。文案调查不受时空限制。

这种方法依据的主要是历史资料，过时资料比较多，现实中正在发展变化的新情况、新问题难以得到及时的反映。

所收集、整理的资料和调查目的往往不能很好地吻合，数据对解决问题不能完全使用，收集资料时易有遗漏。例如，调查所需的是分月商品销售额资料，而我们所掌握的是全年商品销售额资料，尽管可计算平均月销售额，但精确度会受到影响。

文案调查要求调查人员有较广的理论知识、较深的专业知识及技能，否则将感到无能为力。此外，由于文案调查所收集的次级资料的准确程度较难把握，有些资料是由专业水平较高的人员采用科学的方法搜集和加工的，准确度较高，而有的资料只是估算和推测的，准确

笔记

度较低,因此,应明确资料的来源并加以说明。

2. 实地调查法

实地调查法主要包括访问法、观察法、实验法。

1)访问法

访问法是通过直接或间接问答方式搜集汽车市场信息。可以面谈访问、电话调查、邮寄调查、留置问卷调查和日记调查。

面谈访问法是调查者根据调查提纲直接访问被调查者,当面询问有关问题,既可以是个别面谈,主要通过口头询问;也可以是群体面谈,可通过座谈会等形式。

电话调查法是由调查人员通过电话向被调查者询问了解有关问题的一种调查方法。

邮寄调查法是将调查问卷邮寄给被调查者,由被调查者根据调查问卷的填写要求填写好后寄回的一种调查方法。

留置问卷调查法是当面将调查表交给被调查者,说明调查意图和要求,由被调查者自行填写回答,再由调查者按约定日期收回的一种调查方法。

日记调查是指对固定样本连续调查的单位发放登记簿或帐本,由被调查者逐日逐项记录,再由调查人员定期加以整理汇总的一种调查方法。

2)观察法

观察法有直接观察和测量观察两种基本类型。直接观察就是观察人员直接到商店、家庭、街道等处进行实地观察。一般是只看不问,不使被调查者感觉到在接受调查。这样的调查比较自然,容易得到真实情况。这种方法可观察顾客选购商品时的表现,有助于研究购买者行为。测量观察就是运用电子仪器或机械工具进行记录和测量。

采用观察法首先要观察顾客的行为。了解顾客行为,可促使企业有针对性地采取恰当的促销方式。其次要观察顾客流量。观察顾客流量对商场改善经营、提高服务质量有很大好处。然后还要观察产品使用现场。调查人员到产品用户使用地观察调查,了解产品质量、性能及用户反映等情况,实地了解使用产品的条件和技术要求,从中发现产品更新换代的前景和趋势。最后,还要观察商店柜台及橱窗布置。

3)实验调查法

实验调查法按照实验的场所可分为实验室实验和现场实验。实验室实验是指在人造的环境中进行实验,研究人员可以进行严格的实验控制,比较容易操作,时间短,费用低。现场实验是指在实际的环境中进行实验,其实验结果一般具有较大的实用意义。

3. 网络调查法

网络调查法相对于传统的调查方法来讲,调研费用较低,调查范围更广,运作速度更快,适合长期的大样本调查。常用的网络调查法主要有问卷调查法、网上焦点座谈法、委托市场调查机构调查等。

操作步骤

一次完整的市场调研包括以下几个步骤:

1. 确定问题与调查目标

为了保证市场调查成功有效,首先要明确所要调查的问题。问题既不可过于宽泛,也不可过于狭隘,要有明确的界定。在确定问题的基础上提出特定调查目标。确定调查目标是调查最重要的任务之一,需要首先明确以下几个问题:为什么要调查?调查要了解什么?调查结果的作用?谁需要调查的结果?

企业一般是为了解决生产和经营中某些方面的问题才进行市场调查的,如新产品的开发、产品市场占有率下降等问题。大多数情况下,调查的题目并不是很具体,只表现为企业的大致意图,因而市场调查部门的首要任务就是确定调查的主题,找出问题的关键所在。先把握住题目的范围,然后根据问题确定调查目标,使整个调查过程围绕明确的调查目标进行。

2. 拟订调查计划

拟订调查计划就是确定调查方案,包括确定调查项目、确定信息来源、选择调查方式、估算调查费用、填写调查项目建议书、安排调查进度以及编写调查计划书等。

(1)确定调查项目。根据已确定的调查目标来设置调查项目。与调查目标有关的因素是很多的,从人力、时间以及必要性来考虑,不必要把所有的因素都设置为调查项目。因为随着调查项目的增多,需要的人力物力就越多,耗费的时间也越长,因此要对这些影响因素进行分析比较,选择合适的因素作为调查项目。

(2)确定信息来源。确定信息来源是指确定获取文字资料的渠道与获取实地调查资料的市场调查方式。获取文字资料的途径有很多,比如通过企业的各种报表或图书馆、统计部门等。

(3)选择调查方式。包括确定调查地点和调查对象。应根据调查项目选择具体的调查地点范围。调查对象的确定要以能客观、全面地反映消费者的看法和意见为宗旨。

(4)估算调查费用。企业用于市场调查的费用是有限的,调查的规模、方式不同,所需的费用也不同。如何使用经费是应该认真对待的问题,这就要在调查前做好预算。

(5)填写调查项目建议书。调查单位将确定的调查项目、信息来源、调查内容、调查方式、费用估算等内容以书面形式提交给企业。

(6)安排调查进度。合理安排调查进度是调查工作能按时按量完成的有利保证。调查进度的安排要服从于调查项目,将各个调查项目具体化,每一阶段要完成的工作内容及所需的时间、人力、财力等都要在进度表上表现出来。

(7)编写调查计划书。在正式调查之前,要把几个步骤的内容编成调查计划,以指导整个调查顺利进行。

3. 进行实际调查、处理调查中遇到的问题

调查实施阶段的主要工作包括收集、整理和分析信息资料等。调查中的数据收集阶段是花费时间最多且又最容易出现失误的阶段。在调查过程中,调查人员要尽量按计划进行,使获得的数据尽可能地反映事实。

4. 调查资料汇总整理

在调查资料收集完毕之后,首先要对收集到的资料进行校核,剔除不必要和不可靠的资料。校核后的资料按照内容进行分类编码,编制每一类别的统计表。在此基础上,运用统计学方法对资料作出必要的分析,并将分析结果提供给有关方作为参考。一般使用的统计方法有回归分析法、多维分析法和相关分析法等。

5. 编写调查报告,总结调查活动

调查的结果最终以调查报告的形式体现出来,报告的编写也是非常重要的工作,具体的注意事项参照后续章节内容。

实训练习

1. 通过各种方式调查到尽可能完整的数据和信息,进行丰田汽车的中国市场策略调查或一汽大众公司产品策略调查。如果是你来组织,应该从哪些方面入手?

2. 某地区二手车市场调查:给该地区开办二手车经营公司提供相关的决策依据。如果由你来进行策划,需要收集哪些方面的信息?

项目 3.2 调查问卷设计

项目目的

根据调研目的明确调研信息及信息来源,设计调查问卷。

项目内容

(1) 设计问卷的重要性。

(2) 问卷的格式。

(3) 设计汽车市场调研问卷的注意事项。

相关知识点析

一、设计市场调查问卷的重要性

调查问卷的设计是市场调查的一项关键工作。设计者不仅需要懂得市场营销的基本原理和技巧,还要具备社会学、心理学等知识。一份调查表如果内容设计恰当,既能使调查者达到预定的调查目的,也能使调查对象乐意合作。调查表往往需要认真仔细地拟定、测试和调整,然后才可大规模使用。

二、问卷的格式

问卷的格式主要包括以下内容:问卷说明、调查的问题、被调查者的情况、编号及调查者的情况。问卷说明应言简意赅,向调查对象说明调查的意图,填表须知等信息,强调调查工作的重要性,消除调查对象的疑虑并使之引起答卷的兴趣。调查的问题是调查问卷中最主要的部分,主要是以提问的形式呈献给调查对象,提问的具体内容视调查目的和任务而定。调查对象的情况具体有年龄、性别、职业、住址、受教育程度、婚姻状况、家庭人口等,以备各类研究之用。在问卷的最后附上调查人员的姓名、访问日期等,以核实调查人员的情况。最后对调查表进行编号主要是为了便于统计。

三、问卷设计的注意事项

（1）问卷中问句的表达要简明易懂、意思明确，不能模棱两可，避免用"一般"、"通常"等词语。

（2）调查问句要有亲切感，并要考虑到答卷人的自尊。

（3）调查问句要保持客观性，避免有引导的含义，应让被调查者自己去选择答案。

（4）调查问卷要简短，以免引起填表人的厌烦。

（5）问卷中各问题之间的间隔要适当，以便答卷人看卷时有舒适感；印刷要精细、清晰；问卷的页数超过一页时要装订好，避免缺页。

（6）问卷中问题的安排应先易后难，不要第一个问题就把人难倒。核心问题应放在问卷的前半部分。

（7）调查问卷要有时间性。

四、问题的提问方式和方法

1. 单向选择法

单向选择法最直接也最常用，但是在选项的约束下不一定能够反映答题者的真实想法。

2. 二项选择法

二项选择法又称是否法或真伪法，即回答项目分为两个，回答者选择其一。

例如：您看过××广告没有？　　A. 看过　　B. 没看过

优点：态度与意见不明确时可以求得明确的判断，并在短暂的时间内求得回答，使中立意见者偏向一方。

缺点：不能表示意见程度上的差别。

3. 多项选择法

多项选择法就是给出多个选项，让调查对象从中选出一个或多个自己认为合适的答案。使用多项选择法时应注意以下问题：需将选择的各项事先编号；答案要包括所有可能情况，并避免重复；被选项不宜过多。

4. 自由回答法

自由回答法不限定答案，回答者不受约束，自由表达自己的意见。

优点：拟定问题不受拘束，较其他访问方式容易；对回答者不限制回答范围，可探析其真实意见。

缺点：对不能明确回答者，大都回答"不知道"；受调查人员访问方式及表达能力的影响；不便于统计，几乎难以做到深入分析。

5. 意见调查法

对某一特定问题，将预先形成的意见提示给调查对象，以征询其意见。意见调查法是以问卷、口头、电话或其他方式了解调查对象对某一事物的意见，多用于政府的社会调查、市场调查、观众及听众意见调查等。

以上只是问卷调查常用的几种调查方法,此外,调查问卷的提问方法还有竞争选择法、强制选择法、回想法等。

操作步骤

市场调查问卷设计的详细操作步骤如下:

(1) 透彻了解问卷设计的主题,决定调查表的具体内容和所需要的资料,逐一列出各种资料的来源。

(2) 将自己放在调查对象的位置,考虑这些问题能否得到确切的资料,哪些问题调查对象方便回答,哪些难以回答。

(3) 按照逻辑思维方式排列提问次序。

(4) 决定每个问题提问的方式。

(5) 写出问题,要注意一个问题只能包含一项内容。

(6) 每个问题都要考虑能使调查对象方便回答,同时,每个问题都要考虑能否对调查结果进行恰当的分类。

(7) 审查提出的各个问题,消除含义不清、有倾向性的语言和其他疑点,并考虑提出问题的语气是否温和有礼貌。

(8) 考虑将得到的资料是否对解决问题有帮助,如何进行分析和交叉分析。

(9) 在少数调查对象中对调查表进行小规模的预测。

(10) 审查预测的结果,既要着眼于所收集的资料是否易于列表,又要着眼于资料的质量,看是否有不足之处需要改进。

(11) 根据上述反馈结果重新设计或完善调查表。

实训练习

上海大众成立于 1985 年。中国入世后,通用、丰田、奔驰等世界五百强的汽车制造企业纷纷进入中国市场。面对如此大的冲击,上海大众并没有处于下风。这是一个奇迹,同时也引起了某些同学的浓厚兴趣。他们想知道,为什么消费者会选择大众这个品牌。因此他们设计了这样一个调查问卷,如下所示。

上海大众汽车的调查问卷

您好,我是××大学阳光学院汽车市场营销班的学生,我正在课外实践调查。我的访问大概只需要几分钟的时间,您提供的信息仅用于统计上的研究分析,而不会具体提供给任何第三方,希望能够得到您的支持与帮助,谢谢!

1. 您的性别是　　□男　　　　□女
2. 您的年龄段是　□18～25　□26～30　□31～35　□36～40　□41～45
　　　　　　　　□46～50　□51～55　□56～60　□60 以上
3. 您的职业类别　□第一产业　□第二产业　□第三产业
4. 您的月薪(人民币)　□2000 以下　□2001～4000　□4001～6000　□6001～8000
　　　　　　　　　□8001～10000　□10000 以上

5. 您的家庭状况　□快乐的单身汉、单身女　　□甜蜜的二人世界
　　　　　　　　　□幸福的三口之家　　　　　□完整的祖孙三代

6. 您的现居地　□郊区　□市区　□农村

7. 您知道上海大众吗　□知道　□不知道

8. 您通过何种途径知道上海大众　□网络　□电视　□报纸　□亲朋好友介绍
　　　　　　　　　　　　　　　□其他

9. 您开过车吗　□很荣幸,开过　□很遗憾,还没有

10. 您是有车一族还是本本族　□有车一族　□本本族

11. 您喜欢什么车　□国产车　□日本车　□美国车　□英国车　□德国车　□其他

12. 您爱车的牌子是大众的吗　□很荣幸,是的　□很遗憾,不是

13. 您的爱车数量　□1　□2及以上

14. 购车时您关注些什么(可多选)　□价格　□品牌　□安全性　□空间大小
　　　　　　　　　　　　　　　□装饰　□耗油大小　□售后三包　□车辆马力

15. 购车时影响您的是什么(可多选)　□产品细节描述和演示　　□促销活动
□同级别车之间的产品对比　□专家的建议　□经销商的介绍　□提车的注意事项

16. 上海大众品牌中您倾向于哪种车　□帕萨特系列　□途安系列　□朗逸系列
　　　　　　　　　　　　　　　□Polo　□桑塔纳　□其他

17. 您认为上海大众还有哪些需要改进的(可多选)　□完善售后服务　□研发新车
　　　　　　　　　　　　　　　　　　　　　□定期开展车展活动

18. 买车后,您花费在车辆上最大的是　□汽油　□公路养路费　□汽车维修费

19. 您最希望我们通过何种方式联系您(可多选、可不选)
□短信　□电话　□网站发布　□QQ群通知　□电子邮件　□其他

20. 您的联系方式(可不填)＿＿＿＿＿＿＿＿＿＿＿＿＿＿＿＿＿

　　这些同学复印了近500份问卷到百姓中发放、调查,然后再收集起来。在发放中,他们考虑到如果调查的对象没有车的话,那么这张调查将无效。为了减少调查问卷的无效率,他们发放调查问卷时尽量避免向未成年人及古稀老人发放。因为中国法律不允许未成年人开车,而古稀老人学车的又十分稀少,因此发放对象为成年与中年的男士与女士。经过慎重考虑,发放的地点选择在市中心及CBD,因为这里是不少白领、成功人士的聚集地,在这里发放,将会得到较高的问卷调查成功率。

　　在选择好正确的发放地与发放时间后他们进行了对路人发放调查问卷的工作。在好心人的帮助下,他们调查问卷的工作圆满完成。

　　根据这个例子,结合当地实际,做出某汽车品牌的市场调查问卷,然后想一想,采用什么方法来进行问卷调查? 调查地点如何选取? 调查时间怎么确定?

项目 3.3　调查实施及结果处理

项目目的

（1）能按照调研实施计划，策划并组织汽车市场调研活动。

（2）能对收集到的原始资料进行分析处理。

（3）能编写调查报告。

项目内容

（1）与他人合作进行汽车市场调研的组织和实施。

（2）对汽车市场调研所得数据进行整理分析。

（3）编写调查报告。

相关知识点析

一、调查实施

汽车市场调研准备工作做完之后就开始进入实施阶段。调查结果准确与否，决定于调查实施的效果好坏。选择合适的调查区域和调查对象，避免无效的调查资料是非常重要的。因此，在做好调查问卷的基础上，一定要做好调研策划。

调查实施结束之后开始对得到的调查资料进行分析总结。调查数据分析处理是整个市场调研的分析总结阶段，工作内容主要有汇总整理，编写调查报告等。

二、调查资料的汇总整理

在分析总结阶段，首先应对资料进行校核，剔除不必要及不可靠的资料，以此保证资料的可靠性和准确性，校核后的资料要按内容进行分类和编码，编制每一类别的统计表。同时，调查人员应运用统计学方法对资料做必要的分析，并将结果提供给有关方作为参考。

三、编写调查报告

市场调研报告的提出和报告的内容、质量，决定了它对企业领导据此决策行事的有效程度，市场调研报告依其内容来分，可分为专题报告和一般性报告，前者是供专门人员作深入研究用的，后者是供企业的行政领导或公共参考的，这两种报告的撰写有较大差别。

1. 专题报告

专题报告又称为技术报告，在撰写时应该注意内容要尽可能翔实，凡在原始资料中发现的事实都要列入，以供其他专门人员参考。专题报告要以客观的立场列举事实，当调查结果对本企业不利时也应如实填写。

专题报告应包含的项目大致如下：

（1）封面。封面写明调查题目、承办部门及个人、日期等。

（2）序言。序言要简单概括说明调查结论和建议事项。

（3）正文。正文的内容包括调查目的、方法、步骤，样本分布情况，统计方法及数据，误差估计，在技术上无法克服的问题，调查结果、结论和建议等。

（4）附录。附录部分应尽可能多地列入有关论证和说明正文的资料，包括调查表副本、统计资料原稿、与受访者的约谈记录、参考资料目录等。

2. 一般性报告

一般性报告的阅读者众多且水平参差不齐，故应力求条理清晰，避免过多引用术语。为了提高阅读人的兴趣，报告要具有吸引力，有时也可从本企业的利益出发特别强调调查结果中对本企业有利的事实，以收取广告之效。

报告内容所包括的项目要求或小标题可采用新闻标题的表现方法，以引人注目，调查方法、分析整理过程、资料目录等内容只作简要说明即可，而对调查结果的结论和建议事项可适当详细一些。

在具体写作一般性报告时应注意以下问题：

（1）要以大量的资料为依托。在撰写报告以前，要搜集大量的相关资料，做大量的实地调查，来取得第一手资料和感性认识。这一步工作的成效，将直接影响报告的质量，进而影响企业领导层的决策以及企业产品的销售策略。

（2）要对资料进行取舍、分析、加工。在报告的撰写过程中，要采用真正能反映市场趋向的材料，避免把非关键的、不起决定作用的因素当成关键的、能起决定作用的因素，才能保证报告不犯倾向性错误，不会对企业的资金投向、产品投向产生误导。

（3）内容及语言要具有高度确定性。在报告的撰写过程中，内容及语言都不能出现模棱两可的现象，要有高度的确定性。报告中所使用的词汇都应当是确定的，每一段的内容也应该有确定的意义，不能含糊不清。在报告中还应尽可能用数量化的形式表达，让数字说话。这样的报告才有较强的可信度和说服力。

（4）市场调查报告的形式要求。报告的标题要简洁准确，一目了然。在前言或说明部分要点明报告的调查区域或领域、调查的时间、所收材料的起止日期、所使用的调查方法、材料及数据的处理方法等。在正文部分最好以条文方式来进行说明，中间可穿插一些纵向及横向的比较分析。反映趋势的部分应以数量化的材料为基础进行分析得来。结论及建议必须是从调查的内容或是本调查报告的内容引发出来，不应是附加的或主观臆测得出。

（5）市场调查报告书写的基本模式。报告的书写要说明调查的时间、地点、对象、区域、范围、数量以及调查所采用的方法；对报告的主要内容作提要；对调查资料进行层次清晰的阐述；利用图表、统计数据和方案对具有倾向性的问题作深入剖析；根据以上所揭示的规律与倾向对市场前景作出预测。

操作步骤

从以上内容不难看出调查实施及结果处理这一环节的操作步骤：调查实施→调查资

笔 记

料汇总整理→编写调查报告。每一环节的主要工作及注意事项参看以上内容,这里不再阐述。

实训练习

根据项目 3.2 所做的市场调查,按照本项目的要求,写一份市场调查报告。

模块四

顾客购车行为分析

项目 4.1 顾客购车心理分析与引导

项目目的

（1）掌握顾客购买过程中的心理类型及表现。

（2）学会通过顾客的言行举止准确区分其心理类型，并进行应对。

项目内容

（1）顾客购买过程的心理类型。

（2）顾客购买过程的心理表现。

相关知识点析

顾客的购买过程是指顾客从产生某种购买欲望到最终完成购买行为的全部过程。在这个过程中，顾客的心理活动是逐渐展开的，其表现又是多样的。在消费的过程中，虽然顾客的购买动机不同，购买商品的种类、数量不同，所耗费的时间和精力不同，但顾客在购买过程中的心理状态一般都表现为注意、兴趣、联想、欲望、比较、信任、行动、满意 8 个发展阶段。

1. 注意

注意是心理活动对一定事物的指向和集中。例如，顾客经过汽车 4S 店门口，被展厅中陈列的汽车吸引，然后进入到汽车 4S 店里面，询问汽车销售人员关于汽车的有关信息资料。注意的产生有客观原因和主观原因。客观原因是刺激物的特点，如商店中鲜明突出的广告和装饰，新颖的商品包装，响亮的兜售吆喝，变化多端的商品功能展示等，作为刺激物都会引起顾客的注意。引起顾客注意的主观原因是人对当前事物的态度、心境、兴趣、需要、经验、世界观等。如一般顾客的注意集中在物美价廉的商品上,高档豪华的商品和不想买的商品都不会成为注意中心。顾客对商品和购物环境的观察、感知、思考、记忆等的认识过程,都有一个注意或不注意的问题。即顾客是聚精会神地对于想购买的商品进行观察、聆听、分析、比较、认识,还是漫不经心地浏览商品、溜达闲逛,这就是注意状态不同的体现。要充分调动顾客的注意,激发顾客的购买欲,才能实现商品的销售。

2. 兴趣

兴趣是人们力求认识某种事物或爱好某种活动的倾向。在购买活动中,注意和兴趣是两种密切相关的心理活动。顾客在注意某种商品的时候,会同时引发其他心理活动,如想象、比较、分析、判断等,并对某种商品做出如颜色、式样、味道、价格等方面的反馈,这就是引起了顾客的兴趣。这种兴趣进一步推动顾客积极地去了解该商品的有关知识,认识该商品的功能、实用价值及对自己、对社会的意义等。在了解的过程中,顾客若认为该商品的功能、价值能适合或满足自己在物质方面或精神方面的需要,这种兴趣就会进一步强化,并引起顾客愉快的情绪体验,情绪体验的深化则推动着顾客购买行为的发展。

3. 联想

联想是由一事物想到另一事物的心理活动过程。联想包括由当前感知的事物想起另一个有关事物,如看到商店举办空调器展销,会想到夏天的到来;联想还包括由已经想起的一个事物想起另一个事物,如想到夏季来临,自然又会想到需要购置纳凉用品。在购买活动中,联想是在顾客对某种商品发生了兴趣并有了一定的认识之后,对该商品进一步关注时发生的心理活动。此时,顾客面对该商品会想到过去所购买的类似商品的使用情况,或者会想到购买此商品会引起什么样的后果,如购买空调器会使家人度过一个凉爽的夏季。通过联想,顾客往往会突破时空限制,获得更丰富的有关商品的知识,引发更强烈的情绪体验。联想可以看做是唤起和强化顾客购买欲望的媒介,营业员应善于运用各种手段激发顾客的联想,促成其购买行为。

例如,一位汽车推销员对顾客说:"请好好想一想,有了这辆车作为你的代步工具,你就不用天天再去挤公交,想去哪儿的时候不用再去查该乘哪辆公交和换乘哪辆公交,不必再担心回家晚了没有公交可乘,周末的时候一家人可以一起开车去野外郊游。"这位推销人员就是在调动顾客的联想这一种基本心理活动。

4. 欲望

欲望是人想得到某种东西的要求,即渴望满足而未被满足的需求。在购买过程中,随着顾客联想的深化,顾客购买商品的欲望就会随着对该商品的认识及个人情绪的变化由潜伏状态转入活动状态,真正起到推动顾客购买过程的作用。在这个时候,顾客购买欲望的现实性已十分明显,即想要购买。

5. 比较和判断

比较就是辨别两种或两种以上的事物的异同或高低。判断就是运用概念或个体的知识经验对事物的存在或它的某些属性进行肯定或否定判断的思维过程。比较是判断的基础和条件,而判断则是表达比较的结果。面对琳琅满目的商品,当顾客产生购买某种商品的欲望之后,根据自己的观察或营业员的介绍,就开始在心里对汽车产品的特征、功能、外观、质量、价格等方面做出比较、权衡，如这辆车的颜色、款式是否能体现出自己的风格？还有没有比这款更适合的？顾客对汽车产品的鉴别都是通过比较这一过程去完成的。通过比较，顾客要对汽车产品的质量、功能、价格等基本属性表示肯定或否定的倾向性做出判断，为最终的购买抉择提供依据。比较和判断是顾客购买决策的前奏，对顾客购买与否起着决定性的作用。在比较判断阶段，顾客有可能会出现犹豫不决，此时就是汽车推销员为顾客做出咨询建议的最佳时机。汽车推销员应适时地提供一些意见给顾客，帮助他做参考。

6．信任

信任即相信而敢于托付，是由人对某一事物的肯定性判断所伴随而来的一种情感体现。在购买过程中，顾客通过多方面的比较，对商品的特性有了较好的把握，确定出自己对某种汽车产品的肯定程度，从而也就选定了自己所要购买的对象。如果顾客认定的选购对象正是自己想买的商品，或认定的选购对象能满足自己的消费欲望，体现出自己的喜好需求和价值观时，顾客就会对该商品产生信任，即愿意把自己的购买欲望的实现寄托在这款汽车产品及售卖这一汽车产品的经销商身上。

7．行动

行动就是做出最终的选择。顾客确信经过比较，判断某一商品是自己所必需的，并对这一款汽车产品产生信任时，顾客就会果断地做出购买的决定，并迅速实施购买行为。对汽车推销员来说就是"成交"，在此阶段应注意把握好顾客的购买时机。

8．满意

满意是外在事物满足人的某种需要时，人所产生和表现出来的一种愉快的情绪体验。满意的程度是和需要得以满足的程度相联系的。在购买过程中，顾客买到了称心如意的汽车产品，或是在购买过程中享受到了良好的服务，顾客就会产生高兴、愉悦的情绪体验，即产生满意感。满意虽然是顾客在结束购买活动之后才表现出来的情绪体验，但它是服务质量的标志，是顾客购买活动成功的体现。具有满意情绪体验的顾客，大多会成为这一汽车 4S 店或这一汽车品牌的回头客。因此，汽车 4S 店的销售服务要努力为顾客创造满意的情绪体验，使顾客高兴而来，满意而归。

操作步骤

顾客购车心理分析与引导总的操作步骤如下：

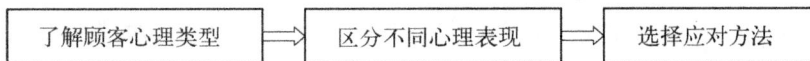

了解顾客心理类型　⟹　区分不同心理表现　⟹　选择应对方法

一、了解顾客心理类型

心理学家将顾客购买时的心理特征划分为 9 种类型：内向型、随和型、刚强型、神经质型、虚荣型、好斗型、顽固型、怀疑型、沉默型。汽车销售人员熟悉了解每一类顾客的性格与心理特征，可以使我们在汽车销售过程中对症下药，因人施计。

二、区分不同年龄顾客群体的购买心理特点

1. 青年人的购买心理特点

（1）追求时尚。青年人思想活跃，富于幻想，容易接受新事物，喜好猎奇，追求新颖和时尚。他们购买商品时容易受社会潮流的影响，求新、求美动机较为突出，求实用性则相对较淡薄。他们往往喜欢追逐乃至领导时尚潮流，他们往往是某些新产品（主要是青年人自己使用的各种消费品）的主要购买者。

（2）追求个性化。随着个性逐渐成熟，青年人自我意识、独立意识加强了，有了他们自己的社会地位、职业、性格、志向、兴趣等。他们在各类活动中会有意无意地表现自己的个性，因此，非常喜欢个性化的商品。他们喜欢在购买中体现自己的个性，喜欢标新立异，购买能反映自己个性的商品。例如，在服饰的选择和搭配上喜欢显示自己的独特眼光，喜欢选购和使用最新款的音像、通信产品等。

（3）注重感情和直觉，冲动性购买较多。青年人虽然已有较强的思维能力、决策能力，但在购买活动中还是比较容易感情用事，凭一时的好感而迅速做出购买决策，而对产品的内在品质或功能的实用性欠缺周密的考虑。

2. 中年人的购买心理特点

（1）购买过程理智性强，冲动性小。中年人阅历广泛，生活经验丰富，情绪反应一般比较平稳，多以理智支配自己的行动，感情用事的情况相对较少。因此，在购买过程中即使遇到别人的推介、劝诱或其他外界因素的影响，也不易感情用事，而是比较冷静地比较、分析、判断、挑选，使自己的购买行为尽量合理可行。

（2）购买计划性强。中年人大都是家庭经济的主要承担者，有较丰富的购买经验，在消费上比较理智、计划性强、讲究实际、极少冲动和感情用事，在更多的购买行为中不易受参展群体的影响。

（3）购买商品实用化。由于中年人上有老下有小，家庭生活担子较重，因此，他们一方面要顾及全家现实的消费需要，另一方面又要为将来打算，如子女教育、自己的养老等，因而他们有较高的储蓄倾向，有勤俭持家、精打细算、量入为出的消费习惯。在购买时求实心理较重，往往更注重物美价廉。他们在挑选商品时更注重商品内在的品质和价格，其次才考虑款式、色彩等。他们对新的事物的热情往往不如青年人高。

3. 老年人的购买心理特点

（1）习惯性购买心理强。老年人积累了多年的购买经验，对某商品印象深刻，形成了反复购买使用的习惯，且不易改变。老年人易留恋过去的生活方式，对消费有一定的怀旧心理，对老商标和老企业比较偏爱。老年人一般对新商品的使用趋于保守，他们习惯于购买过去曾经使用过、认为不错的商品，习惯去老商店买东西。在购买时总是不假思索地按照习惯行事，很难被推销员所诱导。

（2）老年人消费理性强。对商品的经济实惠、使用方便、安全可靠及使用舒适十分看重。老年人听力、视力、平衡力、反应的敏捷性、智力、体力等都下降了，这些生理变化使得消费心理也发生了变化。他们一般不愿意购买复杂的产品，也不注重产品的漂亮和时尚，而更看重质量和价格因素，很少冲动性购买。

（3）要求服务周到方便。老年人行动不便，心理也脆弱，因而要求购买时能获得良好的协助和照顾。如他们希望购买场所交通方便、商品标价和说明清晰明了，服务热情、周到、耐心。老年人挑选商品和询问有关商品的信息往往比较仔细，要求营业员耐心等候、给予解答。应该注意到，随着社会的发展和生活方式的逐步改变，具有新的消费观念和生活方式的老年消费群体正在形成和发展。

三、针对不同类型的顾客选择正确的应对方法

针对不同类型的顾客选择正确的应对方法（见表 4-1、表 4-2、表 4-3）。

表 4-1 不同心理类型的表现形式及应对方法

心理类型	表 现 形 式	应 对 方 法
内向型	封闭、冷淡、敏感	建立良好的第一印象、投其所好
随和型	性格开朗，容易相处	耐心、风趣
刚强型	个性严肃、正直	严谨、勿随意
神经质型	异常敏感、易激动	言语谨慎、顺其自然
虚荣型	喜欢表现、嫉妒心重	促其心情愉快
好斗型	好胜顽固、征服欲强	准备充分、勿意气用事
顽固性	具有特别偏好	准备充分、先发制人
怀疑型	处处质疑	对自己、车辆充满信心
沉默型	表现消极、反应冷淡	避免僵局、打破沉默

表 4-2 不同年龄的消费心理及应对方法

不同年龄	消 费 心 理	应 对 方 法
青年	追求时尚与新颖，追求个性，善于表现自我，注重感情，容易冲动	介绍商品时不要反复介绍商品知识；要注意接待速度；宣传商品时注意激发购买情感
中年	讲究计划性、具有理智性、注重实用性、随俗求稳	不要急于介绍商品，先注意观察判断；介绍商品时侧重商品性能和特点，突出商品内在品质及实用性、便利性；推介中注意培养感情，发展"回头客"
老年	购买具有习惯性，要求商品舒适实用，价格优惠，希望享受良好的接待服务	主动为老人拿、递商品；不要急于收回商品；耐心说明商品用法、用途；介绍商品时应当适当放慢语速，提高音量

表 4-3 不同职业的消费心理及应对方法

不同职业	消 费 心 理	接 待 方 法
工薪族	追求经济实惠，追求使用方便、实用，90%的消费者看重的是价格，10%的是有追求时尚和从众的现象，注重情感	介绍商品时注重产品的价格、性能、效果、使用方便和尊重别人，运用赞美、对比的方法，看重相联附赠品的使用价值或新、奇的特点，刺激其决策力

（续表）

不同职业	消费心理	接待方法
白领层	追求品质、品牌名气,被名气所累,追求时尚,自我表现,有自我实现的感觉,易冲动,注重服务技能和品质	介绍商品是中国驰名商标,国家免检,公司的广告等名气,广告明星等,赞美使消费者有被提高自身身价的心理,这一类人注重品质,名气、自身档次,不太注重价格的高。此类人群不太注重附赠相联方式,注重相联赠品以奇、新为主,不会太多考虑其附赠品的实用价值
家庭层	注重实用,经济、方便,习惯性强,注重情感,注重服务品质	介绍商品时尽量以大包装价格实惠为主,以情感、以附近的什么人或邻居已经购买的从众心理进行介绍,以服务方式提高品质,以附带相联赠品方式进行刺激。考虑相联附赠品的实际使用价值

实训练习

设计情景,通过模仿不同类型客户练习对其应对方法。

项目 4.2 顾客购车动机分析与引导

项目目的

（1）掌握顾客购买动机类型。
（2）学会分析顾客购车动机并能适时引导。

项目内容

（1）顾客购买动机类型。
（2）顾客购买动机的诱导。

相关知识点析

一、顾客的购车动机

为什么有的人愿意买昂贵、名牌的轿车,而有的人即使腰缠万贯也爱买普通的轿车? 为什么有的人即便一字不识也要买精装全套的经典名著? 这取决于他们的购买动机。他们是出于一种什么样的心理而产生选购此类而非他类商品的动机呢?

1. 一般购买动机

从顾客购买商品的原因和驱动力而言,顾客的购买动机可分为生理性购买动机和心理性购买动机两大类。

（1）生理性购买动机。生理性购买动机是指顾客由于生理本能的需要而产生的购买动机。顾客作为生物意义上的人，为了满足、维持、保护、延续、发展自身生命，必然会产生激励其购买能满足其需要的商品动机。而这些动机多数是建立在生理需要的基础上的，在这类动机驱使下的顾客的消费行为个体之间差异较小，具有明显、简单、稳定、重复的特点，比较容易实现。如市场上常见的支付能力弱的顾客群体，其购买一般都投向基本生活资料，优先满足生理上的需要。

（2）心理性购买动机。心理性购买动机是指顾客由于心理需要而产生的购买动机。它主要是由后天的社会或精神需要所引起，是消费者除本能以外，为满足、维持社会生活，进行社会生产和社会交际，在社会实践中实现自身价值等需要而产生的各种购买动机。心理性购买动机较之生理性购买动机更为复杂多变。对于个体而言，心理性购买动机在实现的途径、达到满足的程度上有较大的差异。

2. 具体的购车动机

实际购车活动中，顾客购买商品的心理活动是非常复杂的，其需要和欲望是多方面的，因而形成了形形色色具体的购买动机。研究顾客具体的购买动机，有助于汽车销售人员掌握顾客购买行为的内在规律性，并采取有效的措施加以引导。

1）求实购买动机

求实购买动机是以追求使用价值为主要目的的购买动机。具有这种购买动机的顾客特别注重汽车的实际效用、功能和质量，讲求经济实惠和经济耐用，而不太注重汽车的外观。这类购买动机在顾客群中最具普遍性和代表性。

2）求新购买动机

求新购买动机以追求汽车的新颖、奇特、时尚为主要购买动机。具有这种购买动机的顾客特别重视汽车的款式、颜色、造型是否符合时尚或与众不同，而不太注重商品的实用程度和价格高低。

3）求美购买动机

求美购买动机是以追求汽车的艺术价值和欣赏价值为主要目标的购买动机。具有这种购买动机的顾客特别重视商品本身的色彩美、造型美、对人的精神生活的陶冶作用，而对商品本身的实用价值不太重视。比如有些人比较喜欢收集老爷车等。

4）求名购买动机

求名购买动机是以追求名牌汽车、高端汽车或仰慕某种传统汽车的名望为主要购买目的的购买动机。具有这种购买动机的顾客特别注重汽车的商标、品牌、档次及象征意义，而不太重视商品的使用价值。

5）求廉购买动机

求廉购买动机是以追求商品价格低廉，希望以较少的货币获得较多物质利益为主要目的的购买动机。其核心是"经济"和"节俭"，他们大都"货比三家"，以求价格上的差异。具有这种购买动机的顾客特别注重汽车的价格，对价格的变化反应格外敏感，对处理价、优惠价、特价、折扣价的商品特别感兴趣，求廉购买动机是一种较为普遍的购买动机。

6）自我表现购买动机

也称为炫耀购买动机，是以显示自己身份、地位、威望和财富为主要目的的购买动机。其核心是"自我表现"，具有这种购买动机的顾客特别重视汽车的影响和象征意义，以显示其富裕的生活、特殊的地位、超群的能力。

7）好胜购买动机

也称为攀比购买动机，是以争强好胜或与他人攀比并胜过他人为主要目的的购买动机，其核心是"争赢"和"比较"。具有这种购买动机的顾客并不是为了满足某种急切的需要才购买某种汽车，而是为了赶上并超过他人，达到心理上的平衡和满足。这种购买动机受外界示范等因素的影响，而购买的内在因素（如需要、购买能力）反而居于次要地位。

8）惠顾购买动机

惠顾购买动机是以表示信任、感谢为主要目的的购买动机。顾客由于某些原因对特定汽车品牌产生特殊的好感、信任，从而习惯地购买某一品牌的汽车，成为企业最忠实的支持者。

9）偏爱购买动机

偏爱购买动机是以满足个人某种特殊偏爱为主要目的的购买动机。这类顾客的购买动机大多是由于生活习惯和业余爱好，如自驾游、越野、车友会等。具有这类购买动机的顾客往往比较理智，购车指向比较强，具有经常性、持续性的特点。

10）求方便购买动机

求方便购买动机是以追求购买过程的方便、快捷、省时为主要目的的购买动机。具有这类购买动机的顾客时间、效率观念很强，希望尽可能简单、迅速地完成交易过程，不能容忍繁琐的手续和长时间的等候，有人习惯在汽车超市或汽车广场购买汽车。

二、顾客购买动机的诱导

诱导性是指汽车销售人员针对顾客购买主导动机指向，运用各种方法和手段，向顾客提供汽车信息资料，对汽车进行说明，使顾客购买动机得到强化，对该品牌汽车产生喜欢倾向，进而采取购买行为的过程。顾客购买动机的可诱导性为商业企业扩大汽车销售提供了可能，销售人员的诱导，可促使顾客的心理倾向于购买，有利于帮助实现销售。

在实际购买过程中，顾客的购买行为大都是在各种各样的购买动机共同驱使下进行的，是各种动机总和作用的结果。顾客所具有的各种购买动机既有主导性的动机，又有辅助性的动机；既有明显清晰的动机，又有隐藏模糊的动机；既有稳定的动机，又有偶然的动机等。顾客的购买行为就是在这种有意识和无意识购买动机总和的驱动下进行的。动机总和有两种基本方式。第一种是方向一致的动机总和，即多个购买动机方向一致，共同作用于促进购买性，它可以使顾客产生更为强大的推动购买汽车的心理力量，强化购买行为。第二种是方向相反的动机总和，方向相反的动机总和对购买行为的作用表现为两个方面：一是方向相反的动机总和作用不平衡，占上风的大致决定购买行为；二是方向相反的动机总和作用平衡，外力的加入能决定顾客的购买行为。由此可见，在关键时刻给顾客加上倾向购买的力，可以强化顾客购买动机，使其采取购买行为，即顾客购买动机具有可诱导性。

操作步骤

顾客购车动机分析与引导总的操作步骤如图 4.1 所示：

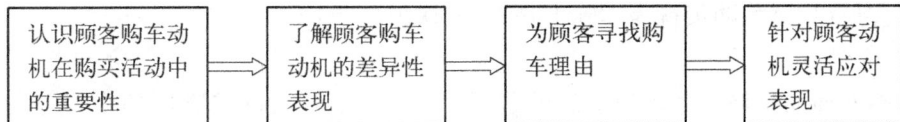

图 4.1　顾客购车动机分析与引导训练步骤

一、认识顾客购车动机在购买活动中的重要性

汽车消费者为什么会购买某些汽车产品,为什么汽车企业的营销刺激会有这样而不是那样的反应,在很大程度上是和汽车消费者的购买动机密切联系在一起的。购买动机研究就是探究购买行为的原因,即寻求对购买行为的解释,以使汽车营销人员更深刻地把握消费者行为,在此基础上作出有效的营销决策。

二、了解顾客购车动机的差异性表现

研究汽车的个人购买动机时,一般需要从不同角度做相应的分类,但较为普遍的分类方法是以购买态度为基本标准。因为购买态度是影响个人购买行为的主要因素。按照这种标准划分,汽车的个人购买行为可分为理智型、冲动型、习惯型、选价型和情感型等几种。

1. 理智型

这是指以理智为主做出购买决策的购买行为。具有这类行为特点的消费者,其购买思维方式比较冷静,在需求转化为现实之前,他们通常要做广泛的信息收集和比较,充分了解商品的相关知识,在不同的品牌之间进行充分的调查,慎重挑选,反复权衡比较。也就是说,这类消费者的购买过程比较复杂,通常要经历信息收集、产品和品牌评估、慎重决策和购后评价等阶段,属于一个完整的购买过程。现阶段,我国的私人汽车消费者的购买行为多属于这种类型。因为他们多数是初次购买私人轿车的用户,购买汽车要花费他们较多的资金,且汽车结构复杂,专业性较强,普通消费者的汽车知识较少等。对于这类顾客,营销者应制定策略帮助顾客掌握产品知识,借助多种渠道宣传产品优点,发动营销人员乃至顾客的亲朋好友对顾客施加影响,简化购买过程。

2. 冲动型

这是容易受别人诱导和影响而迅速做出购买决策的购买行为。冲动型的购买者,通常是情感较为外向,随意性较强的顾客。他们一般较为年轻(30多岁者居多),具有较强的资金实力。对于冲动型购买者来说,易受广告宣传、营销方式、产品特色,购买氛围、介绍服务等因素的影响和刺激,进而诱发出冲动性购买行为。这种需求的实现过程较短,顾客较少进行反复比较挑选。但是这类顾客常常在购买后会认为自己所买的产品具有某些缺陷或其他同类产品有更多的优点而产生失落感,怀疑自己购买决策的正确性。对于这类购买行为,营销者要提供较好的售后服务,通过各种途径,经常向顾客提供有利于本企业和产品的信息,使顾客相信自己的购买决定是正确的。

3. 习惯型

这是指购买者个人对品牌偏好的定向购买行为。这类购买行为较少受广告宣传和时尚的影响,其需求的形成,多是由于长期使用某种特定品牌并对其产生了信赖感,从而按习惯重复购买。所以,这种购买行为实际上是一种"认牌型"购买行为。

4. 选价型

这是指对商品价格变化较为敏感的购买行为。具有这类购买态度的个人,往往以价格作为决定购买决策的首要标准。选价型购买行为又有两种截然相反的表现形式:一种是选高价行为,即个人购买者更乐意选择购买高价优质商品,如那些豪华轿车购买者多是这种购买行为;另一种是选低价行为,即个人购买者更注重选择低价商品,多数工薪阶层的汽车用户以及二手车的消费者主要是这种购买行为。

5. 情感型

情感型指容易受感情支配做出购买决策的行为。持有这类购买态度的顾客,其情感体验较为深刻,想象力特别丰富,审美感觉灵敏。在情感型购买的实现过程中,较为易于受促销宣传和情感的诱导,对商品的选型、色彩及知名度都极为敏感,他们多以商品是否符合个人的情感需要作为研究购买决策的标准。国外家庭以女性成员为使用者的汽车用户多属于这种购买行为。

总体上讲,我国现阶段的汽车个人消费者,其购买行为类型以理智型为主导,其余类型只是在西方经济发达国家才经常见到,这也说明汽车营销者在开发国内国外两个市场时,应采取不同的营销模式。

三、为顾客寻找购车理由

在汽车销售过程中,一般都是通过提问交流沟通的方式来获得顾客购车的理由以及帮助顾客真正找到自己的需求所在。一般可从 9 个方面来了解一般人购买车辆的理由。

1. 车辆带给顾客的整体形象

广告人最懂得从车辆的整体印象来满足顾客购买车辆的动机。整体形象的诉求,最能满足个性的生活方式、地位显赫人士的特殊需求。针对这些人,在销售时,不妨从此处着手试探潜在顾客最关心的利益点是否在此。

2. 成长欲、成功欲

成长欲、成功欲是人类需求的一种,类似于马斯洛所说的自我成长、自我实现的需求。例如,有车提升工作效率,有车是成功的象征,买车的理由就是在满足个人成长的需求,这种需求是这些人关心的利益点。

3. 安全、安心

安全、安心也是潜在顾客选购车辆经常会考虑的理由之一。

4. 人际关系

人际关系也是一项购买的重要理由。如经过朋友、同学、亲戚、领导等的介绍,而迅速完成交易的例子也是不胜枚举的。

5. 便利

便利是带给个人利益的一个重点。例如,汽车自动变速器的便利是吸引许多女性购车的重要理由,便利性是打动许多人购买的关键因素。

6. 专业系统化

随着汽车市场的发展,现在许多企业都不遗余力地提供汽车 4S 服务、一条龙服务。专业系统化是现代的顾客越来越关心、越看重的方面。

7. 兴趣、嗜好

随着人们生活水平的不断提高，人们对汽车需求不仅仅只局限在代步工具这样的需求层次上，很多汽车发烧友喜欢玩车，以车会友，如比较有名的越野 e 族、SSCC 超跑俱乐部等。

8. 价格

价格也是顾客选购车辆的理由之一，若是顾客对价格非常重视，可向他推荐在价格上能满足他的车辆，否则，只有找出更多的特殊利益以提升车辆的价值，使他认为值得购买。

9. 服务

服务分为售前、售中及售后服务。售后服务更能满足顾客"省心"及"安心"的需求。因此，服务也是你找出顾客关心的利益点之一。

以上 9 个方面能帮助你及早探测出顾客关心的利益点，只有顾客接受你销售的利益点，那么你与顾客的沟通才会有交集。

四、针对顾客动机灵活应对表现

汽车销售人员运用顾客购买动机的可诱导性对顾客购买动机进行诱导时，必须遵守职业道德，并遵循顾客至上、灵活多样的原则，采取科学的诱导方式，强化顾客购买动机。主要的诱导方式有以下几种。

1. 证明性诱导

具体包括实证诱导、证据诱导和论证诱导。

实证诱导就是在购物现场向顾客提供实物证明的方法，如汽车试乘试驾等。

证据诱导就是向顾客提供间接使用效用证据的方法，如向顾客提供已使用过该商品的顾客的资料，作为诱导顾客产生购买动机的证据。

论证诱导就是以口语化的理论说明取得顾客信任的方法，如介绍汽车商品的组成、生产工艺、性能、使用方法等。

2. 转化性诱导

在买卖交往中，有可能出现针锋相对的局面，使买卖陷入僵局。这时就需要通过转化诱导，缓解矛盾，缓和气氛，重新引起顾客的兴趣，使无望购买行为转变为现实购买行为。常用的转化性诱导方法有：先肯定再陈述，如先肯定顾客言之有理，使顾客从心理上得到满足，然后再婉言陈述自己的意见，以求得较好的诱导效果；转移法，如面对顾客提出的一些难以回答的问题，可采取转换话题，分散顾客注意力的方法，间接地诱导顾客的购买动机；拖延法，如遇到顾客提出的问题无法回答得准确、圆满时，先让顾客看商品说明书以拖延时间，给顾客充分、自由考虑的余地，以便产生诱导效果。

3. 建议性诱导

建议性诱导是指在证明性诱导或转化性诱导成功后，不失时机地向顾客提出购买建议，达到扩大销售的目的。对顾客进行建议性诱导的关键是抓住提供建议的时机并提供与顾客需要一致的建议内容。

实训练习

设计情景,模仿不同购车动机类型客户,练习对其的应对方法。

项目4.3 | 顾客购车过程分析与引导

项目目的

(1)掌握顾客购车过程。

(2)学会如何在购车过程不同阶段对顾客产生积极影响。

项目内容

(1)顾客购车过程分析。

(2)如何影响顾客购车决策。

相关知识点析

消费者个人的购买过程,是相互关联的购买行为的动态系列,一般包括五个具体步骤:确认需要——信息收集——评估选择——购买决策——购后行为。

上述购买过程是一种典型而完整的过程,但并不意味着所有的购买者都必须每个阶段一一经过。例如,有的购买者对汽车及其市场状况非常了解,其购车过程经过的阶段就少;有的购买者对汽车知之甚少,其经过的阶段自然就更多。上面的购买决策模式表明,购买过程实际上在实施实际购买行为之前就已经开始,并且要延伸到购买之后的很长一段时间才会结束。基于此,汽车营销人员必须研究个人购买的整个过程,而不能只是单纯注意购车环节本身。

值得说明的是,用户购车后感受阶段对汽车营销有着重要意义。因为用户在购买汽车后,总是要在使用中证实一下自己的购买决策的正确性,并希望达到预期目的,从而形成购后感受。这种感受可分为满意、基本满意或不满意三种。用户如感到满意或基本满意,将会对汽车的销售有利,这些用户会向他的相关群体作满意或基本满意的信息传播。同样,用户感到不满意的,则会传播不利于该品牌和该销售公司的信息。所以,汽车企业在宣传、广告等售前服务中,一定要实事求是地介绍自己的产品,不可搞虚假宣传,那样不仅会引起用户的失望和反感,还可能被指控为不正当竞争,而受到相关法律的制裁。此外,企业从用户的购后感受中还可以了解到许多改进产品、改进服务的信息。营销人员通过了解用户的购后感受,保持同用户的联系,既是搞好客户关系,树立良好企业形象的重要途径,又是巩固市场的重要手段。那种"一锤子买卖",不注意倾听用户意见的行为是十分愚蠢和缺乏远见的。

操作步骤

顾客购车过程分析与引导总的操作步骤如图4.2所示。

确认需要	→	信息收集	→	对可供选择方案的评估	→	购买决策	→	购后行为

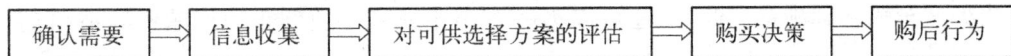

图 4.2　顾客购车过程

这个购车模式强调了购买过程早在实际购买发生之前就开始了,并且购买之后很久还会有持续影响。它鼓励汽车销售人员将注意力集中于购买过程,而不是购买决策。

一、顾客购车过程

1. 确认需要

购买过程始于购买者对需要的确认。当购买者意识到自己的实际状态与期望状态之间存在差异,就有需要的确认。这个需要可以由内部刺激引起,如饿了就要买东西吃,也可以由外部原因引起,例如,某人路过面包房,香味就有可能刺激食欲。市场营销人员应确定激发某种需要的环境,制定相应的措施。

2. 信息收集

需要已经被激发的消费者,下一个步骤就可能是收集信息。市场营销人员最感兴趣的是,消费者所需信息的来源以及信息对购买决策的影响程度。一般信息来源分为四类:个人来源,包括家庭、朋友、邻居、熟人;商业来源,包括广告、推销员、经销商、包装、展览;公共来源,包括大众媒体、消费者评比机构;经验来源,包括产品的操作、检查与使用。一般来说,消费者收集信息的主要来源是商业来源,最有效的信息来源是个人来源。商业来源起告知作用,个人来源起认定和评价作用。营销人员除利用商业来源传播信息外,还要设法利用和刺激公共来源、个人来源和经验来源,以加强信息的影响力。

3. 方案评价

消费者在获得全面的信息后,会根据这些信息和一定的评价方法进行对同类产品的不同品牌进行评价。一般涉及 3 个方面:① 产品属性。指产品所具有的能够满足消费者需要的特性。而这些属性往往表现为属性的集合,如安全、油耗、价格、配置等。他们会密切关注与自己需求有关的属性;② 品牌信念。指消费者对某品牌优劣程度的总的看法。每一品牌都有一些属性,消费者对每一属性实际达到了何种水准给予评价,然后将这些评价连贯起来,就构成他对该品牌优劣程度总的看法,即他对该品牌的信念;③ 效用要求。指消费者对该品牌每一属性的效用应当达到何种水准的要求,或者说,该品牌每一属性的效用必须达到何种水准他才会接受。明确了以上 3 个问题之后,消费者会有意无意地运用一些评价方法,对不同品牌的产品进行评价和选择。

4. 购买决策

消费者经过产品评估后,会形成一种购买意向,但不一定导致实际购买,从购买意向到实际购买还有一些因素介入,如他人态度、意外因素。

5. 购后行为

消费者在购买后,会通过汽车使用过程检验自己购买决策的正确性,确认满意度,作为以后购买活动的参考。这时,汽车销售员的工作并没有结束。

汽车经销商应使其车辆真正体现车辆效用的要求,以便使购买者得到满意感。

汽车销售员应采取步骤尽可能减少买者购后不满意的程度,可以做大量工作来帮助顾

笔 记

客对购买该车辆感到满意。此外,还可以为顾客出主意和迅速纠正他们的不满情绪提供良好的交流途径。

　　了解顾客的需要和购买过程是营销成功的基础。汽车销售员通过了解经历问题认识、信息收集、对可供选择方案的评价、购买决策和购后行为,就能获得许多线索以便满足顾客需要等。

二、如何影响顾客购车决策

　　汽车销售员在了解了顾客的决策过程之后,就可以做许多工作来影响购买者的决策。如品牌 C 的汽车销售员为使人们对其品牌产生更大兴趣,可应用下列战略来影响顾客改变品牌信念:

　　(1)汽车销售员可以设法在品牌的一些重要属性方面改变购买者的信念。如果购买者低估了品牌 C 的服务质量,汽车销售人员就应该重点介绍之。

　　(2)改变竞争对手品牌的信念:汽车销售人员可以没法改变购买者对竞争对手品牌在各不同属性上的信念。凡是购买者误信竞争者品牌的服务质量高于其实际具有的质量时,这样做就具有意义。它常常通过竞品分析来加以表达。

　　(3)改变重要性权数。汽车销售人员试图说服购买者把他们所重视的属性更多地放在本品牌所具有的杰出属性上。如品牌 C 的汽车销售人员可以说明维修网点多的好处,因此品牌 C 在这一属性上最有优越感。

　　(4)唤起对被忽视的属性的注意。汽车销售人员可以设法使购买者重视被忽视的属性。

实训练习

　　设计情景,描述顾客购车过程,练习在购车不同阶段上汽车销售人员所能发挥的作用。

模块五

汽车销售技巧

项目 5.1 寻找和接近顾客技巧

项目目的

（1）掌握寻找顾客的步骤和方法。

（2）掌握接近顾客的方法。

项目内容

（1）寻找顾客的技巧。

（2）接近顾客的技巧。

相关知识点析

寻求潜在顾客是一项艰巨的工作，特别是刚刚开始从事这个行业的时候，汽车销售人员的资源只是对车辆的了解而已，汽车销售人员会通过很多种方法来寻找潜在顾客，而且花在这上面的时间也非常多。

一、寻找潜在顾客的原则

通过对线索的分析判断，审查是否符合购买条件，合格的线索就成为潜在顾客，即销售访问的主要对象。但每一位潜在顾客购买的概率与数量是不完全相同的，销售员不可能把时间均衡地分配到每一个客户身上，也不可能同时对所有潜在顾客进行走访，必然需要划分重点对象，安排好走访的先后顺序。

寻找潜在顾客有哪些原则？在寻找潜在顾客的过程中，可以参考以下"MAN"原则：

M：MONEY，代表"金钱"。所选择的对象必须有一定的购买能力。

A：AUTHORITY，代表购买"决定权"。该对象对购买行为有决定、建议或反对的权力。

N：NEED，代表"需求"。该对象有这方面（车辆、服务）的需求。

"潜在顾客"应该具备以上特征，但在实际操作中，会碰到以下状况，应根据具体状况采取具体对策（见表5-1）。

表5-1　针对潜在顾客的对策

购 车 能 力	购 车 决 定 权	购 车 需 求
M（有）	A（有）	N（有）
m（无）	a（无）	n（无）

其中：

★ M＋A＋N：是有望顾客，理想的销售对象。

★ M＋A＋n：可以接触，配上熟练的销售技术，有成功的希望。

★ M＋a＋N：可以接触，并设法找到具有A之人（有决定权的人）。

★ m＋A＋N：可以接触，需调查其状况、信用条件等给予融资。

★ m＋a＋N：可以接触，应长期观察、培养，使之具备另一些条件。

★ m＋A＋n：可以接触，应长期观察、培养，使之具备另一些条件。

★ M＋a＋n：可以接触，应长期观察、培养，使之具备另一些条件。

★ m＋a＋n：非顾客，停止接触。

由此可见，潜在顾客有时欠缺了某一条件（如购买力、需求或购买决定权）的情况下，仍然可以开发，只要应用适当的策略，便能使其成为企业的新顾客。

二、潜在顾客的类型

划分潜在顾客的标准主要有两种：

1. 以潜在顾客购买概率作为分级标准

把最有可能的购买者确定为A级，有可能的购买者定为B级，可能性小的购买者定为C级，划分时应具体确定其数量界限。

2. 以购买量作为分级标准

销售员自身根据潜在顾客购买数量分为A、B、C三个等级，然后对照实际的购买量再行调整，以便有针对性地"照顾"购买量大者，达到事半功倍的销售效果。为了准确地划分顾客，经常自我审核以下问题对确定顾客的类型和级别是有帮助的。

（1）顾客是否正从你这里购买产品？如果是，这就意味着这是增加购买公司其他产品的机会？

（2）他是否曾经是你的顾客？如果是，他为什么要中止购买你的产品？你是否应该恢复同他的业务关系？

（3）现有顾客中是否有人也从竞争者那里获取产品？其原因何在？

（4）潜在顾客能具有多大规模的购买数量？

（5）潜在顾客的信用等级如何？

还应该注意的是,销售员应根据自己的特定需要来制定标准;随着销售环境的变化,销售人员应相应调整分级标准,并依据新标准重新界定潜在顾客的级别;在照顾重点的同时,也不可忽视一般;在分级标准难以准确界定时,应考虑采用区分销售区域的方法。

三、准确判断顾客

1. 准确判断顾客的购买欲望

判断顾客购买欲望的大小,有五个检查要点。

（1）对车辆的关心程度。如购买车辆的大小、性能、配置、价格等的关心程度。

（2）对购入的关心程度。如对车辆的购买合同是否仔细研读,或要求将合同条文增减,要求的售后服务等。

（3）是否能符合各项需求。如家用、上下班用等。

（4）车辆是否信赖。对厂家品牌、质量是否满意等。

（5）对销售企业是否有良好的印象。顾客对销售人员的印象好坏左右着潜在顾客的购买欲望。

2. 准确判断顾客的购买能力

判断潜在顾客的购买能力,有两个检查要点。

（1）信用状况。可从职业、身份地位等收入来源的状况,判断是否有购买能力。

（2）支付计划。可从顾客期望一次付现,还是要求分期付款,以及支付首期金额的多寡等,都能判断顾客的购买能力。

经由顾客购买欲望及购买能力的两个因素判断后,能够决定顾客的购买时间,并作出下一步计划。

四、顾客来源

(一) 内部来源

很多汽车企业在业界有多年的经营历史,有健全的管理体系,也有一批训练有素的销售人员队伍,企业内部的营销信息系统中可能就有很多有助于销售人员确认潜在顾客的信息资料。因此对于一个初出茅庐的新手来说,从企业内部开始寻找潜在顾客不失为明智之举。企业内部资料主要包括以下几个方面:

1. 公司销售记录

汽车销售人员首先应检查公司的各种原始记录,列出一个在过去 5 年内停止与公司来往的客户清单,分析这些客户流失的原因。或许是由于公司的销售人员停止了他们的访问,或是由于该市场的销售人员走马换将,业务关系也随着某个销售人员的离去而中止。不管是什么原因,销售人员都可以打一个电话了解他们的现状,或许能从中发现若干潜在的客户,让他们重新回到公司的客户名单中来。

2. 客户服务电话

客户服务电话除接受现有客户对公司产品的使用查询、申请服务、投诉外,也对其他的非客户公布,还可作为公司的咨询电话,从而成为吸引潜在顾客的一种信息来源。

3. 公司网站

今天,因特网在中国城市已越来越普及,而且深得许多年轻人的喜爱。多数公司正是看到了它的商业价值才在网上竞相开办网站,也许网站本身并不能赚钱,但从中却能获得许多依靠商业手段才能取得的效果。网站就是一个公司的窗户,包括一家公司的历史、产品、价格、订购方式、付款方式、服务承诺、联系方式等方面的信息,必然能够吸引一些对公司及其产品感兴趣的人,通过对网络浏览器的统计查询就可能发现潜在顾客。

(二)外部来源

企业内部资料的获取相对较为容易,成本低,可以及时地反馈给一线的汽车销售人员,但仅仅依靠内部资料是不够的,很多情况下汽车销售人员都需要进一步从企业外部去获取,更及时准确地寻找潜在顾客的信息。这主要包括以下一些途径:

1. 顾客推荐

现有客户不仅提供利润来源,甚至还可能带来潜在顾客,其前提是销售员实施的是解决问题的导向型销售,真正帮助顾客解决了他们所面临的问题,已经赢得了现有顾客的信任,建立起了较为稳固的关系。满意的顾客,就会不断地充实潜在顾客名单,推荐他所熟悉和认识的可能客户,帮助销售员扩大客户集。以下都是很好的客户线索:

(1)顾客推荐,如当前顾客引荐同行用户。

(2)意见领袖,如使用过公司产品的社会名流、影视歌明星、体育明星等公众人物。

(3)社会团体,比方说,汽车销售往往通过网上自发组织团购或者车友会等。

2. 汽车展销会

我国现在已经有很多规模不等的商品贸易展销会,例如,汽车展销会等。通过参展、办展不但能现场销售出去一些汽车,而且还能为公司建立公共关系的宣传和影响,同时通过办展激发潜在顾客的兴趣,也可以为确定潜在顾客提供线索,为将来的销售走访缩小范围。

3. 探查走访

对于一个没有任何经验的汽车销售人员来说,探查走访可能是唯一的寻找潜在顾客的途径,也可能是最不成功、最不经济的办法。探查走访需要勇气、意志力,也需要付出时间和努力,经过如此磨炼销售员会琢磨出寻找潜在顾客的更好方法。

4. 自我观察

汽车销售人员绝不是油腔滑调的"痞子",他需要细心地观察体验生活。其实,潜在顾客就在人群中间,只有瞪大眼睛,竖起耳朵,才能发现潜在顾客就在身边。因此销售人员要善于自我观察,并把它记录下来,通过推敲才能找到潜在顾客的"影子"。

5. 其他产品的销售员

虽然同是销售员,但所销售的商品并不都相同,只要不是竞争性的商品,销售员彼此之间就存在一定程度合作的可能,有些甚至还可能相互"取长补短",彼此为对方提供潜在顾客的信息来源,共求发展,比如说汽车保险推销员、汽车装饰美容店的销售人员等。

以上只是一般性地介绍了寻找客源的可能路径和方法。掌握顾客资源的多少,关键取决于销售人员是否具有一定的信息素养。所谓信息素养是一种查找信息、利用信息以及解决信息问题的能力。一个有信息素养的人,不仅能够确定何时需要信息,而且具有检索、评价和有效利用信息的能力及修养。销售工作与信息技术的应用紧密相关,因此信息素养已经成为汽车销售人员生存与发展不可缺少的基本技能。

五、顾客约见的含义

顾客约见,是指销售人员事先征得顾客同意接见的销售行动过程。顾客约见是现代销售活动和现代销售方式的重要特征之一,是整个销售活动过程的一个重要环节。它既是接近准备工作的延续,又是接近顾客的开始。完成必要的接近准备工作之后,汽车销售人员就可以开始接近顾客,可是有些销售对象难以接近,有些顾客谢绝销售访问,甚至干脆拒绝销售来访。为了成功地接近顾客,销售人员应尽量事先进行顾客约见。

六、顾客约见内容

约见的基本内容包括确定约见对象、安排约见时间和选择约见地点3个方面。

1. 约见对象

约见对象指的是对购买行为具有决策权或对购买活动具有重大影响的人。要进行销售访问,就要先确定具体的访问对象。清楚约见的对象究竟是谁,避免把销售努力浪费在那些无关紧要的人物身上。因此,在确定约见对象时,要根据销售业务的性质,设法约见购买决策人或对购买决策有重大影响的人。比如说对于企业顾客而言,公司的董事长、总经理、厂长等是企业或有关组织的决策者,他们拥有最终的决定权,是销售人员首选的约见对象。销售人员若能成功地约见这些决策者,将为以后在该企业或组织里的销售铺平道路。在尽力约见购买决策人的同时,也不要忽视那些对购买有影响力的人物,如总经理助理、秘书、办公室主任、部门经理等。这些人虽然没有最终购买决定权,但他们接近决策层,可以在公司中行使较大的权力,对决策者的决策活动有很大的影响,对于个人客户而言,销售人员要搞清楚车辆主要是谁开,主要的使用者是谁,谁是主要的决策者,根据以上内容来确定约见对象。

2. 约见时间

约见顾客的时间安排是否适宜,会影响到约见顾客的效率,甚至关系到汽车销售洽谈的成败。约见的时间应主要根据顾客的情况确定,尽量避免在顾客忙碌的时间约见。如果能够选择顾客较为轻松和闲暇的时候约见为最好。至于是上班时约见好还是休息时约见好,不能概而论之,需要良好的事先沟通与商定,或者是建立在对顾客生活规律的了解之上,应因人而异,因情而定。当遇有顾客的时间与汽车销售人员的时间发生矛盾时,应尽量考虑和照顾顾客的意图。当与顾客的约定时间敲定以后,汽车销售人员要立即记录下来,并且要严格按照约定时间准时到达,应坚决避免迟到或约而不到。

3. 约见地点

与准顾客约定在什么场合见面,这也是每一个汽车销售人员需要经常面对和处理好的。总的来说,汽车销售人员应主动把顾客约到汽车销售展厅来,让顾客来店看车和进行试乘试驾,方便推进销售,促进成交。

操作步骤

寻找和接近顾客技巧的操作步骤:

接打电话 ➡ 接待来访顾客 ➡ 顾客需求分析

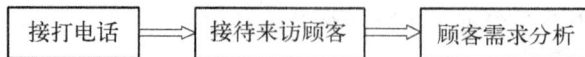

寻找顾客的程序首先从发现可能购买的准顾客开始。获得的准顾客名单越多,可筛选的余地就越大。汽车销售人员一般要采取多种途径和方法寻找准顾客,以便使寻找准顾客的有效性达到最大。

一、寻找顾客的方法

(一) 普遍访问法

普遍访问法在美国也称为"地毯式访问法"是指汽车销售人员对汽车销售对象的情况一无所知或了解较少时,挨门挨户直接走访某一特定区域内的所有个人或组织,以寻找潜在顾客的方法。通过这种广泛搜寻的途径,可以捕捉到一定数量的潜在顾客。这一方法的理论依据是平均法则,即在汽车销售人员走访的所有人中,潜在顾客的数量与走访的人数成正比。换句话说,潜在顾客是平均地分布在人群之中的,要想获得更多的潜在顾客,就得访问更多数量的人。

"地毯式访问法"比较形象地说明汽车销售人员寻找潜在顾客的过程,就像家庭主妇整理家务时清理地毯一样逐一检查。采用该方法要求汽车销售品必须具有广泛的适应性,许多人都存在着对这种商品的需求。如果需求者人数极少,运用这种方法往往事倍功半。为了更好地利用这种方法,在访问之前一定要进行必要的接近研究,找到一条最适合的"地毯",即划定走访的范围。例如,某种汽车品牌的汽车销售人员,确定的"地毯"可能是某一地区的汽车租赁行业等。

"地毯式访问法"的优点是:

(1) 一方面可寻找顾客,另一方面可借机进行市场调查,了解顾客对其他商品的需求情况。

(2) 可以对整个"地毯"及相关地区产生较大的影响,形成有利于企业的整体印象。

(3) 有利于培养和锻炼初涉汽车销售领域的人员。

(4) 可以争取到更多的新顾客。

"地毯式访问法"的缺点是:

(1) 需要花费大量的时间和精力,盲目性较大。

(2) 突然走访,往往遭到冷遇。

(3) "地毯"与"地毯"之间是相互联系和影响的,某条"地毯"访问的失败,会导致全局的失败。

(二) 链式引荐法

链式引荐法,是指汽车销售人员在访问现有顾客时,请求为其推荐可能购买同种商品或服务的潜在顾客,以建立一种无限扩展式的链条。链式引荐法也称为无限连锁介绍法,实质上是一种顾客推荐的方法,它是那些已经对汽车销售人员有信任感的满意客户给汽车销售人员的引荐。

链式引荐法寻找潜在顾客来源于链传动的原理。齿链之间是一环紧扣一环的啮合状态,犬牙交错,以此带动物体移动。作为汽车销售人员,就必须从现有顾客这一环去联系潜在顾客的下一环,不断循环往复,扩大汽车销售人员与潜在顾客之间的联系面,使汽车销售人员所掌握的潜在顾客源源不断地得到扩充、发展和更新。因此,链式引荐法的关键在于汽车销售人员首先要取信于第一个顾客,并请求引荐其余的顾客,由其余的第二链节发展更多的顾客,最终形成无限扩大的"顾客链"。要使这样的"顾客链"长久地运转下去,汽车销售人员就必须不断地向链传动系统增添"润滑油",维持各个链节之间的正常运行,避免在某个环节上卡死。通过关系链的传动使汽车商品能够畅通无阻地进入客户手中,其原理如图 5.1 所示。这里所说的"润滑油"即汽车销售人员对客户进行的感情投资,一定要取信于现有顾客,使顾客通过对汽车销售品的使用,能够获得某种实实在在的利益或解决实际问题,使顾客真正满意,在此基础上才可能从现有顾客那里获得源源不断的新顾客名单。

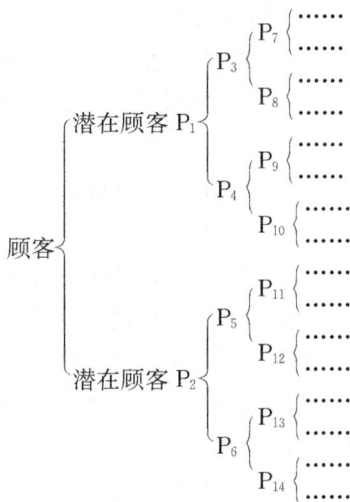

图 5.1 链式引荐法原理

链式引荐法是扩充潜在顾客资源的最有成效的方法。它比普遍访问法效率高而且可靠,采用链式引荐法,可以避免汽车销售人员主观判断潜在顾客的盲目性,有利于取得潜在顾客的信任,汽车销售成功率较高。不足之处在于:由于潜在顾客要依靠现有顾客的引荐,事先难以制订完整的汽车销售计划;寻找潜在顾客由于受到现有顾客的钳制,可能使整个汽车销售工作处于被动地位。

(三) 关系网编织法

对于汽车销售人员来说,发掘潜在顾客从来就没有止境。他们需要留心关注身边的人或者认识的人中是否有可能的顾客,或由他们提供可能购买所汽车销售产品或服务的顾客的名字,这种开发潜在顾客的方法,就叫做关系网编织法。

在众多寻找潜在顾客的方法中,最大限度地利用汽车销售人员自身的关系网发现潜在顾客是最可靠、最有成效的方法。通常人们都愿意同自己认识、喜欢和信任的人做生意,洽谈自己的业务。一次性买卖的时代已经一去不复返,今天已经步入关系网构建的销售时代。

构建一个关系网络是很重要的,但这还远远不够,更重要的是要精心耕耘它。对掌握的关系网中的潜在顾客要进行细分,划分出各种不同的等级,以便在销售访问时有区别地加以对待。但要注意这一切只有汽车销售人员自己清楚,不能向关系网中的人透露这种"歧视"政策,以免引起误解。

培植关系网的目标:在认识的人当中有人想要购买汽车产品或服务时,首先在他们心灵中闪现的就是汽车销售人员自己,而且是唯一可能的提供来源,要让这种念头深深地扎根在他们心中。

为了能显著地增加汽车销售业务,扩大你的人际关系。汽车销售员必须具备的几个重要因素,如车辆知识、销售技巧、意愿、耐力、销售顾客基数等。其中销售顾客基数就是所谓的人际关系。企业的经营也可以说是人际的经营,人际关系是企业的另一项重要的产业,销售人员的人际关系愈广,你接触潜在顾客的机会就愈多。

在培育关系网方面要注意以下的小技巧：

（1）准备一张有吸引力的卡片：你要让你接触的人知道你是谁？你能提供什么样的服务，名片能让你接触的人记得你。

（2）参加各种社团活动。

（3）参加一项公益活动。

（4）参加同学会。

（5）把重点集中在核心人物上，这些人已经取得了相当好的名声，有着广泛的社会联系和影响。通常汽车销售人员可以在贸易联合会、贸易展览会或其他有关商业的社会活动中去寻找行业中的关键人物。

（6）在第一次与关系网中的潜在顾客接触时，谈论的应该是顾客的业务，而不是汽车销售人员自己的生意。

（7）向对方提出一些自由回答式的、感觉良好的问题，例如，"你最欣赏什么车?"

（8）每个月邮寄一些东西来留住关系户的心。善于捕捉潜在顾客的汽车销售人员总是把写有顾客名字和特征的记事本放在办公桌上，不时地提醒自己不断地与客户保持联络。

（9）寄信给所有的线索。获得业务和顾客推荐的最好方式就是不断地发出信函（电子或纸质的），主动出击。

（10）不管什么时候收到线索的信，也不管他是否会购买商品，亲手写一封感谢信。

汽车销售人员应看见熟人就告诉他自己汽车销售的是什么，询问他们在做什么，相互交换名片，并且定期进行联络。最终，可以建成一个彼此沟通、共享思想及交换信息的人际关系网络。此外，汽车销售人员也可以利用前述的某一种寻找潜在顾客的方法来建造自己的系统网络，如链式引荐法、中心开花法等。

关系网编织法寻找潜在顾客也是一种链式扩展法，只是这种方法首先开始启动的链节是汽车销售人员自己的关系户，然后逐步扩散渗透，形成一张某种汽车销售品的关系网，可能的潜在顾客也就在汽车销售人员的掌握之中了。

（四）个人观察法

个人观察法也称直观法或视听法，它是指汽车销售人员根据自身对周围环境的直接观察、判断、研究和分析，寻找潜在顾客的方法。这是一种寻找潜在顾客最古老、也是最基本的方法。

个人观察法的关键在于培养汽车销售人员个人的灵感和洞察力。汽车销售人员应具备良好的观察能力与分析能力，善于从报纸杂志、广播电视和言谈举止中去搜寻潜在顾客。事实上，潜在顾客无处不在，只要"睁大眼睛"、"竖起耳朵"留心周围发生的一切，并善于分析，多向自己提问为什么，就能寻找到可能的买主。

个人观察法可以使汽车销售人员直接面对市场与社会，有利于培养和提高汽车销售人员的才干；可以使汽车销售人员扩大视野，养成良好的思维习惯，积累汽车销售经验，提高汽车销售能力。个人观察法的缺点主要是：由于受到个人知识、经验和能力的限制，失败率较高，容易挫伤汽车销售人员的积极性，往往只能观察到一些表面现象，甚至可能受表面现象的迷惑。

（五）广告拉动法

广告拉动法，是指汽车销售人员利用各种广告媒介寻找顾客的方法。在西方国家，汽车销售人员主要使用的广告媒介是：直接邮寄广告和电话广告。

广告拉动法通常用于市场需求量大、覆盖面较广的汽车销售。汽车销售走访前首先发动广告攻势，刺激和诱导市场消费需求的产生，在此条件下不失时机地派员销售汽车，使拉动与推广策略结合起来，提高汽车销售效率。制作广告可用的媒体种类很多，可根据市场的特点、产品性能、销售范围及销售对象综合考虑后做出决策，报纸、杂志、广播、电视、邮寄目录、样品、说明书等都是可以利用的好传媒。如果企业仍然抱着传统的销售技法不变，单纯靠上门汽车销售的盲目走访，很难在现代信息社会中有所作为。

汽车销售主体与汽车销售对象之间通常存在着信息的阻隔，运用现代化的传播手段往往使信息传递层面拓宽，使汽车销售人员与买主之间的信息沟通在短期内得以完成，缩短了汽车销售过程的时间，无形中扩大了市场，提高了汽车销售效率。可以这样说，一则好的广告可以相当于成千上万的汽车销售人员。产品的销售战役，首先是广告的前哨战，其次才是汽车销售人员的常规战。

广告拉动法的优点：① 利用现代化的信息传播手段，信息传递的容量大、范围广；② 广告的先导作用不但能为企业探查顾客，而且也能刺激需求，说服顾客购买；③ 可以使汽车销售盲目性减少，时间节省，汽车销售效率提高；④ 广告的先导作用可以使顾客有所准备，有利于顺利实施汽车销售访问工作。

（六）网络搜寻法

网络搜寻法就是利用企业网站来吸引人们浏览，通过对浏览网站的人的统计筛选来确定潜在客户的方法。

企业网站的内容通常包括：公司的历史、产品、使用方法、价格、订货方式、售后服务及联系方式等。商业网站也能吸引众多网民的浏览，从这些漫游者中往往能捕捉到销售的目标客户。由于这些人通过浏览网页，对公司及其产品情况的介绍已有了初步的了解，也对公司的产品产生了兴趣，汽车销售人员在有针对性地对浏览者的人口统计情况分析的基础上，潜在顾客的确定就有了较高的把握性，成功汽车销售就有了良好的基础。网络加拜访的模式，往往能提高汽车销售效率和成功率。

网站设计上要贯穿客户导向的理念，最大限度地方便浏览者，创造性地利用文字、图片、声音及视频等吸引潜在客户。要通过促销活动、参与答题、抽奖等刺激手段增加浏览量，同时要设有统计分析功能，能够自动地对浏览者进行分类、分级及确定潜在买主。

二、确定寻找潜在顾客的最佳方案

潜在顾客的寻找永远没有固定不变的模式或程序，也不存在适合于所有情形的寻找潜在顾客的最理想方法，汽车销售人员应该系统地学会寻找潜在顾客的各种方法，并把各种方法与汽车销售对象、汽车销售品种结合起来，灵活选择和运用。具体选用时应该注意以下问题：

1. 选择的方法应当适合于自己

每一种方法都有它的有效性，但可能自己适合于某些汽车销售人员。某种菜肴可能为

笔 记

某些人所钟爱,但却让另一些人所恶心。因此,汽车销售人员刚刚步入汽车销售生涯时,不妨尝试一下所有的寻找潜在顾客的方法,并做出相应记录,以考察各种方法的有效性,从中发现寻找潜在顾客的最佳方法。

2. 各种方法配合使用

各种寻找潜在顾客的方法各有所长、各有所短,在可能情况下应该把各种方法同时并用,相互补充,密切配合,扬长避短,发挥优势,以取得较好的效果。谁也不可能完全依靠一种方法去寻找可能买主。

3. 从汽车销售工作的全程中寻找

潜在顾客的寻找与接近、洽谈、成交、服务等环节并不是截然分开的,某一些潜在顾客也许是在与另一些客户洽谈、成交或服务中获知的,汽车销售人员应该时刻不忘寻找自身的潜在顾客,随身携带小笔记本及时做出记录,经过审查合格的潜在顾客,就可正式列入潜在顾客的名单。

4. 分清重点,渐次推进

首先将重点集中在购买潜力大的潜在顾客身上,其次才去拜访购买潜力相对较低的潜在顾客。

5. 不断探寻,永不放弃

不断打电话给以前并未购买商品的潜在顾客。随着新产品的推出,汽车销售人员不要把业务仅仅局限在现有顾客的身上,一个公司不会购买与它需求不相适应的现有产品,但并不意味着它们不需要新产品。

6. 培养自身的职业敏感性

不管用哪种方法寻找潜在顾客,能感觉和发现潜在顾客的需求所在,定位潜在买主。

三、顾客约见方法

约见不仅要占用顾客的时间,甚至会影响顾客的工作与生活。因此,汽车销售人员在约见顾客时,不仅要考虑约见对象、约见时间和地点,还必须讲究约见方式和方法。在实践汽车销售活动中,常见的约见方法有以下几种:

1. 当面约见

当面约见是指汽车销售人员与顾客面对面约定见面的时间、地点、方式等事宜。这种约见简便易行,也极为常见。汽车销售人员可以利用与顾客会面的各种机会进行面约,如在展销会或订货会上、在社交场所、在汽车销售旅途中或在其他见面的场合与顾客不期而遇,汽车销售人员都要借机面约。但是这种机会并不常有,这就要求汽车销售人员时时留心,了解重要顾客的生活习惯、兴趣爱好,创造机会与顾客见面,进而约定正式见面的时间。

当面约见具有以下优点:

(1)节约信息传递费用,简便易行,对双方都比较方便。

(2)有助于汽车销售人员进一步作好接近准备,了解顾客的有关情况。

(3)有利于发展双方关系,加深双方感情。当面约见,能及时得到顾客的反应,缩短双方的距离,增加亲近感,甚至建立信任与友谊关系。

（4）面约一般比较可靠。有时约见情况比较复杂，非面约便说不清楚，比如价格谈判。当面预约，可以消除对方的顾虑。

2. 电话约见

电话约见即通过电话来约见顾客，这是现代汽车销售活动中常用的约见方法，它的优势在于经济便捷，能在短时间内接触更多的潜在顾客，是一种效率极高的约见方式。

但是电话约见也有明显的缺点：电话约见，由于顾客是不见其人，只闻其声，汽车销售人员与顾客没有直接见面，顾客占被动地位，汽车销售人员处主动地位，容易遭到顾客的推脱和拒绝。所以，汽车销售人员的重点应放在"话"上：首先，要精心设计开场白，激起对方足够的好奇心，使他们有继续交谈的愿望；其次，约见事由要充分，用词简明精炼、长话短说；第三，态度要诚恳，口齿清楚、语调亲切。

电话约见的一般步骤包括：问候、介绍自己和公司、感谢顾客倾听、道明约见目的、确定约见时间和地点、再一次致谢。在预约客户时，销售人员必须以与客户约定面谈时间和地点为主要目的，这一点是尤其需要注意的。

3. 广告约见

广告约见是指汽车销售人员利用各种广告媒体约见顾客的方式。现代广告媒体主要有广播、电视、报纸、杂志、路牌、招贴、直接邮寄等。利用广告进行约见可以把约见的目的、对象、内容、要求、时间、地点等准确地告诉广告受众。广告约见比较适用于约见顾客较多或约见对象不太具体、明确，或者约见对象姓名、地址不详，在短期内无法找到等情况。

广告约见的优点是：约见对象较多，覆盖面大，可以扩大汽车销售人员的影响，树立企业形象；有利于汽车销售人员请顾客上门；节省汽车销售时间，提高约见效率等。

广告约见的局限性有：约见费用高；针对性较差；不是汽车销售人员安排具体约见事宜；难以引起目标顾客的注意等。

4. 网络约见

网络约见是汽车销售人员利用互联网与顾客在网络上进行约见的一种方法。互联网（Internet）的迅速发展为现代汽车销售提供了快捷的沟通工具，不仅为网上汽车销售提供了便利，而且为网上购物、商谈、联络情感提供了可能，尤其是电子信箱（E-mail）的普遍使用，加快了网上约见与洽谈的进程。

网络约见的优点是快捷、便利、费用低、范围广。但网络约见要受到汽车销售人员对网络技术和顾客网址和电子信箱等情况的掌握程度等方面的限制。因此，现代汽车销售人员要掌握有关的网络知识，学会利用现代化的信息手段和汽车销售工具开发客户。

四、接近顾客的方法

接近顾客是汽车销售过程中的一个重要环节，它是汽车销售人员为进行汽车销售洽谈与目标顾客进行的初步接触。能否成功地接近顾客，直接关系到整个汽车销售工作的成败，许多汽车销售人员的成功与失败，往往都决定在最初的几秒钟。由于顾客的习惯、爱好、性格等情况各不相同，所以汽车销售人员应依据事前获得的信息或接触瞬间的判断，选择合适的接近方法去接近不同类型的顾客。

在与陌生顾客接近过程中,汽车销售人员以各种形式表现出的紧张是很普遍的。许多人害怕接近,以种种借口避免接近,这种现象被称为"汽车销售恐惧症"。其实有时候顾客的冷漠和拒绝是多方面原因造成的,应该对顾客充分理解并坦然接受。在接近过程中,有一种独特的心理现象,即当汽车销售人员接近时,顾客会产生一种无形的压力,似乎一旦接受汽车销售人员就承担了购买的义务。正是这种心理压力,使一般顾客害怕接近汽车销售人员,冷淡对待或拒绝汽车销售人员的接近。这种心理压力实际上是汽车销售人员接近顾客的阻力,汽车销售人员只要能够减轻或消除顾客的心理压力,就可以减少接近的困难,顺利转入后面的洽谈。

汽车销售人员在正式接近顾客时必须掌握一定的接近方法和技巧。最常见的接近方法如下。

1. 介绍接近法

介绍接近法是指汽车销售人员通过自我介绍或他人介绍接近汽车销售对象的方法。介绍的形式可以是口头介绍或者书面介绍。

自我介绍法是指汽车销售人员自我口头表述,然后用名片、身份证、工作证等来辅佐达到与顾客相识的目的。口头介绍可以详细解说一些书面文字或材料无法了解清楚的问题,利用语言的优势取得顾客的好感,打开对方的心扉;利用工作证、身份证,可以使顾客更加相信自己,消除心中的疑虑;名片交换非常普遍,给对方递上自己的一张名片也同样可以弥补口头介绍的不足,并且便于日后联系。自我介绍法是最常见的一种接近顾客的方法,大多数汽车销售人员都采用这种接近技巧。但是,这种方法很难在一开始就引起顾客的注意和兴趣。因此,通常还要与其他的方法配合使用,以便顺利地进入正式面谈。

他人介绍法是汽车销售人员利用与顾客熟悉的第三者,通过打电话、当面介绍的方式接近顾客。在汽车销售人员与所拜访顾客不熟悉的情况下,托人介绍是一种行之有效的接近方法。因为受托者跟顾客有一定社会交往的人,如亲戚、朋友、战友、同乡、同学、老部下、老同事等,这种方式往往使顾客碍于人情面子而不得不接见汽车销售人员。如果你真的能够找到一个顾客认识的人,他曾告诉你顾客的名字,或者会告诉你该顾客对于你产品的需要,那么你自然可这样说:"王先生,你的同事李先生要我前来拜访,听说你们公司最近要订购一批商务用车。"这时,王先生可能会立即要知道你所提出的一切,这样你当然已引起了他的注意而达到了你的目的。同时,他对你也会感到比较亲切。可是,一定切记不要虚构朋友的介绍。

2. 利益接近法

利益接近法是指汽车销售人员以顾客所追求的利益为中心,简明扼要地向顾客介绍产品能为顾客带来的利益,满足顾客的需要,达到正式接近顾客目的的一种方法。

从现代汽车销售原理来讲,这是一种最有效、最省力的接近顾客的方法,具有明显的优势。一是符合顾客求利的心理。这种利益接近法迎合了大多数顾客的求利心态,销售人员抓住这一要害问题予以点明,突出了销售重点和产品优势,有助于很快达到接近顾客目的。二是符合商业交易互利互惠的基本原则。顾客购买商品的目的是想通过商品使用价值的实现而从中获得某种利益,而工商企业的销售更是直接以盈利为目的的。

因为所有购买者任务的一部分就是解决问题或者提供某种利益,这种接近方式就是从这一点出发而设计的——描述客户所能获得的利益。通常情况下,只有一种或两种购买刺激特别能影响购买决策。如果汽车销售人员能够用精练的语言把产品优点与顾客最关心的问题和利益联系起来,往往能取得比较理想的效果。如:①"这款车在动力方面,配备了最新调教的 TSI＋DSG 的黄金动力组合。TSI 是一款同时集成了缸内直喷和涡轮增压技术于一体的发动机。不仅动力澎湃,而且结构紧凑,体积小;DSG 是大众对双离合变速箱的简称,它利用两个离合器的交替工作,非常好地实现了换档平顺,高效动力转换,满足了您对动力和节油的双重需求。"②"先生/女士,在夜晚驾车途中,相信您也遇到或听到过因为后车使用远光灯而引起前车车主炫目的情况吧。针对这一情况××车配备了防炫目后视镜,只要您按下内后视镜下方的防炫目开启按钮,就不会存在这样的问题了,提高了您的行驶安全性。"

3. 提问接近法

提问接近法也叫问答式接近法或讨论接近法,是指汽车销售人员通过直接提问来引起顾客注意和兴趣进而转入面谈的方法。提问接近是汽车销售中经常使用的一种很好的方法,可以单独使用,也可以在利用其他接近技术时穿插使用的一种方法。通过这种一问一答的形式,有利于拉近顾客与汽车销售人员的距离,消除戒备心理。尤其适合在第一次约见陌生客户的情景中使用。

汽车销售人员所提的问题必须精心构思,刻意措辞。如"近来生意好吧?""最近很忙吧?"等等诸如此类的问题就显得平淡、乏味,无法取得良好的接近效果。问题接近法虽然是比较有效的方法,但其要求也较高。

汽车销售人员在提问与讨论中应注意以下两点:

(1)提出的问题应表述明确,尽量具体,做到有的放矢。例如:"先生/女士,您好,我是这里的销售顾问×××,请问您今天是来看车还是办理其他业务?"。

(2)提出的问题应突出重点,扣人心弦。在实际生活中,每一个人都有许许多多的问题,汽车销售人员只有抓住最重要的问题,才能真正打动人心。汽车销售人员提出的问题,重点应放在顾客感兴趣的主要利益上。如果顾客的主要动机在于节省金钱,提问应着眼于经济性;如果顾客的主要动机在于求名,提问则宜着眼于品牌价值。因此,汽车销售人员必须设计适当的问题,把顾客的注意力集中于他所希望解决的问题上面,缩短成交距离。

(3)所提的问题应全面考虑,迂回出击,不可完全出言不讳,避免出语伤人。

4. 请教接近法

请教接近法是指汽车销售人员虚心向客户讨教问题,利用这个机会,以达到接近顾客目的的一种方法。在实际汽车销售工作中,多数客户都有一些"自以为是"的心态,汽车销售人员若能虚心求教,自然会受欢迎。如:"先生,一看您就是汽车方面的专家,今天在您面前班门弄斧了,还请您多多指教!"。

在具体应用时应注意:

(1)赞美在先,求教在后。

(2)求教在先,汽车销售在后。

(3)态度诚恳,语言谦虚。

笔 记

5. 馈赠接近法

馈赠接近法是指汽车销售人员以一些小巧精致的礼品赠送给顾客,进而和顾客认识并接近,借以达到接近顾客目的的一种方法。在某些情况下,汽车销售人员可以用一些小礼品来"收买"客户,以换取他们短时间的注意力。现实生活中,我们的汽车销售人员就经常发放一些特制的广告品,比如记事簿、签字笔、打火机、广告伞等。日本人最懂得赠送小礼物的奥妙,大多数公司都会费尽心机地制作一些小赠品,供汽车销售人员初次拜访客户时赠送客户。小赠品的价值不高,却能发挥很大的效力,不管拿到赠品的客户喜欢与否,相信每个人受到别人尊重时,内心的好感必然会油然而生。

应用馈赠接近法需要注意:

(1) 根据顾客的喜好慎重选择馈赠物品。

(2) 馈赠物品要能体现礼轻情意重,既不能给对方造成心理负担,又能体现自己的诚意。

(3) 赠送的礼品要与汽车销售的产品有关联性,尽量与企业的整体形象和谐一致。

6. 赞美接近法

"每个人的天性都是喜欢别人赞美的"。赞美接近法是指汽车销售人员利用顾客的虚荣心来引起顾客的注意和兴趣,进而转入正式洽谈的接近方法。赞美接近法的实质是汽车销售人员利用人们希望赞美自己的心理来达到接近顾客的目的。喜欢听好话是人们的共性,用这种方法接近顾客,有时会收到意想不到的效果。当人们在心情愉快的时候,很容易接受他人的建议,这时,汽车销售人员应抓住时机,正确地引导汽车销售活动。让人产生优越感最有效的方法是对于他自傲的事情加以赞美。顾客的优越感被满足,初次见面的警戒心也自然消失了,彼此距离拉近,能让双方的好感向前迈进一大步。

使用赞美接近法应注意以下几点:

1) 选择适当的赞美点

个人的长相、衣着、举止谈吐、风度气质、才华成就、家庭环境、亲戚朋友等等,都可以给予赞美。若是顾客讲究穿着,您可向他请教如何搭配衣服;若是顾客是知名公司的员工,您可表示羡慕他能在这么好的公司上班。如果汽车销售人员信口开河,胡吹乱捧,则必将弄巧成拙。

2) 赞美要发自内心

汽车销售人员赞美顾客,一定要诚心诚意,要把握分寸。事实上,不合实际的赞美、虚情假意的赞美,只会使顾客感到难堪,甚至导致顾客对汽车销售人员产生不好的印象。

3) 赞美方式因人而异

对于不同类型的顾客,赞美的方式也应不同。对于严肃型的顾客,赞语应自然朴实,点到为止;对于虚荣型顾客,则可以尽量发挥赞美的作用。对于年老的顾客,应该多用间接、委婉的赞美语言;对于年轻的顾客,则可以使用比较直接、热情的赞美语言。

7. 搭讪与聊天接近法

搭讪与聊天接近法就是指利用搭讪与聊天的形式接近陌生顾客的方法。搭讪与聊天接近法不会很快进入聊天程序,有时要用很长时间追踪与寻找机会,因此要花费很多精力。比如说在下班路上挤公交车的时候,可以利用这个时机和你周围的乘客聊聊关于拥有私家车带来的便捷,以此契机来推销自己和你所推销的汽车品牌。

使用该方法时应该注意:

1) 选准时机

只有非常重要的顾客,而又没有其他方法或者机会可以接近的情况下,搭讪与聊天才可以是一种接近顾客的方法。最好的时间是顾客有较充裕的自由掌握的时间时。

2) 积极主动

对于没有与之搭讪机会的重要顾客,汽车销售人员应该在了解顾客生活习惯的情况下,主动创造条件和机会与之搭讪。

3) 紧扣主题

在实际工作中,汽车销售人员应灵活运用,既可以单独使用一种方法接近顾客,也可以多种方法配合使用,还可以自创独特方法接近顾客,具体问题具体分析。

实训练习

设计汽车销售情景,学生分组进行演练寻找顾客和约见、接近顾客的方法,并做到灵活运用。

项目 5.2　顾客接待与需求分析技巧

项目目的

(1) 了解接待顾客的方法、步骤。

(2) 学会正确接待顾客和进行顾客需求分析。

项目内容

(1) 顾客接待技巧。

(2) 顾客需求分析技巧。

相关知识点析

顾客接待是实现销售的首要环节,销售人员对顾客的接待应专注在建立关系、缩短人与人之间的距离上,通过热情的接待,消除顾客的戒备心理,以建立彼此互信的关系,引发顾客对产品、对销售企业的兴趣,为继续商谈奠定良好的基础。

一、前台接待人员的素质要求

(1) 前台人员的职责不是销售顾问,而是向顾客去推荐销售顾问或是接待没有销售顾问招呼的潜在客户。

（2）对前台业务接待人员的重要性，所有的汽车销售企业都认识到了。但据调查，绝大多数企业的做法却没有达到预期的目标，这些企业往往将一些漂亮小姐或者是能说会道的但不懂汽车知识的人员安排在前台做业务接待。这种前台接待的素质是远远不能适应现代汽车销售企业要求的，有时反而会降低企业在客户心目中的形象。

（3）现代汽车销售企业的前台人员必须具备极高的业务素质，无论是人品、性格还是知识素质都应该是一流的，他很可能是企业中最优秀的汽车销售人员之一。前台人员的一言一行、举手投足都代表着本企业的素质、文化，代表着企业对客户服务的深度与广度，更代表着企业的实力与管理水平。

前台接待人员必备的基本素质如图 5.2 所示。

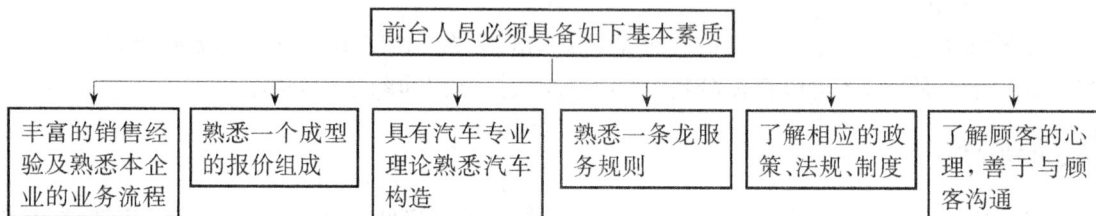

前台人员必须具备如下基本素质

丰富的销售经验及熟悉本企业的业务流程　熟悉一个成型的报价组成　具有汽车专业理论熟悉汽车构造　熟悉一条龙服务规则　了解相应的政策、法规、制度　了解顾客的心理，善于与顾客沟通

图 5.2　前台接待人员必备的基本素质

二、顾客接待的分类

根据接待途径和目的的不同，大致可分为 3 类：

1. 展厅接待

泛指接待来到展厅的顾客，销售人员通过热情主动的欢迎，了解顾客的来意，展开各种服务。

2. 电话咨询

泛指接待通过电话渠道进行业务咨询的顾客，销售人员通过热情解答，吸引顾客来店咨询，从而实现销售目的。

3. 邀约客户接待

泛指接待通过各种促销活动邀约来的顾客。

三、展厅接待前的准备

售前准备的目的在于建立专业的销售形象、取得顾客的信任。拥有顾客所期望的个人品质，销售人员才可以提高销售业绩。这些品质包括：仪容仪表、专业化、可信赖、真诚、积极的态度。

1. 自行准备的标准行为

它包括 5 个"喜悦一刻"和 17 个标准行为（见图 5.3 和表 5-2）。

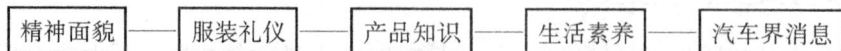

精神面貌 —— 服装礼仪 —— 产品知识 —— 生活素养 —— 汽车界消息

图 5.3　5 个"喜悦一刻"

笔记

表5-2 自行准备的标准行为

5个"喜悦一刻"	17个标准行为
1. 精神面貌	(1) 保持饱满的精神并在工作中展现乐观、积极的风貌 (2) 生活应有充分的调适,睡眠充足,不要酗酒,在工作中永葆旺盛的斗志
2. 服装礼仪	(3) 销售人员穿着公司统一制服,保证合身、整洁、板整 (4) 衬衫应干净,熨烫平整,领口、袖口没有污渍 (5) 统一佩带公司的名牌,保持平整干净 (6) 保持头发干净,不可有头皮屑,梳理整齐,男士头发不可过长 (7) 保持手和指甲的清洁,指甲要修剪整齐 (8) 皮鞋擦拭干净明亮,袜子颜色与衣服和肤色协调 (9) 男士不佩戴饰物,女士的饰物应小巧精致 (10) 女士化妆要自然、淡雅,不可浓妆艳抹 (11) 避免让人不快的气味,包括体味、汗味和口臭等 (12) 随身携带笔和文件夹,做好记录准备;随身携带名片
3. 产品知识	(13) 掌握公司各车型的配置、性能和所有技术参数,作为介绍和讲解的依据,随时可以提供给顾客 (14) 对于与我们的产品构成竞争的厂牌和车型,要有向顾客提供参数分析和比较的能力 (15) 产品资料充足
4. 生活素养	(16) 为提高自己的综合能力与知识水平,以便在工作中得以顺利地与顾客接触、交谈和成为朋友,建议多涉猎各方信息,如: ① 社会新闻 ② 经济、工业和商业新闻 ③ 娱乐新闻 ④ 子女教育 ⑤ 旅游休闲 ⑥ 外资企业消息 ⑦ 金融、房产投资消息 ⑧ 体育新闻
5. 汽车界消息	(17) 要充分掌握和了解各汽车品牌及车型的发展和新信息,以利于销售人员应对汽车市场的变化,成为最优秀的汽车销售人员。如: ① 建议可参阅的书报:《中国汽车报》及地方报纸汽车版 ② 建议参阅的杂志有:《中国汽车画报》、《汽车杂志》、《汽车之友》、《汽车导报》、《名车志》、《汽车族》等 ③ 建议浏览的网站:中国汽车网、TOM汽车网、sina汽车、太平洋汽车网(PC Auto)等

2. 针对顾客准备的标准行为

它包括9个"喜悦一刻"和22个标准行为(见图5.4和表5-3)。

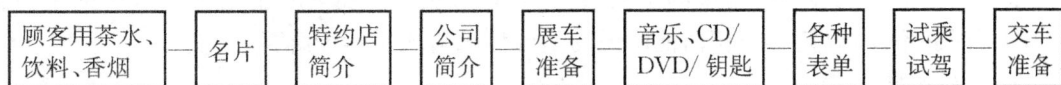

顾客用茶水、饮料、香烟	名片	特约店简介	公司简介	展车准备	音乐、CD/DVD/钥匙	各种表单	试乘试驾	交车准备

图5.4 9个"喜悦一刻"

表 5-3　针对顾客准备的标准行为

9个"喜悦一刻"	22个标准行为
1. 顾客用茶水、饮料、香烟	① 展厅内茶水、饮料(咖啡)、香烟应一应俱全,产生热情服务的效果
2. 名片	② 按照公司的规范制作和使用 ③ 销售员应该充分使用名片,数量要准备充足的,不要吝啬于送出名片,因为它将有意想不到的效果
3. 特约店简介	④ 使用公司的规范标准文本
4. 公司简介	⑤ 使用公司的规范标准文本
5. 展车准备	⑥ 展车轮胎下要垫轮胎垫 ⑦ 展车功能正常,前座窗户放下,天窗打开 ⑧ 展车内不得放置任何宣传物及私人物品 ⑨ 展车的座椅要调整至标准位置 ⑩ 展车内要放置清洁的脚踏垫(不得使用纸制品的) ⑪ 展车充分充电,以利展示用电设备 ⑫ 展车日常清洁由销售人员负责
6. 音乐、CD、DVD、钥匙	⑬ 为使顾客能够顺利和完整地了解产品,车内播放的音乐带、CD/VCD 碟片应随时备取,以便适时为顾客演示,以使顾客能亲自感受配置产品的优良品质和卓越的性能 ⑭ 展车的钥匙应放置在适当的位置,以利于需要时能够快速取用
7. 各种表单	⑮ 报价单 ⑯ 签约合同书 ⑰ 保险相关资料 ⑱ 按揭(贷款)相关资料
8. 试乘试驾	⑲ 完善试乘试驾车的准备。包括车的清洁、整理及固定的停放位置,油量加至适当标准(20公升)即可
9. 交车准备	⑳ 人:相关的参加人员 ㉑ 车:交车前的所有检查与安装、清洁工作 ㉒ 文件:所有相关的资料与合约文件

四、需求分析

(一) 需求分析的价值

需求分析的价值主要体现在以下 3 个方面:

1. 有的放矢

找准客户的需求,展示车辆的时候有的放矢。通过需求分析,来评定应该如何接待顾客以满足他的需求,达成销售目标。

2. 体现关心

主动的询问客户需求,是我们主动服务的象征。通过表现乐于助人、诚挚,传达提供其所需服务的意愿以及客户所希望的个人关注,销售人员会赢得客户的信任。这有助于消除客户的疑虑和不安,以使客户相信他所说的话已被销售人员所理解。

3. 谈判支持

客户对销售人员的信任会使他畅所欲言地道出购车动机,这使销售人员更容易确定所要推荐的车型,客户也会更愿意听取销售人员的推荐,这为将来的价格谈判提供更多的信息支持。

(二)需求信息的内容

在进行需求分析时,客户心中"我希望销售人员是诚实可信的,并能听取我的需求和提供给我所需要的信息";"我希望销售人员能帮助我选择适合我的车,因为这是我的第一部新车"。那么,如何找到客户的需求,这里涉及一个表面的问题和一个隐藏的问题,在我们汽车销售流程理论中有这么一种说法,表面的现象称之为显性,也叫显性动机,还有一种是隐藏的问题,称为隐性的动机,这就是:"冰山理论"即显性和隐性问题。

冰山理论就是用来解释这个显性和隐性的问题。如图5.5所示,冰山既有露在水面以上的部分,也有潜藏在水面以下的部分。水面以上的部分是显性的,就是顾客自己知道的,能说出来的那一部分;水面以下的是隐藏的那一部分,这一部分比较复杂,可能有的顾客自己都不知道自己的真正需求到底是什么。比如,某顾客可能打算花十万元买车,这个时候销售顾问要解决他的问题,就要首先去了解他。既要了解他的显性问题,也要了解他的隐性问题,甚至隐性的问题更关键,更能体现你的顾问形象,这样才能真正分析顾客的需要。

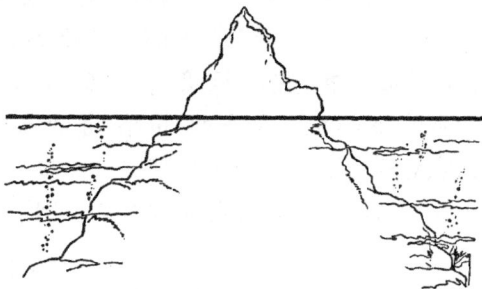

图5.5 冰山一角

如果我们销售顾问不懂得顾问销售方式,还都像以前那样一锤子买卖。顾客可能当时晕头把车买了,回去以后发现不对,当然他不会怪你,但是顾客最起码不再信任你了,朋友关系没了,花了这么大的工夫把这个车卖出了,结果除了卖一台车以外其他什么收获都没有。所以我们讲汽车销售流程,讲规范,目的就是要解决这些问题,就是要把握住顾客的满意度,要跟顾客成为朋友,拉近顾客与销售顾问的距离,取得顾客的信任,然后顾客在买车的时候就会主动来找你,而且还会带动他周围的人来找你。我们很快就会像国外经常出现的情形那样,顾客第二年、第三年、第四年,又再次找你进行二次购车,还会不断有朋友的朋友过来。这才是销售顾问所追求、所期望出现的局面。

操作步骤

顾客接待与需求分析技巧总的操作步骤如下:

接打电话 ➡ 接待来访顾客 ➡ 顾客需求分析

有礼貌欢迎的目的是减少顾客的紧张感。顾客刚走进来最为紧张。有礼貌地欢迎会很快减少这种紧张感,使顾客可以自如地和你交谈,并且取得他们对你的信任,可以使顾客意识到你是有准备的,可以帮助他。要鼓励顾客谈话,且不要问用"是"或"不是"就能回答的问题。

一、接听电话

汽车销售人员接听电话应注意以下方面:

(1)电话铃响两声后,接听电话。

(2)接听电话时:第一句话应说"喂,您好,×××公司"。

（3）若电话铃响三声以上时，接听时可以加一句："很抱歉，让您久等了"。

（4）当被指名接电话的人正在打电话或不在时，应说："实在抱歉，×××现在正在打电话（不在），要是可以的话，请对我说好吗？"若对方不肯说时，应说"请问您贵姓？ 您是否愿意留下联系方法，我负责给您转达"。

（5）当对方声音较小时，应说："对不起，我的电话有点故障，请您声音稍微大一点好吗？"

（6）在询问顾客时，不要问："我能帮助你吗？"而应说；"你需要什么帮助？""我能帮你做些什么？"之类的话，这样有利于客户说出自己的需求。

（7）打电话时注意的原则：礼貌又很友好、不要打断对方、简要有效地了解到问题。

（8）做好电话记录很重要，应准备简单电话记录登记表，登记打进来的每一个电话。登记的主要内容包括：日期、销售顾问的姓名、客户姓名、性别、发音特点、对方电话号码、双方谈到的细节问题，如车型、价格、是否有货、是否有意来访、自己是否有跟进访问的意图等。注意对第一次报价要记清楚。

接听电话流程及各流程的基本用语、注意事项如表 5-4 所示。

表 5-4　接听电话流程及各流程的基本用语、注意事项

顺　序	基　本　用　语	主　要　技　巧
1. 拿起电话听筒，并告之自己的姓名	"您好，××汽车销售公司"（直线） "您好，销售部×××"（内线） 如上午 10 点以前可使用"早上好" 电话铃响 3 声以上时，"让您久等了，我是销售部×××"	电话铃响 3 声之内接起 在电话机旁准备好记录用的纸笔 接电话时，不使用"喂—"回答 音量适度，不要过高 告知对方自己的姓名
2. 确认对方	"×先生，您好！" "感谢您的关照"等	必须对对方进行确认，如是客户要表达感谢之意
3. 听取对方来电用意	"是"、"好的"、"清楚"、"明白"等回答	必要时应进行记录 谈话时不要离题
4. 进行确认	"请您再重复一遍"、"那么明天在××，9 点钟见。"等	确认时间、地点、对象和事由 如留言，需记录下电话时间和留言人
5. 结束语	"清楚了"、"请放心……"、"我一定转达"、"感谢您的来电"、"谢谢"、"再见"等	
6. 放回电话听筒		等对方放下电话后再轻轻放回电话

拨打电话流程及各流程的基本用语、注意事项如表 5-5 所示。

表 5-5　拨打电话流程及各流程的基本用语、注意事项

顺　序	基　本　用　语	主　要　技　巧
1. 准备		确认对方姓名、电话，把握其信息情况 准备好讲话内容、说话顺序 准备可能需要的资料、文件等 明确通话目的和对客户的价值
2. 拨打、问候、告知自己的姓名	"您好！我是××公司××经销商销售部的×××"。	一定要报出自己的姓名 讲话时要有礼貌

（续表）

顺　　序	基　本　用　语	主　要　技　巧
3. 确认电话对象	"请问××部的×××先生在吗" "麻烦您,我要找×××先生" "您好！我是××公司的×××"	必须要确认电话的对方 如与要找的人接通电话后,应重新问候
4. 电话内容	"今天打电话是想向您咨询一下关于××事……"	应先将想要说的结果告诉对方 如是比较复杂的事情,请对方做记录 对时间、地点、数字等进行准确的传达 说完后可总结所说要点进行确认
5. 结束语	"谢谢"、"麻烦您了"、"那就拜托您了"等	语气诚恳、态度和蔼
6. 放回电话听筒		等对方放下电话后再轻轻放回电话

二、顾客接待

接待程序及注意要点如图 5.6 和图 5.7 所示。

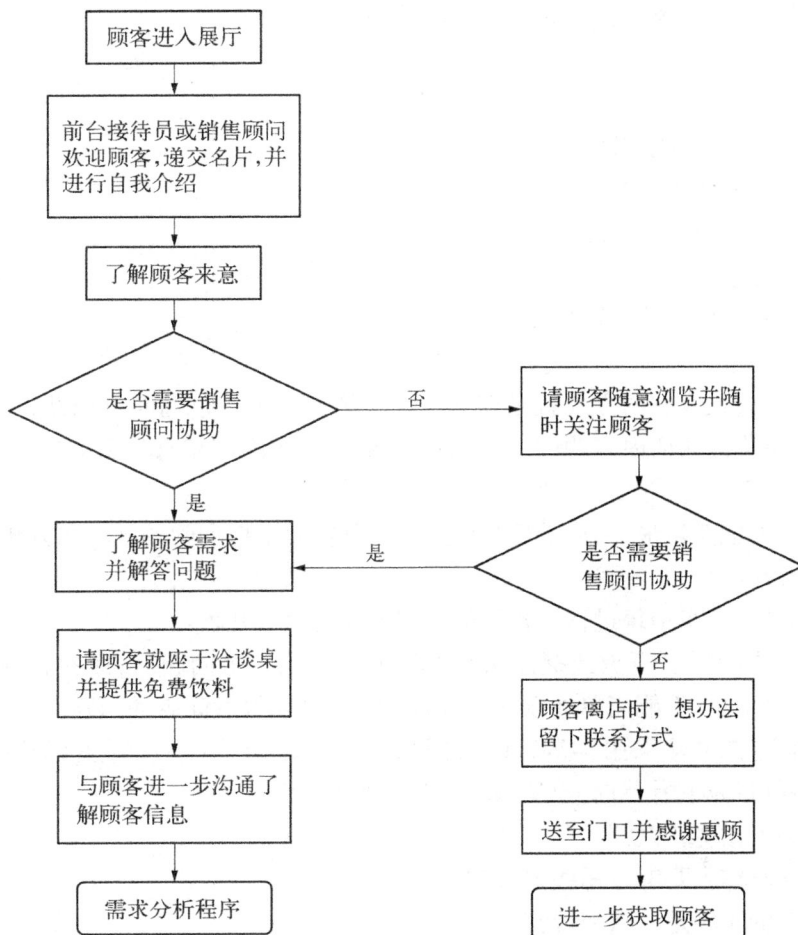

图 5.6　顾客接待流程

```
┌──────────────────┐      ┌──────────────────┐                      ┌──────────────────┐
│ ★ 微笑           │      │ ★ 和每一个来访者  │                      │ ★ 说出自己的姓名  │
│ ★ 态度积极主动    │      │   打招呼          │                      │ ★ 递上自己的名片  │
│ ★ 走近顾客,不要让 │      │ ★ 打招呼语气要轻声 │                      └──────────────────┘
│   顾客有被冷落的  │      │   而不低沉        │                              │
│   感觉           │      │ ★ 目光真诚        │                              │
└──────────────────┘      └──────────────────┘                              │
        │                         │                                         │
   ┌─────────┐            ┌─────────────┐              ┌─────────┐
   │ 迎接顾客 │ ────────→ │ 友好地打招呼 │ ──────────→ │ 自我介绍 │
   └─────────┘            └─────────────┘              └─────────┘
        │                                                   │
   ┌─────────────┐                           ┌──────────────────────┐
   │ 主动热情帮助 │ ←──────────────────────── │ 询问每一个来访者的姓名 │
   └─────────────┘                           └──────────────────────┘
        │                                                   │
┌──────────────────┐                       ┌──────────────────────┐
│ ★ 让座,递茶水    │                       │ ★ 记下每个人的姓名,交谈 │
│ ★ 询问顾客的要求, │                       │   过程中尽量使用他们的  │
│   要耐心细致、引导,│                       │   姓名(注意称呼的用法)  │
│   不要让顾客感觉  │                       └──────────────────────┘
│   被蒙骗         │
└──────────────────┘
```

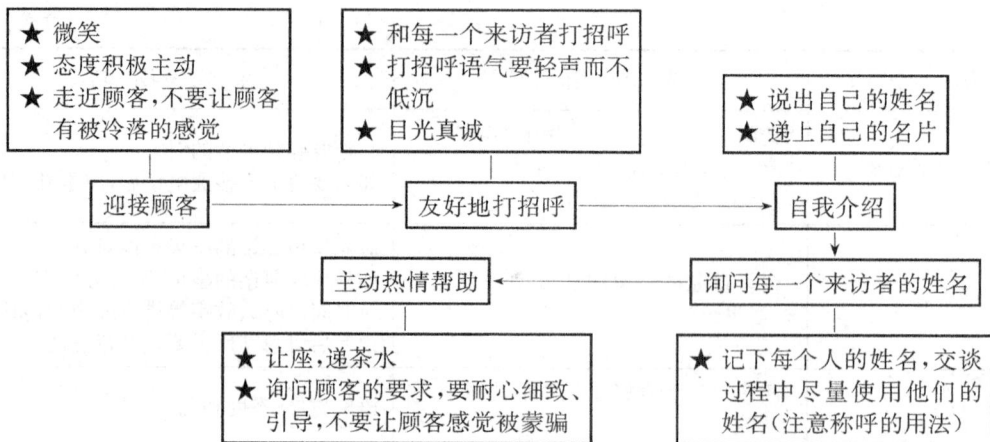

图5.7 顾客接待注意要点

三、顾客需求分析

(一) 需求分析的方法

需求分析的方法主要有：观察、询问、倾听、综合和核查。

1. 观察

展厅观察客户的重点主要有：

① 对什么车型比较感兴趣。

② 陪同几个人是什么关系。

③ 观察他们的外表/衣着。

④ 他们之间的谈吐。

⑤ 对潜在客户画像,做出预测。

2. 询问

挖掘客户需要最有效的方式就是询问。汽车销售人员通过询问可以获得一些信息,包括顾客是否了解你的谈话内容,顾客对你的公司和你销售的产品有什么意见和要求,以及顾客是否有购买欲望。

怎样询问,才能获得最多、最准确的信息呢？这需要把握询问的技巧和方法。

1) 询问的方式

汽车营销员在汽车销售过程中常用的询问方法有以下几种：

(1) 开放式提问法。开放式提问法是指发问者提出一个问题后,回答者围绕这个问题告诉发问者许多信息,不能简单地以"是"或者"不是"来回答发问者的问题。

开放式提问法主要采用"4W1H"的提问方式。即谁(Who)、哪里(Where)、为什么(Why)、怎么样(How)、什么时候(When)的提问方式。例如：

- "我能为您做些什么？"
- "购买汽车您主要考虑哪些因素？"
- "您现有的车辆是什么配置？"
- "您认为您的富康车开起来怎么样？"

笔记

- "您大约什么时候需要您的新车?"
- "除了您本人外,还有谁开这辆车?"
- "您认为银灰色的速腾如何?"

销售顾问要想从顾客那里获得较多信息,就需要采取开放式提问法。使顾客对你的问题有所思考,然后告诉你相关的信息。以开放式问法询问顾客并且耐心地等待,在顾客说话之前不要插嘴,或者说出鼓励顾客的语言,使顾客大胆地告诉你有关信息,收效会很好。

顾客对于开放式的问法也是乐于接受的。他们能认真思考你的问题,告诉你一些有价值的信息。甚至顾客还会对你的销售工作提出一些建议,这将有利于你更好地进行销售工作。

(2) 封闭式问法。封闭式提问是指回答者在回答发问者的问题时,用"是"或者"不是"就使发问者了解你的想法的。

封闭式问法主要采用"是否"、"是不是""A 或 B"的提问方式。例如:

- "您喜欢这辆黑色的迈腾吗?"
- "您购车是自己开吗?"
- "您以前开过大众品牌车吗?"
- "我们现在可以签订购车合同吗?"

销售顾问以封闭式提问法可以控制谈话的主动权。如果你提出的问题都使顾客以"是"或者"否"来回答,你就可以控制谈话的主题,将主题转移到和销售产品有关的范围里面,而不至于把话题扯远。同时,销售顾问为了节约时间,使顾客做出简短而直截了当的回答,也可以采用封闭式提问法。

另外,需求分析开始时,可以使用各种"观人法"、"投石问路法"、"投其所好法"、"直接环境法"等技巧,以引起对方谈话的兴趣并讲出真正的心里话;谈话开始后,避免特定性问题,并要注意在适当的时候,会转换话题。

2) 主动询问的技巧

① 用开放式的问题鼓励客户表达。

② 利用客户的兴趣点、担忧点,好奇点引导谈话方向。

③ 利用客户的观点、评价、经历来发现客户需求信息。

④ 询问的问题中带有对客户的关心(利益点)。

⑤ 利用封闭式问题得到确切答案。

⑥ 一般问题,直接询问;敏感问题,巧妙询问。

3. 倾听

通常,人们误以为只有在讲话的时候才会有积极的沟通,而聆听则是消极的。然而,如果沟通是一个双向的过程,那么聆听应当是其中的一个积极的组成部分。

1) 听和倾听的区别

"听"是人的感觉器官对声音的本能反应——"听到"。

"倾听"虽以"听到"为前提,但更重要的是"听懂",即理解所听到声音的过程。积极地倾听就是聆听者有责任地获得对说话者想要传达信息的完备和正确的理解。如果接受者希望有效的沟通,积极地聆听应该是他的目标。因为这是唯一促进良好沟通的听的形式,他试图理解全面的信息,而不仅仅是正在讲的这些。

为什么人们没能做到更好地倾听?首先,听是一项很难的工作。研究表明,当一个人积极地聆听时,他的新陈代谢过程会有轻度加快,体温会轻度上升,瞳孔轻微放大。这说明真正的听绝不是消极的。一个真正听的人对正在传递的信息给予密切关注,并且向讲话者表示他或她正在关注当前的谈话。

通常人们利用不说话的时间"休息"或只是假装他们在听。他们会看着别人,点头,甚至会发出一些他们听懂了的暗示语,但实际上他们的思维却在考虑下面说的话,想别的问题,或者正在走神。积极地倾听意味着集中注意力,而这是一项很难的工作。

汽车销售人员未能很好地倾听的第二个原因——当他们不说话时会感到不舒服。他们通常借口说他们不想"失去对谈话的控制",他们需要向买主提供尽可能多的信息。他们经常感到如果不讲话就不是在销售。

汽车销售人员未能好好倾听的第三个原因,是因为他们对自己的信息比对目标客户要说的话更感兴趣。这一现象称为"说话紧张状态"。每个人都有一种表达自己想说什么的愿望,这一愿望干扰了我们听的能力。

积极地倾听是给汽车销售人员带来变化的一种重要方式。汽车销售员工作的很大一部分,是改变顾客对产品的观念或发现如何能更好地为顾客提供服务,公司的产品或服务需要做哪些变化,这些都需要积极地聆听。

2)积极地倾听三原则

(1)站在对方的立场仔细地聆听。每个人都有自己的立场及价值观,因此必须站在对方的立场仔细地聆听他所说的每一句话,不要用自己的价值观去指责或评判对方的想法,要与对方保持共同理解的态度。

(2)要确认自己所理解的是否就是对方所说的。你必须重点复述对方所讲过的内容,以确认自己所理解的意思和对方一致,如"你刚才所讲的意思是不是指……"、"我不知道我听得对不对,你的意思是……"。

(3)要以诚恳、专注的态度聆听对方的话语。汽车营销员聆听客户谈话时,最常出现的情况是,他只摆出聆听客户谈话的样子,内心却迫不及待地等待机会,想要讲他自己的话,完全将"聆听"这个重要的武器舍弃不用。你听不出客户的意图、听不出客户的期望,你的营销有如失去方向的箭。

3)倾听的技巧

汽车营销员面对客户进行谈话时,如何才能积极地聆听呢?这就要掌握聆听的技巧。

(1)忘掉自己的观点。适时确认顾客的想法。站在客户的立场专注聆听客户的需求、目标,适时地向客户确认你了解的就是他想表达的,这种诚挚专注的态度能激发客户讲出他更多内心的想法。

(2)不急于打断客户,边听边记。让客户把话说完,并记下重点。记住你是来满足客户需求的,你是来带给客户利益的,让你的客户充分表达他的意愿以后,你才能正确地满足他的需求,就如医生要听了病人述说自己的病情后,才开始诊断。

(3)秉持客观、开阔的胸怀不要心存偏见,只听自己想听的,或以自己的价值观判断客户的想法。

（4）放下戒备。对客户所说的话，不要采取防卫的态度。当客户所说的事情，可能对你的销售造成不利时，不要立刻驳斥，你可先请客户针对事情做更详细的解释。例如，客户说"你公司的上牌服务太慢"，你可请客户详细地说明是什么事情让他有种想法，如果客户证据确凿，应向客户致歉，并答应他了解此事的原委。记住，在还没有听完客户的想法前，不要和客户讨论或争辩一些细节的问题。

（5）了解客户真正的想法。客户有客户的立场，他也许不会把真正的想法告诉你，用借口来搪塞，或为了达到别的目的而声东击西，或另有隐情，不便言明，因此必须尽可能听出客户真正的想法。

掌握客户内心真正的想法，不是一件容易的事情，最好在与客户谈话时，带着下列的问题倾听：

- 客户说的是什么？
- 它代表什么意思？
- 他说的是一件事实？还是一个意见？
- 他为什么要这样说？
- 他说的我能相信吗？他这样说的目的是什么？
- 从他的谈话中，我能知道他的需求是什么吗？

4. 综合和核查

根据对客户的观察、询问和倾听，总结客户的主要需求，并用提问的方式确认自己所理解的是否正确。

（二）顾客需求信息的主要内容

需求信息内容如表 5-6 所示。

表 5-6 需求信息内容

项　　目	了解信息内容	分　　析
个人信息	姓名、联系方式	—
	职业、职务	品牌/车型
	兴趣爱好	品牌/车型
	家庭成员	—
购车愿望	对车辆造型颜色配置/预算的要求	品牌/车型
	主要用途/年行驶里程	品牌/车型
	谁是使用者	品牌/车型
	对××品牌车的了解程度	品牌倾向
	选购车时考虑的主要因素	购买动机
用车经历	品牌、车型	品牌/车型
	当初选购的理由	—
	不满意的因素	品牌/车型
购买时间		重要程度

笔记

需求信息的主要内容来源于接待环节,可以通过客户洽谈卡来总结客户的需求信息。客户洽谈卡如表5-7所示。

表5-7 客户洽谈卡

建档日期:_____年_____月_____日

销售顾问:

客户姓名			男/女	出生年月		电话	
职业		职务		方便联系时间		E-mail	
住址			兴趣爱好		客户类型	私人/公务	
客户来源	展厅/介绍/活动/协作/随机			信息来源	电视/报纸/广播/杂志/展会/活动/朋友		
曾驾驶过的品牌/车型			新购/二手车置换/增购		意向车型		
预购时间	一个月内/二个月内/六个月内			付款方式		二手车车型	
使用年数		行驶里程		万公里	竞争车型	①	②

练习模版

客户需求分析

前台接待: 张先生您好!我是前台接待员王艳。欢迎光临上海大众4S店,请问您有什么东西需要寄存吗。请您放心参观,我们会保管好您的物品。

为您介绍一下,他是销售顾问杨亮。他已经在这儿等候您了,有什么问题你可以咨询他。

销售顾问: 您好,张先生,欢迎光临。昨天我们已经通过电话,很高兴为您服务。这是我的名片。我叫杨亮,您叫我小杨就可以了。

那我带您去休息室坐一下吧!请问您吸烟吗?

吸:这边请,这里是吸烟区!

不吸:这边请,这里是无烟区!

(若客户表示想自己一个人在展厅看看,则不要尾随其后,站在远处默默观察,发现客户有需要时及时跟上去进行服务)

坐下之后: 我们为客户提供的有洗车、检测以及二手车评估等免费服务,不知道您的时间是怎么安排的,全做下来的话需要一个小时的时间您看您时间充裕吗?

顾 客: 我的时间很充裕,那你为我洗一下车吧!

销售顾问: 好的,麻烦您把车钥匙给我好吗?

顾 客: 好。

销售顾问: 张先生您的车里有什么贵重物品吗?那我马上为您安排,请您稍等一下!您可以先看一下产品的有关介绍。

（建议在 10～15 分钟之内完成客户需求分析）

销售顾问：您现在开的是什么车？

顾　　客：普桑

销售顾问：德系车的口碑一直很好，普桑这款车的性能非常稳定，维修保养也很经济。

销售顾问：先生您喜欢自驾游吗？

顾　　客：喜欢

销售顾问：那您的生活安排得这么丰富多彩啊！那您要买的这辆车是用来自驾游的吗？

顾　　客：不是，主要用来上下班，平时就是带着老婆孩子玩玩，周末的时候会去近郊转转！

销售顾问：了解，那您对后备箱的应用很关注吧！因为您自驾游要经常使用后备箱的。

顾　　客：对，经常要放一些出游要用的东西。

销售顾问：那这辆车主要是您自己开吗？

顾　　客：是的，我太太偶尔会开一下。

销售顾问：明白，那张先生，平时您主要是在市区开还是走外环（高速）？

顾　　客：主要是在市区开。

销售顾问：如果是这样的话，可能选自动档的车会好一些，特别是您太太开车的时候会轻松一点，现在的交通实在太拥挤了。

顾　　客：对，因为普桑是手动档的，所以我太太特意要我选一辆自动档的车。

销售顾问：知道了。那您买这辆车主要关注哪些性能以及其他方面的要求呢？

顾　　客：因为考虑到家用，所以要求内部空间要大一些，配置可以稍高一些，但是油耗不要太高，当然安全性能是最主要的。

销售顾问：好的，张先生，我给您确认一下：这辆车是家用，主要在市区开，所以您想买一辆外形和内饰新颖，配置较高，希望空间、油耗和安全性都要好，要自动档。您看我的理解是否正确，您看还有什么要补充的没有？（不断更新客户需求信息，选择推荐适当的车辆）

顾　　客：没有了。

销售顾问：好，张先生，那可以了解下您在预算方面的考虑吗？

顾　　客：15 万之内吧。

销售顾问：好的，明白。上次您提到上海大众的朗逸，不知道您对这款车了解多少？

顾　　客：听朋友说起这款车，也看过一些广告，感觉这车不错。

销售顾问：那根据您的需求和预算，我想向您推荐朗逸1.6自动品轩版，价格是145 800，您觉得这个价位还可以吗？

顾　　客：价位可以，但不知道车怎么样？

销售顾问：这款车是上海大众推出的一款比较适合家用的车，性能很好，另外我们还有一款朗逸 2.0 自动品轩版也在您的预算之内，这款车比 1.6 L 贵 4 000 块

笔记

钱。您可以考虑一下。（如果另一款车型比客户初期所希望购买的车型更符合客户的需求，建议客户同时看一下两款车）

顾　　客：他们区别在哪儿？

销售顾问：区别是 2.0 品轩版的配置是朗逸车系里最高级别，主要是发动机和排量也高一些，动力和扭矩也更高，但是油耗确没有高多少？

顾　　客：噢，这样啊！2.0 这款车没比 1.6 贵多少，但动力更强，对我更有吸引力，咱们店里有展车吗？（如果客户提出其他的偏好，随时追加在需求分析表上）

销售顾问：有，我们现在去看一下展车吧？然后我再为您做更详细的介绍，您看可以吗？

顾　　客：可以。

销售顾问：您这边请。

实训练习

设计汽车销售情景，练习顾客接待和顾客需求分析的流程和话术。

项目 5.3　产品介绍

项目目的

（1）掌握六方位绕车介绍法。

（2）掌握 FAB 车辆介绍法。

项目内容

（1）六方位绕车介绍法。

（2）FAB 车辆介绍法。

相关知识点析

汽车销售是整个汽车流通领域的关键一环，销售人员通过对消费者需求的把握，准确地传递双方的信息，把消费者、生产者紧密地联结起来，实现产品的交换。

车辆静态展示是汽车销售过程中非常重要的一步，也是说服顾客的关键一步。通过调研发现，在展示过程中作出购买决策的占最终购买的 70%。通过车辆静态展示，可以充分地向顾客展示你的汽车的特性，尤其是它不同于其他汽车产品的独到之处和它能满足顾客需求的不可替代之处。然而，要完美地展示车辆却不是那么容易的，它需要独特的技巧和销售顾问非凡的慧眼才能做到。

汽车销售顾问在汽车展示过程中，要注意车辆展示讲解技巧。如：

（1）介绍展车应该集中在顾客关心的问题上。
（2）要让客户听懂，因人而异。
（3）在介绍展车时要形成与客户的良性互动。
（4）设法使顾客全面参与——看、听、动。
（5）照顾所有的人。
（6）利用 FAB 法强化客户利益。

笔 记

一、车辆展示准备

车辆展示的具体准备有：
（1）方向盘置于最高位置。
（2）所有靠背放直。
（3）车内布置脚垫。
（4）座椅高度调到最低位置。
（5）调节收音机，准备 CD。
（6）车胎标志朝上。
（7）清洁车辆。

二、六方位绕车介绍法

汽车产品的介绍，视顾客情况而定。通常有两种情况。一是顾客有明显的感兴趣点，则从顾客的兴趣点开始介绍车辆。二是销售 1 年以内的新车，顾客无明显的兴趣点，可用六方位（左前方 45 度、乘客侧、车尾、驾驶侧、驾驶室、发动机舱）绕车介绍法来展示介绍。六方位无论是哪个方位，都要讲的是三点：一是其配置（F）；二是其优势（A）；三是对客户的好处和利益（B）。这三点缺一不可，因为每一点都能和特色有关。

三、FAB 车辆讲解技巧

FAB 法是在进行汽车介绍、销售细节等表述的时候，针对客户需求意向，进行有选择、有目的地逐条理由的说服。所以，FAB 关注的是客户的"买点"。

特性（F）→转化成优点（A）→转化成利益（B）

（1）特性（F）：指产品设计上给予的特性及功能，可从各种角度发现产品的特性，例如：从材料、制造工艺、功能、式样等着手。如"在功效相同的产品中，它的发动机最轻，只有 42 kg"。

（2）优点（A）：解释产品特性和功能带来的优势之处。即自己与竞争对手有何不同。例如："它足够轻，所以节约燃料。"

（3）特殊利益（B）：这种优点可以满足顾客本身的某些需求，带给客户的利益。例如："您不一定要到维修中心寻求帮助，因为服务代表能够使用便携式修理工具。"

FAB 介绍法就是在汽车产品推介中，将汽车产品本身的特点、具有的优势、能够给客户带来的利益有机地结合起来，按照一定的逻辑顺序加以阐述，形成完整而又完善的汽车销售劝说。

　　FAB法就是这样将一个汽车产品分别从三个层次加以分析、记录,并整理成产品销售的诉求点,向客户进行说服,促进成交。但需要注意的是,客户本身所关心的利益点是什么? 然后投其所好,使销售诉求的利益与客户所需要的利益相吻合,这样才能发挥效果,切不可生搬硬套,机械照搬。

　　优点→特殊利益的表达方式:

- 这对于您来说意味着……
- 这给您节省……
- 这能为您减轻……
- 短期内这意味着……,长期会给您带来……
- 这给您带来……
- 这简化了……
- 对此您能得到……

操作步骤

一、六方位绕车介绍操作步骤

　　六方位绕车法的操作步骤如图5.8所示。

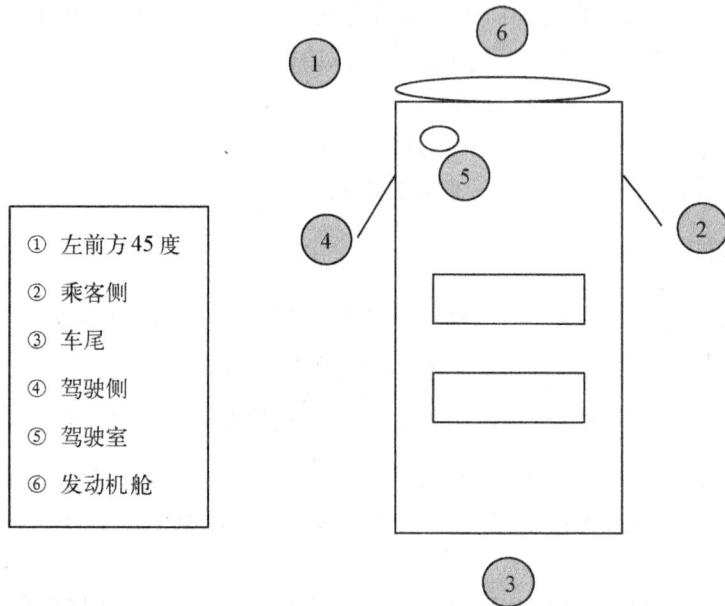

① 左前方45度

② 乘客侧

③ 车尾

④ 驾驶侧

⑤ 驾驶室

⑥ 发动机舱

图5.8　六方位绕车介绍步骤

1. 展车左前方

　　销售人员立于车前方45°左右进行介绍。主要是将车辆的外观、风格等逐一阐明。比如前脸设计、大灯特性、前保险杠设计、车辆外观等,并且使客户在介绍中对车辆的发展历史和设计理念有个宽泛的了解,见图5.9所示。

2. 乘客侧

销售人员移步到乘客席外侧,销售顾问全面地将车辆的细节详述给客户,包括轮胎轮毂,对于车辆的安全性能与安全配置的相关问题也能在这段介绍中得到答案,如高强度乘客舱、A/B/C柱、车门防撞加强梁,如图5.10所示。

图5.9 车辆左前方

图5.10 乘客侧

3. 后部

销售人员移步到车后方,打开行李箱。介绍的是后备箱开启的方便性、后排座椅的收放灵活性、存放物品的容积大小、备胎的位置设计以及尾灯的设计,如图5.11所示。

图5.11 后部

4. 驾驶座侧

销售人员移动到车的侧面,驾驶座侧介绍是客户直观体验车辆的一段过程。主动为顾客开左后车门邀请入座,体验后座空间与舒适性。后排座椅部分的讲解将车辆内部空间和内饰装潢向客户讲解。这时客户可以对车辆的一些细节做探究,如内饰做工,车内隔音,后排座椅空间、车窗控制等,如图5.12所示。

图5.12 驾驶座侧

5. 驾驶室

客户可以坐在车内,在销售顾问的讲解下对车辆驾控台和乘坐感受作一番"亲历",对车内的操控设备的位置和操作方法等性能做初步了

笔记

解。如座椅、方向盘、腿部空间、仪表、中控台、控制键、空调、换档、安全带、安全气囊、电动车窗、电动后视镜、电动天窗、隔音、前后车窗除霜、前后方视野、可溃缩制动踏板及转向柱、内饰做工,如图 5.13 所示。

图 5.13 驾驶室

6. 发动机舱

发动机舱介绍包括对车辆引擎、悬挂、连动系统、转向系统、发动机——功率和扭矩、平稳性和声音、发动机舱的布置、可溃缩吸能区、百公里油耗、发动机碰撞下沉、ABS＋EBD/ASR/ESP、环保废气排放标准,保修条款的讲解,如图 5.14 所示。

图 5.14 发动机舱

经过调研,一个汽车消费者要在车行大约花费 90 min,销售顾问平均用 40 min 来做汽车展示。所以,这样的一个由 6 个标准步骤组成的展示应该使用 40 min 的时间,其中每个步骤大约花费 7 min(有的步骤时间可以用得短些,有的则要长一些,如驾驶座侧就比较耗费时间)。

对于汽车展示的要求是,熟悉在各个不同位置应该阐述的对应的汽车特征带给顾客的利益,即展示汽车独到的设计和领先的技术,并通过展示来印证这些特性满足顾客利益的方法和途径。

在各个环节的展示中要求销售人员在各个不同的位置应该阐述对应的汽车特征带给顾客的利益,要展示出该款车型的独到之处和领先之处,并通过展示来印证这些特性满足顾客利益的方法与途径,从而让顾客感受一次完美的驾车体验。

二、FAB 介绍法的操作方法

FAB 法就是怎样将一个产品分别从 3 个层次加以分析、记录,并整理成产品销售的诉求点,向客户进行说服,促进成交。但需要注意的是,客户本身所关心的利益点是什么? 然后投其所好,使销售诉求的利益与客户所需要的利益相吻合,这样才能发挥效果,切不可生搬硬套,机械照搬。

下面是在实际销售过程中 FAB 介绍法的运用,车辆正后方这个方位的 FAB 介绍法:

需求点(行李箱容积、安全)　(F)迈腾尾部设计注重整体动感和开阔感。(A)全 LED 尾灯组更是取自辉腾的设计元素。LED 比普通灯泡快 0.3 秒亮起,在车速百公里紧急制动的情况时,(B)LED 尾灯能带给后方车辆多出五六米左右的刹车距离,最大限度地避免了追尾事故的发生,同时尾部采用鸭尾式的设计,有效地降低了风阻,风阻系数仅为 0.28,这样咱们这款车开起来更加省油,有效地降低了油耗,提高了它的燃油经济性。

(F)迈腾的后备箱开启方式比较新颖,您只需轻叩 VW 车标即可开启后备箱,您来感受一下。(A)您看,迈腾的后备箱是 B 级车中最大的,容积达到了 565 L,并且支杆采用了隐藏式设计,关闭后备箱时支杆不会和车内物品产生冲突。地板平整,后排座椅还可进行 4∶6 折叠,(B)×先生,×太太,您二位周末喜欢出去郊游吗? 当您郊游时,您可以放置一些例如:鱼竿、折叠自行车、帐篷等较长甚至较宽的物体,并且在后备箱两侧各有一个小储物盒,可以放一些零碎的物品,完全满足了您的使用需求。

实训练习

请学生灵活运用六方位绕车介绍法,并且能够在六方位绕车介绍法中灵活运用 FAB 车辆介绍法,车型自定。

项目 5.4　试乘试驾

项目目的

1. 掌握试乘试驾流程。
2. 熟练掌握试乘试驾话术。

项目内容

1. 试乘试驾流程。
2. 试乘试驾话术。

相关知识点析

试乘试驾是一种汽车产品的重要展示手段,通过试乘试驾可以使该款车型更全面地得到展示。

一、试乘试驾目标

试乘试驾的目标包含两个方面:

（1）对人。通过试驾中和客户的一系列接触，创造机会，取得顾客对自身服务态度和能力的认可。

（2）对车。促使顾客产生拥有的感觉，提高顾客对产品的高度认可，增强顾客对品牌的信任。

二、试乘试驾准备

试乘试驾的准备包括试车路线的规划、试驾车辆的准备和驾驶人员的准备等内容（见表5-8）。

表 5-8 试乘试驾的准备

必备资料	车辆行驶证、保险单、试车预约记录单、意见调查表
路线准备	提供专门试乘试驾车辆 保证车况良好加油 车辆整洁清新、无异味；车内不放其他物品；靠椅带座套；车内有脚垫 车辆调整到规定位置和状态 准备CD、纸巾、水等
顾客准备	确定时间、提醒带驾照、穿运动鞋等 询问有何特殊要求，是否要带家人同来 证实驾驶者的驾驶技能
陪驾人员	

三、试乘试驾流程

试乘试驾流程有试驾前→试驾中→试驾后。具体如下：

1. 试乘试驾前的工作

在试乘试驾的各项准备工作就绪后，销售人员就将进入试乘试驾的阶段了。但是，在顾客真正开始驾驶车辆前，还必须重视一些具体事项。

销售人员应在展厅或停车场显眼的位置上，设置"欢迎试乘试驾"的指示牌，以此吸引顾客试乘试驾。销售人员在介绍车辆的特色和卖点之后，可以主动邀请顾客试乘试驾，也可以利用节、假日的时间，专场组织试乘试驾会，集中组织试乘试驾车辆，并举办一些车辆的宣传活动，通过营造营销环境，可以起到更明显的效果。

试乘试驾前，检查顾客的驾驶证并复印存档。如果是没有驾照或缺乏驾驶经验的顾客参加活动，只能安排他们试乘，由销售人员驾驶而让顾客坐在车内进行感受。

要求参加试乘试驾的顾客应填写《试乘试驾登记表》，销售人员根据车辆和人员的多少依次进行安排。《试乘试驾登记表》实际上是一份明确界定双方的权利和义务，以规避不应承担的经济、法律责任的协议书，《试乘试驾登记表》的具体内容由汽车4S店自行设计。

对于具有驾驶执照并有驾驶经验的顾客，也应向顾客说明试乘试驾的流程，即顾客先试乘，然后再试驾。向顾客说明试乘试驾的路线，告知沿途的道路状况和交通管理情况，请顾客严格遵守。每台试乘试驾车上应有"欢迎参加试乘试驾"文件（含路线图、注意事项、登记表、同意书等），便于顾客确认。

在试乘试驾活动中必须遵循"顾客第一"、"安全第一"的原则。

2. 顾客试乘阶段

汽车销售人员在驾车前，要让客户意识到该车符合他的购买要求。起动车辆后，销售人员根据各车型的特点对车辆进行静态评价说明，同时概述试乘试驾行车路线和进行必要的车辆操作说明。说明转向灯、雨刮器和仪表盘使用方法；说明座椅、方向盘等调整方法；说明自动变速箱、排档锁等使用方法。顾客试乘中，提示顾客熟悉路况，为接下来的顺利试驾做好准备。销售人员在驾驶的过程中要向顾客讲解此次试驾的主要内容，让顾客了解在什么地方试加速性能、什么地方试刹车性能、什么地方试转向、什么地方体验悬架系统、什么地方感受静谧性等。这样在接下来的顾客自己试驾的过程中，顾客就知道应该试什么内容，在什么时候试。这样一方面提高了试驾的效果，另一方面也提高了试驾的安全性。

汽车销售人员在驾驶的过程中，要注意提醒顾客，体验乘坐的舒适性，并通过自己边驾驶边介绍，让顾客对车辆有进一步的了解。要依据车辆行驶的状态进行车辆说明，全面展示车辆的动态特性，让顾客有更加切身的感受。要尽量将驾驶过程中能涉及的部件功能及使用讲解清楚，不要以为自己懂了，每一位顾客就都懂，宁可先详细地讲，也不要草草说几句就上路。

3. 顾客试驾阶段

试驾的过程对于顾客来说是一个比较紧张和兴奋的阶段。这个阶段，如果准备得充分，就可能帮助顾客下定购买的决心。让顾客通过亲身的体验和感受，加上销售人员周全的策划与热情诚恳的服务，必将起到意想不到的积极作用。

换由顾客试驾时，汽车销售人员将试驾车辆停靠在预定停车地点（路线规划时选择和确定的地点），并确认当时的路况等外界环境均比较安全，销售人员与顾客交换位置，由顾客驾驶。

换位后，先提醒顾客安全驾驶的有关事项，并协助顾客调整座椅、后视镜、方向盘、空调的温度，以及音响的选曲和音量等，销售员还要确认顾客乘坐的舒适性后并协助其系好安全带。

在客户驾驶过程中，应有意识地将客户参与和客户的体验融入试乘试驾的活动中去。体验内容主要包括：关车门的声音，应是实实在在的声音，并非空荡荡的感觉；发动机的动力、噪声，请客户感觉起动发动机时的声音与发动机在息速时车厢内的宁静；车辆的操控性，各仪表、方向盘、自动恒温空调系统等各功能开关操控简便，触手可及；音响环绕系统保真良好；驾乘的舒适性，即使车辆行驶在不平坦的路段上，由于车辆扎实的底盘、优异的悬挂系统与良好的隔音效果等特性同样让驾驶者和乘坐者舒适无比；直线加速，检验换档抖动的感觉；车辆的爬坡性能，检验发动机强大扭力在爬坡时的优异表现；体验车辆的制动系统（ABS＋EBD＋EBA）以及安全系统（各座位的安全带及侧门防撞杆）等的特点。

在顾客驾驶的过程中，汽车销售人员坐在副驾驶位置上，帮助顾客观察道路交通状况，确保行车安全。同时观察顾客的操纵熟练程度和驾驶方式,发现更多的顾客需求,并耐心解答顾客提出的如变速杆操纵、踏板的弹性、制动的效果等方面的问题。在解答顾客提出的问题时,要边说明、边高度注意并保持驾驶的稳定性。当顾客在驾驶过程中有不规范的动作或违反《道路交通安全法》的危险动作时,销售人员要及时、果断地请顾客在安全地点停车,并向顾客解释安全的重要性,获得顾客的谅解,并要求顾客由试驾改为试乘,由销售人员驾车返回经销店。

4. 试乘试驾结束后的工作

顾客试车完毕后,引导顾客回到展厅的顾客休息区休息一下。适时地为顾客倒上一杯茶水、咖啡等饮料,舒缓一下顾客驾车时的紧张情绪,回味一下试乘试驾时的美好感受。对于驾驶技术熟练、试乘试驾非常顺利的顾客,通过称赞顾客的驾驶技术,表示出"试驾车非常适合您"的意思,促进顾客对试驾车型的兴趣。

请顾客帮助填写《试乘试驾意见表》,也可以建议由顾客口述意见,由销售人员执笔填写,然后由顾客签字确认。填写的目的在于,趁顾客刚试驾完车辆还处于兴奋状态时,取得顾客对车辆的认同,销售人员用此表诱导顾客给予车辆较高的评价,从而建立信任感,促成交易。

请顾客填写完《试乘试驾意见表》后,销售人员可以适时地赠送一些纪念品,在给顾客一个意外惊喜的同时,也给顾客留下一个深刻的印象,让顾客认同所提供的服务,这样成交的机率也在无形中增加了。在试驾完毕的所有接触过程中,销售人员应主动征求顾客对车辆的感受,并对顾客关心或顾虑的问题给予重点说明。

四、试乘试驾后问题的处理

试乘试驾结束后,顾客一般会有两种反应:一是对试乘试驾车型的各项性能感到满意,增强了购买欲望;二是对试乘试驾车型还存在一些不太满意的地方。

对于第一种情况,汽车销售人员应该趁热打铁,对客户特别感兴趣的地方再次有重点地强调说明,并结合试乘试驾中的体验加以确认。根据顾客所表现出来的成交意愿,着重强调顾客比较在意的特性和优点,进一步打动顾客,促成交易。对暂时不能成交的客户,要留下相关的信息并及时与客户保持联系。

对于第二种情况,说明顾客还有一些疑问没有得到解决,汽车销售人员应主动询问顾客对试乘试驾车辆不满意具体表现在哪些问题上,根据顾客所提供的信息进行详细地解答。如果是顾客对汽车的主要性能不满意,解决的办法就不是强调本车型的技术特点能解决的了,可以考虑向顾客介绍其他的车型。

建立规范的"试乘试驾流程"是非常必要的,现在已经成为各个汽车销售企业的基本销售业务。认真地执行好该流程,则是"试乘试驾"活动的有效保证。它不但是汽车销售企业(汽车4S店)整体素质的体现,也是顾客在选车、购车过程的需要。

操作步骤

1. 试乘试驾流程

试乘试驾流程如图 5.15 所示。

车辆介绍程序/邀请客户

试乘试驾前

1. 请客户填写《试乘试驾登记表》

2. 询问客户是否有驾照 —— 是 —— 3. 检验、复印客户驾驶证

4. 请客户签署《试乘试驾登记表》

否

5. 车辆是否准备好 —— 否 —— 6. 马上准备车辆

是

7. 带客户到试乘试驾车旁

试乘试驾中

8. 邀请客户上车

9. 检查所有乘客是否系好安全带

10. 销售顾问将车辆开至出发点

11. 销售顾问根据客户选择的线路示范驾驶

12. 客户试乘后是否试驾

是

否

13. 在出发区请客户坐到驾驶座椅上

14. 请客户调整座椅、后视镜

15. 检查所有乘客是否系好安全带

16. 引导客户按照线路进行试驾

17. 将车辆开回展厅

试乘试驾后

18. 请客户填写《试乘试驾反馈意见表》

19. 伺机进入促进成交环节

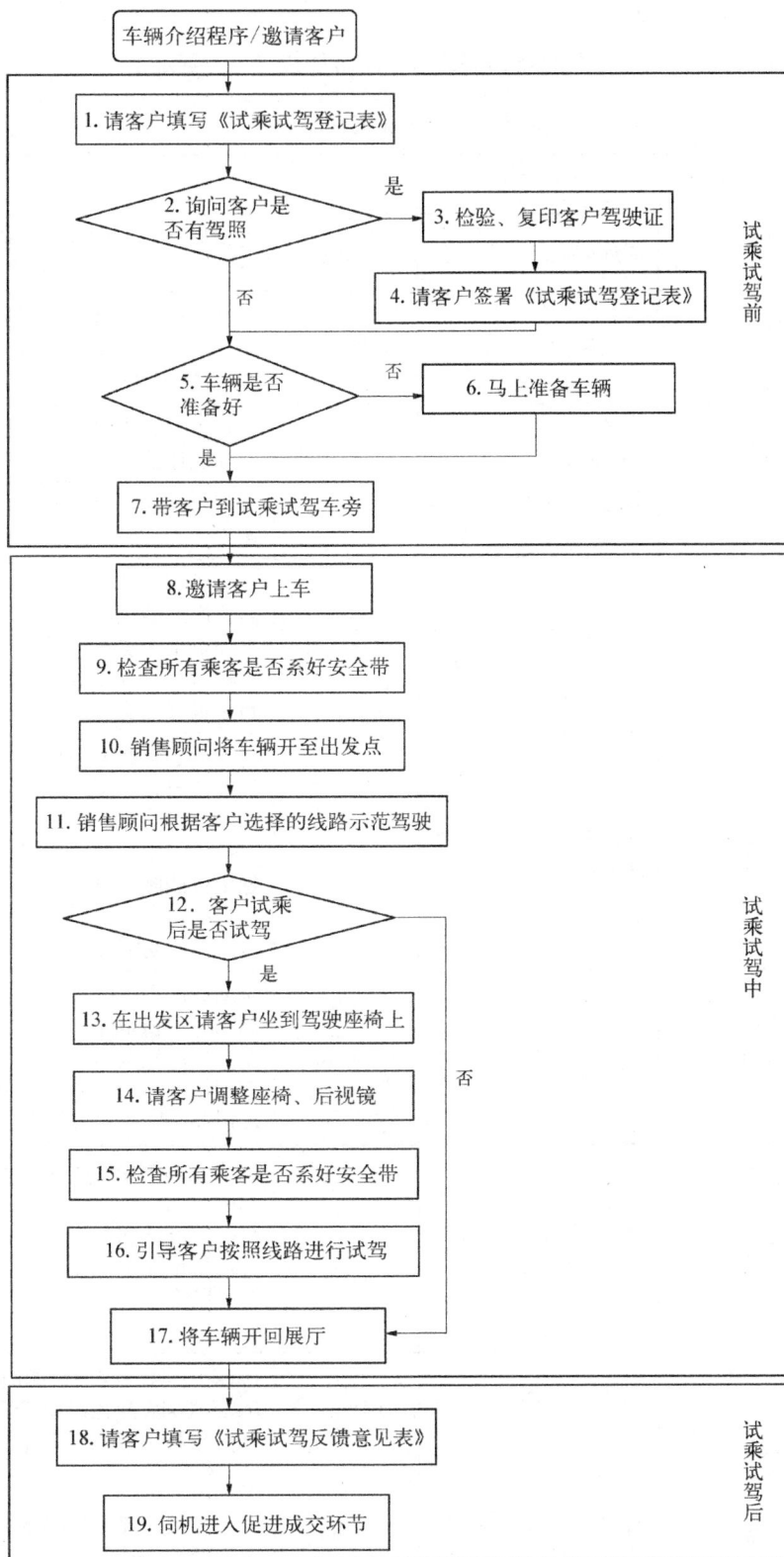

图 5.15 试乘试驾流程

笔 记

2. 试乘试驾体验项目

试乘试驾体验项目(以一汽大众迈腾车型为例)如表5-9所示。

表5-9 试乘试驾体验项目

编号	项目名称	线路类型	线路长度	体 验 内 容
S-1	试驾前车外静态展示	展厅院内	原地	无钥匙进入功能给顾客带来的高档感觉
S-1.1	试驾前车内静态展示	展厅院内	原地	外后视镜自动展开、一键式启动、多功能行车电脑及10向电动座椅调节使用方便性、豪华感
S-2	原地起步加速	直线快速道路(0~60 km/h)	100 m	全新迈腾起步加速的动力性、异常舒适的加速体验
S-3	城市工况超车	直线快速道路(40~80 km/h)	100 m	全新迈腾超车加速性能和加速响应速度
S-4	高速行驶	直线快速道路(限速80 km/h)	3 000 m	ACC自适应巡航(3.0 L) 高速巡航的稳定性 发动机工作状态 车辆密封隔音性能 超速报警功能
S-5	连续转弯	连续弯道(视路况限速30~50 km/h)	50 m	优化PQ46柔性后轴 铝副车架 EPS ESP 悬架抗侧倾能力 座椅的包裹性能 转向照明功能(条件允许)
S-6	紧急制动	直线道路(60~0 km/h)	500 m	制动效能 制动方向稳定性 车辆制动抗点头能力 EPB Auto hold
S-7	坏路通过	凹凸不平路(限速10 km/h)	25 m	优化PQ46柔性后轴 铝副车架 悬架的舒适性 方向稳定性 车身刚度 底盘装甲
S-8	倒车入库	展厅院内(限速10 km/h)	10 m	Park Assist+探头智能泊车辅助系统 Rear Assist后视影像系统 OPS模拟可视泊车系统
S-9	车载设备	直线道路(限速60 km/h)	5 000 m	驾驶视野 双区空调系统/前排座椅电加热功能 音响/导航系统 内饰做工

（续表）

编号	项目名称	线路类型	线路长度	体　验　内　容
S-9.1	车载设备	后排静态展示	原地	后排座椅电加热功能 后排可调节空调 可遥控后座娱乐系统(3.0 L) 后排隐私玻璃 后遮阳帘

3. 试乘试驾话术

1）试乘试驾前准备话术

销售顾问：×先生/女士，下午好，欢迎您再次光临一汽大众成功店！上次了解到您想体验一下迈腾的全方面的性能，是吗？（上次了解到您想体验一下迈腾的操控性、动力性是吗？）

客户：是的。

销售顾问：好的。您里面请，我来为您办理试乘试驾手续。

×先生，还像上次一样来杯果汁？

客户：好的。

销售顾问：您稍等，这是您的果汁，请慢用（放在顾客右手边）为了我们更方便的交流，请允许我坐在旁边好吗？（坐在顾客的右手边）

在试驾之前我需要先审验您的驾照。×先生请把您的驾照给我看一下。

×先生/女士，我们的迈腾符合您驾照的准驾车型，并且您的驾龄符合我们的试驾标准，因为我们的试驾要求驾龄必须满一年。看您的驾龄，就知道您一定是一位经验丰富的老司机了。×先生/女士，根据我们公司的规定，在试乘试驾的过程中我们需要暂时保管您的驾照，请您理解。

客户：好的。

销售顾问：非常感谢您的配合。×先生/女士，我能复印一下您的驾照吗？

客户：好的。

销售顾问：同时呢，×先生/女士，这儿有两份文件需要您填一下，一份是《试乘试驾登记表》，请将姓名、电话号码等信息填写一下，另一份是《试乘试驾客户保证书》，请您先看一下这上面的相关内容。如果没有问题，请您在右下角签名。

您稍等，我去复印驾照。

客户：好的。

销售顾问：×先生/女士，单子填好了吗？请给我。（收起两份文件）。×先生，根据您对车辆的性能需求我们已经为您设计了一条适合您的试驾路线，其中包含了多种常见路况，您可以充分感受一汽大众迈腾带给您的驾驶乐趣。时间大概在 5 分钟左右，您觉得怎么样呢？

客户：好的。

销售顾问：在驾驶过程中，为了保证您的安全，请您务必遵守交通规则，并听从试乘试驾专员的引导。×先生/女士，您这边请，我们的试乘试驾车辆已准备就绪，试乘试驾专员已经在外等候您了。

×先生/女士,那位就是我们的试乘试驾专员,张旭,今天由他来为您服务。

小张,×先生/女士今天想全方位体验一下迈腾,重点是迈腾的操控性和舒适性,你带×先生着重体验一下。×先生/女士,祝您驾乘愉快!

2)试驾话术

试驾专员:×先生/女士,下午好,我是本次的试乘试驾专员,我叫××,您叫我小××就行,这是我的名片,很高兴能与您一起体验迈腾。

试驾专员:×先生/女士,车辆已准备就绪,您这边请,一看您就是懂车的人,今天在您面前班门弄斧,有什么不对的还请多担待。(从展厅到车前,如果路程较长,陪客户走的路上也要说一下迈腾的优点,性能突出,性价比高,符合对方需求,今天天气炎热,待会儿你试驾过程中可以体验一下迈腾的空调系统,迈腾配备的是双区自动恒温空调,共有28个空调出风口,将车内分为左右两个区域,前排驾乘人员可根据自己的需要独立调整,在这样炎热的夏天前排乘坐的是老人也不用担心,独立控制的温度和风量,从此众口不再难调!)

试驾专员:×先生/女士,这就是今天您要试驾的迈腾2.0T豪华型,请您上车。

(1)车内静态展示:

×先生/女士,您好,座椅的高低,前后位置您感觉如何呢?……迈腾的驾驶席座椅可进行电动12项调节,您可以通过座椅左侧下部的按钮进行调节,方便您寻找合适您的驾驶位置;座椅采用Vienna国外进口小牛皮,手感舒适,并且双硬度座椅的设计,在坐垫和靠背中间较软,两翼较硬,乘坐舒服,包裹性也好。请您系好安全带,安全带具有高度调节功能,方便不同身材的人员驾驶。

×先生/女士,您觉得内外后视镜视野是否充足?……如果您觉得外后视镜视野不充足时,您可以通过操纵左侧车门上的外后视镜调节按钮,对外后视镜进行左右内外四项调节,便可找到合适自己位置的驾驶视野。您现在后视野感觉如何?……

×先生/女士,真皮包裹的方向盘手感舒适,并带有12键多功能操作。这边是音响控制,这边可以对行车电脑进行调节。您看,这是迈腾的智能钥匙,启动时分为三级,第一级解锁方向盘,第二级接通蓄电池,第三级才是发动机的起动。请您踩下制动踏板来体验一下。您现在觉得车内温度是否舒适呢,我来为您开启空调。我建议将温度调整到23摄氏度左右,因为这个温度值是人体感觉最舒适的,风量的大小是否舒适呢?您平常行车途中喜欢听音乐吗,我来为您开启音响,我们来体验迈腾的音响效果给您带来的听觉感受,音量大小是否合适呢。(迈腾还配备有一键启动功能,您只需随身携带钥匙,踩下刹车,变速器档杆置于P档位,轻按启动按键,车辆即可起动,您来体验一下)

(2)原地起步加速:

×先生/女士,目前前方路况良好,我们可以来体验迈腾的原地起步加速能力。×先生/女士,建议您第一脚踩下油门时,将发动机转速保持在2 500~3 000转每分钟之间,松开油门,再次深踩油门,加速到50 km/h,您能明显地感受到迈腾原地起步加速时给您带来的推背感。请您踩下制动踏板,按下变速器档杆的锁止按钮,置于D档位,您来体验一下。迈腾采用了TSI+DSG的黄金动力组合,TSI涡轮增压缸内直喷发动机动力澎湃,燃油经济性也好;而DSG双离合手自一体变速器换档平顺,在刚才的加速中,几乎感觉不到换档的顿挫感,TSI+DSG 的黄金动力组合满足了您对动力和节油的双重需求。

（3）城市工况超车：

×先生/女士,现在前方视野和路况良好,我们来体验迈腾中段加速能力,迈腾 60～100 km/h 加速时间只有 4.5 秒,也就是喘口气的时间,出于安全考虑,我建议您从 40 km/h 加速到 80 km/h,您来体验一下。迈腾的中段加速性能非常好,并且提速减速特别灵活,使您行车途中超车、并线变得游刃有余。

（4）高速行驶：

×先生/女士,前面的路况比较好,我们把车速加到 80 km/h 左右,体验一下迈腾高速稳定性和静音效果,我建议将音响关闭,这样可以更好地体验迈腾的隔音水平。

×先生/女士,迈腾高速表现得非常稳定,没有发飘的感觉,这得益于迈腾的流线外观设计,以及运动与舒适完美统一的悬架系统……

（5）紧急制动：

×先生/女士,前面这段道路非常平直,而且没有其他车辆、行人和障碍物,您体验一下迈腾的紧急制动性能。

请您现在将 AUTO HOLD 打开。全力踩下制动踏板,直至车辆停稳。您来体验一下吧。×先生/女士,迈腾装备有 ESP 及 EPS,您注意到没有,在紧急制动的时候车辆行驶的方向仍然非常稳定。刚才您高速行驶的时候,您一定注意到车内非常安静吧,迈腾采用 10 项先进的隔音技术,隔音性能非常出色……当您在高速行驶时,您可以设定最高时速,当您行驶超速时报警声便会响起,提醒您减速行驶。所以说开迈腾完全不必担心超速了。

迈腾的底盘悬架非常扎实,标配有刹车盘除水和胎压监测功能,制动过程中,基本不点头,我们的身体也没有离开座椅,座椅的抗滑性和包裹性非常出色,即使在雨雪天,制动距离也非常短,非常安全。

迈腾全系标配 EPB+AUTO HOLD,即使百公里时速按住 EPB 也能轻松将车刹住,而 AUTO HOLD 无论上坡下坡,车停稳后无需一直踩刹车,也能稳稳停住,如继续行驶踩油门即可。

（6）连续转弯：

前面有一段连续的弯道,我们来体验一下迈腾的弯道表现。

×先生/女士,建议您车速保持 30～50 km/h 进入弯道,随着弯道打动方向盘。您来感受一下。

×先生/女士,您有没有觉得开迈腾过弯其实是一种很享受的驾驶乐趣,迈腾在进弯、过弯和出弯的时候都非常准确和干净利索,不仅没有丝毫侧滑的感觉,并且方向非常精准! 这正是 EPS 和 ESP 共同作用的结果,其他同级车是没办法做到这一点的。

迈腾的四轮独立悬架有着非常好的操控稳定性,优化 PQ46 柔性后轴+铝副车架保证了您优异的驾乘感受。刚才过弯时,车辆侧倾被控制在了最小的范围内,座椅侧面包裹效果也非常好,我们并不感觉有多大晃动。

（7）坏路通过：

×先生/女士,前面的路况不是很好,我们可以来体验一下迈腾通过坏路时的乘坐舒适性。在通过时,您可以感受一下迈腾在颠簸路面的优秀表现。

×先生/女士,迈腾的悬架采用久负盛名的四轮独立悬架系统,全部升级为柔性后轴和铝副车架,并进行了精心调校,能很好地兼顾高速剧烈行驶的操控稳定性和通过这种坏路的舒适性,方向盘几乎不抖动,方向非常稳定。

迈腾的车身刚性也非常好,刚才通过那段坏路时,您是否注意到,迈腾不会像有些车那样发出吱吱嘎嘎的异响。

迈腾底盘外使用了 PVC 材料和护板形成的底盘装甲,内部使用了高品质减震材料,您看,刚才路面有很多碎石,根本没有听到像其他车出现的碎石敲打底盘的声音。

(8) 倒车入库:

×先生/女士,我们现在把车开回起点,在那里您可以体验迈腾倒车时的便利性。

×先生/女士,车速在 40 千米以下,横向距离在 0.5~1.5 米以内只要按一下 PLA 键车辆就会自动寻找车位,当行车电脑显示有合适车位时,只要挂倒档,踩油门就会在 15 秒内将车轻松停好,同时,倒车影像在挂倒档时自动开启,您可以根据喜好和实际情况选择驻车模式 1,2 或模拟倒车,非常方便,也非常高档。

如果您需要直接向后倒车,也可以根据喜好和实际情况选择驻车模式 1,2 或模拟倒车的任何一种,如果倒车后还需要将车向前移动一下,显示屏将自动切换到前模拟驻车显示状态,非常方便。您可以试一下。

3) 试驾结束话术

×先生/女士,迈腾的试驾到此结束,请您将车停稳,将变速器档杆置于 P 档位,您感觉累了吧。我们可以到展厅休息一下。您稍等,我来为您开车门。

进入展厅:×先生/女士,这边请!请问您喝点什么?请您就今天的试驾来为我们的服务做个评价。这是我们的《试乘试驾反馈问卷》。非常感谢您的配合。刚才通过我们试驾专员的介绍和您的试驾,您觉得我们的车怎么样?

销售顾问:×先生/女士,您好,刚刚您的试驾感觉如何,还是不错的吧?您一路辛苦了,请您到休息室休息一下。

客户:好的。

销售顾问:×先生/女士,您请坐,(引导顾客坐下),需不需要再给您续杯果汁?

客户:好的。

销售顾问:这是您的果汁,请慢用。为了我们更方便的交流,请允许我坐在旁边好吗?(坐在顾客的右手边)

这是您的驾照请收好。麻烦您帮我填写一下试乘试驾体验单。

×先生/女士,咱们的迈腾确实是非常符合您的需求,并且看得出来,您也对这款迈腾 2.0T 豪华版也是非常满意。×先生/女士,上次了解到您比较中意迈腾摩卡棕这个颜色,目前我们店里现车充足,刚好店里这两天有个促销活动,参加试乘试驾的顾客如果当场订车的话,可获得公司赠送的价值千元的大礼包,这个活动的优惠力度是比较大的,您可以考虑一下。

客户:再考虑一下。

销售顾问:好的,没关系。买车确实是得多考虑考虑。×先生/女士,我再给您一张我的名片(×先生/女士,我的电话您留的有吧?)如果您有什么需要,可以随时联系我。×先生/女士,我们店里给每一位试乘试驾的顾客都准备了一份精美的小礼品,如果试乘试驾体验单填写完毕了,麻烦您随我去前台领取一下。您这边请。×先生/女士,这是您的礼品。非常期待您能成为我们一汽大众的用户,欢迎您下次光临。×先生/女士,您慢走,再见!

实训练习

设计情景,按照试乘试驾流程进行演练,车型自定。

项目 5.5　顾客异议处理

项目目的

(1) 正确面对顾客的异议。
(2) 掌握处理顾客异议的方法。

项目内容

(1) 顾客异议产生的原因。
(2) 顾客异议的处理方法与技巧。

相关知识点析

通常在每一次的销售过程中,都会遇到这样或那样的问题,引起客户的疑问,这些都属于顾客的异议,销售人员要妥善处理各种可能发生的异议,与客户进行协商,才能达成最后的销售目标。

1. 顾客异议

顾客异议又叫汽车销售障碍,是指顾客针对汽车销售人员及其在销售中的各种活动所做出的一种反应,是顾客对汽车产品、销售人员、销售方式和交易条件发出的怀疑、抱怨,提出的否定或反对意见。在实际销售过程中,这样的异议屡见不鲜。进行科学的分析、研究,找出顾客产生异议的原因是成功的基石。如果对顾客异议不理解或不明原因,盲目地回答顾客的异议,最终会使顾客因不信任、不满意而流失。

多数新加入销售行列的汽车销售人员们,对异议都抱着负面的看法,对太多的异议感到挫折与恐惧,但是对一位有经验的汽车销售人员而言,他却能从另外一个角度来体会异议,揭露出另一层含意。

(1) 从客户提出的异议,让您能判断客户是否有需要。
(2) 从客户提出的异议,让您能了解客户对您的建议书接受的程度。
(3) 从客户提出的异议,让您能迅速修正您的汽车销售战术。
(4) 从客户提出的异议,让您能获得更多的讯息。

"异议"的这层意义,是"汽车销售是从客户的拒绝开始"的最好印证。

2. 异议产生的原因

异议产生的原因可能来自顾客,也可能来自销售人员(见表5-10)。

表5-10 异议产生的原因

来自顾客的原因	来自销售人员的原因
汽车的最终售价与顾客的心理价位不符	自身的行为举止和态度是否让顾客反感,夸夸其谈,让顾客怀疑不真实
对车型配置和服务政策等不满意	过多地使用了专业术语,顾客无法理解,碍于面子又不好深究
顾客的预算不足或顾客目前暂时缺乏资金支付能力或遇到按揭付款等方面的麻烦等	说得太多,听得太少,以至于没有搞清楚顾客真实的购买需求
听到了不正确的信息	与顾客发生争论、抬杠
受到了竞争对手的恶意诱导	对顾客没有给予应有的尊重
顾客没有理解销售人员的话造成的	事实调查不正确,引用了不准确的调查资料
	故作姿态,让顾客难堪

事实上,销售人员在与顾客交流的过程中,一旦让顾客感到不愉快,轻者,顾客会马上提出许多主观上的诸如这也不好,那也不喜欢等"虚拟"的异议;重者,则会马上撤离,终止在你这里的买卖行为。因为顾客担心即使在你这里买了车以后,在以后的售后服务的问题上也会合作不愉快。

因此,如果我们的销售人员自身能够做得很好很到位,避免发生上述情况,实际上可以减少许多顾客异议的产生。

有调查显示,在提出过反对意见的顾客中有60%以上的顾客最终还是采购了销售方的产品。因此,当顾客提出一些反对意见时,他们其实往往是真正关心这个产品的群体,有比较强烈的购买意向,有不弄清楚问题誓不罢休的劲头。同时顾客也不知道自身的一些要求销售方是否能给予满足,需要证实,这时异议就产生了。而那些没有提出异议的顾客,也许他们没有明确的需求,或对销售方的产品根本就不关心,只是出于礼貌做做样子罢了。因此,销售人员要调控好自己的情绪,积极地看待顾客的异议。

实际上,顾客提出异议就表明他有需求。如果顾客沉默不语,销售人员就会头痛,因为不清楚顾客的心事,无从着手解决问题。因此,顾客提出异议是好现象,顾客的异议暗示顾客对产品已开始有兴趣,否则就不会浪费时间徒劳地与销售人员继续讨论了。

操作步骤

异议的化解处理一般采用三个步骤:先要发出理解的信号,再使用有效的方法应对,坚决避免典型错误。具体如下:

1. 发出理解的信号

面对顾客提出的异议,先要发出理解的信号:

(1)你提到的这个问题的确很重要。

（2）我以前也经常这么想。

（3）不少人也问到了这样的问题。

（4）你考虑的确实非常细致/专业。

（5）我明白你的想法了。

2. 使用有效的方法应对

应对顾客异议的方法，如表 5－11 所示。

表 5－11 有效应对顾客异议的方法

类型	应 对 方 法	举 例
反问法	针对那些你一时不知道如何回答的问题	客户：我朋友刚买了一辆车，比你报价便宜 1 万多。 我们：买车是应该多比较一下价格。请问您朋友在哪里买的，是什么型号的？带 6 碟 CD 吗？带……？
抵消法	用优点去抵消缺点	可以从两方面去强化： ● 优点远大于缺点 ● 缺点也不那么严重
"转移"法	针对那些我们的确存在的问题	"您说的原则上是对的，不过，在这方面我倒有个新的看法……" "按常规您说的对，只是还有另一个因素需要考虑……"
"实例"法	讲其他顾客、惯例或媒体相同的意见等	"前一阵子，一位顾客提出了跟你同样的看法，但是当他把车买回家后，根本没有出现开始的那些担忧，而且还推荐一些朋友来看车呢" 我们的速腾车凭借着卓越的驾驶品质、优秀的制造工艺及突出的安全性能一举获得了 2007 年"驾驶性能奖"、"制造质量奖"等两项大奖
比较法	异议属于同类（级别）车的共性	相比较同级别的凯越和 307，我们新宝来的油耗还算是省的呢
延期法	针对那些不了解或短时间纠缠不清的问题	客户：听说你说的这个问题，可能存在，这样吧，对于这样专业的问题，我回头请教一下我们的技术专家，我会主动联系并解释的。也许客户确实专业，也许客户只是问了个外行冷僻的问题——无所谓，正好将此问题的回复作为后续跟踪的理由或后续试驾的解说重点，而且体现出你的真诚和诚信

3. 坚决避免典型错误

面对异议坚决避免的三种处理方式：直接反驳，教训顾客，诋毁竞品（见表 5－12）。

表 5－12 异议处理中的典型错误

异议处理中的典型错误	举 例
直接反驳	● "不，……" ● "这是不对的" ● "这个我还从来没听说过" ● "这是您看错了" ● "我告诉您吧，什么是对的"

笔记

异议处理中的典型错误	举　　例
教训顾客	● "我不知道您从哪里得来的这个信息……" ● "您应该仔细读读资料说明书!" ● "我和您说过了,您应该知道的" ● "这是谁和您讲的?"
诋毁竞品	● "您看,×××车实在很烂" ● "在动力性上,那车可比我们差远了" ● "我觉得×××车根本是在欺骗顾客"

实训练习

设计情景,灵活运用顾客异议的处理方法。

项目 5.6　成　交

项目目的

（1）掌握成交应具备的基本条件以及成交信号的表现方式。

（2）学会促进成交的方法。

（3）学会报价方法和技巧。

（4）掌握达成交易流程。

项目内容

（1）成交应具备的基本条件以及成交信号的表现方式。

（2）促进成交方法。

（3）报价方法。

（4）报价和达成交易流程。

相关知识点析

很少有顾客会在第一次光顾展厅后就做出购买的决定。多数情况下他们通常会找借口离开,然后通过竞争对手或以其他渠道搜集更多的信息。这是因为购买汽车产品决策时间长,顾客关注程度高,同时由于现代汽车产品日趋同质化,使得顾客有了更多的选择。在顾客权衡利弊的过程中,如果销售人员不能积极地抓住成交机会,就会导致销售的最终失败。因此,如何捕捉销售机会,实现成交,成为销售过程中至关重要的环节。

一、汽车销售成交应具备的基本条件

1. 顾客对此汽车及交易条件有全面的了解

在汽车销售实践中可能发现,顾客比较熟悉汽车销售员销售的汽车商品,会表现出购买的热情,或表现出想与汽车销售员沟通的意向,甚至接受汽车销售员的汽车销售建议。反之,他们往往会毫不客气地拒绝汽车销售员,包括汽车销售员销售的汽车产品。因此,在达成交易前,汽车销售员必须根据顾客的不同心理,多给顾客了解汽车产品的时间和机会。

2. 顾客对汽车销售员及所代表的公司有良好的信任度

顾客对汽车销售员以及公司如果没有足够的信心和信赖,那么即使汽车销售员手中的汽车商品质量再好,价格再优惠,顾客购买汽车商品的决心也会产生动摇、变化。因此,汽车销售员要取得顾客的信任,这是成交的必要条件。

3. 顾客对此汽车产品有强烈的购买欲望

人类的物质需求是有限的,但其欲望却是无限的。当顾客具有一定购买能力时,某一种欲望就有转化成需要的可能或条件。汽车销售就是通过有技巧的说服工作,设法影响顾客将欲望转化在需要上,而该汽车产品正是可以满足这种特定需要的商品。因此,汽车销售员的工作重心应始终放在做好汽车销售说服工作上,这样才能影响和带动顾客的购买欲望和购买能力的产生。

4. 有适当的促使顾客做出购买决策的动机出现

作为汽车销售人员,要等待合适的成交时机,但必要时也要想办法制造合适的时机,促使顾客做出购买决策。"事在人为",只要通过努力,任何事物的发展和变化都是有可能改变的。如与顾客的谈话达到高潮的时机、重大的节假日销售时机等,都是汽车销售员可能创造或利用的机会。

5. 最后阶段的洽谈工作具有较充分的准备

在洽谈的最后阶段,如何处理顾客提出来的意见,如何使顾客自始至终对汽车销售人员的汽车销售工作及所销售的汽车商品保持浓厚的兴趣,如何引导顾客积极参与汽车销售员的销售工作,这些都应该在汽车销售行动方案中有明确和细致的安排。

二、汽车销售成交的时机

在向顾客做完价格说明后,成交也就成为销售的最终目的了。在这个阶段,汽车销售人员不仅要继续接近和说服顾客,而且要帮助顾客做出最后决定,促成交易并完成一定的成交手续。如何实现成交目标,取决于汽车销售人员是否真正掌握并灵活运用成交的基本策略、时机和成交技术。一个积累了丰富的经验、掌握了有效的策略、时机和方法的汽车销售人员,知道应该在什么时候、用什么方法结束各个不同的汽车销售过程,他们能够本能地把握成交的机会。下面介绍几种:

(1) 确认客户已经完全理解在本阶段里双方所提方案中的所有内容,回答客户所有的担心和疑虑,让客户有充分的时间自己来思考和核准方案的可行性。

(2) 成交时机是客户购买欲望达到最高的时候,通过把握住客户的性格、想法、要求、条件等,从气氛、动作、表情的变化中抓住成交时机,不要放过客户任何不经意流露出来的本意,积极地促进成交。

(3) 如果不在时机成熟时寻求成交,则机会稍纵即逝,会变成没有机会或是再需要更辛苦的努力重新制造机会,也会造成客户的疑虑和不满。

(4) 寻求成交的时机要根据客户的个性、当时情况、洽谈气氛等而定,要稳稳地把握住时机,即使第一次无法成功,还要创造下一次的机会。

(5) 当客户心情非常欢乐、轻松时,汽车销售人员适时提出成交要求,成交的机率会很大。例如:客户开始向汽车销售人员敬烟时,对汽车销售人员突然亲热时,对汽车销售人员的谈话表示十分赞同时,汽车销售人员就要抓住这样好的时机。因为此时,客户的心情很好,非常放松,多数人是会听从你的建议立即购买此汽车产品。

(6) 当汽车销售人员进行完商品的说明、介绍和回答了客户提出的疑问之后,就要抓住时机,技巧性地向客户询问所需汽车的型号、数量或者颜色等,也可以询问客户采用什么方式付款,上午提车还是下午提车,现在就给他安排做"PDI"新车交车前的检查等。这时提出的诱导性建议是成交的一种最好的办法。

(7) 当客户提出反对意见时,汽车销售人员就要向客户作正确的解释,解释完之后,再征求客户的意见,询问客户是否完全了解产品的说明,是否需要补充,当客户认可汽车销售人员的说明时,汽车销售人员就要抓住这一有利时机,进一步询问客户选择何种产品,是手动档的还是自动档的,或是必须有特定喜好的配置。当汽车销售人员对客户的反对意见作出说明和解释被认可后,便可以直接向客户要求成交。

对于优秀的汽车销售人员而言,若想成功地完成汽车销售,关键是全面地了解目标客户的态度以及他对产品成交试探所作出的反应。这就要求汽车销售人员选择使用最恰当的成交技巧,而不是简单直接地询问目标客户是否愿意购买。同时,汽车销售人员若能在第一时间捕捉到客户的购买信号,并以恰当的方式提出成交建议,是最好不过的了,也是在本阶段必须要运用的非常重要的汽车销售技能。

三、成交的信号

消费者的成交信号有可能发生在销售的任何一个阶段。成交信号是指顾客在销售洽谈过程中,通过语言、行为、情感表露出来的购买意图信息,有些是有意表示的,有些是无意流露的,后者更需销售人员及时发现。善于感知他人态度变化的销售人员,能及时根据这些变化和信号,来判断"火候"和"时机"。一般情况下,顾客的购买兴趣是"逐渐高涨"的,且在购买时机成熟时,顾客心理活动趋向明朗化,并通过各种方式表露出来,也就是向营销人员发出各种成交的信号。顾客成交信号,可分为语言信号、行为信号和表情信号3种。

1. 语言信号

当顾客有购买意向时,从他的语言可以得到判定。语言信号的种类很多,顾客常常会通过一些话外话、反话、疑问话来表达他想购买产品的意思。有表示赞叹的,有表示惊奇的,有表示询问的,也有以反对意见形式表示的。应当注意的是,反对意见比较复杂,在反对意见中,有些是成交信号,必须具体情况具体分析。以下可能就是成交信号:

(1) 顾客问及使用方法及售后服务。

(2) 顾客询问货款支付方式。

（3）顾客询问提车时间及应办的手续。

（4）请教你买车后的相关事宜。

（5）保养车、使用注意事项。

（6）询问车内装饰、上牌照需要的时间。

（7）要求看新车（而不是展车）。

（8）要求找经理谈谈。

2．行为信号

细致观察顾客行为，并根据其变化的趋势，采用相应的策略、技巧，加以诱导等，在成交阶段十分重要。通常行为信号表现为：

（1）再次坐在驾驶座位，握住方向盘，设想驾驶的感觉。

（2）再次观看车辆、查看车的一些细节部位。

（3）向后仰，靠在椅背上舒展身体。

（4）关注新车的里程。

（5）表现焦虑不安；不断吸烟，不断开关车门。

（6）对车的细微部分比较关注。

（7）打手机。

3．表情信号

从顾客的面部表情可以辨别其购买意向。眼睛注视、嘴角微翘或点头赞许等都与顾客心理感受有关，均可以视为成交信号。当营销人员将商品的有关细节以及各种交易条件说明之后，顾客显示出认真的表情，并将你所提出的交易条件与竞争对手的条件相比较时，就可以提出成交的要求了。当顾客有以下表情时，也可以判断对方是否注意在听销售人员解说：

（1）紧锁的双眉舒展分开并上扬。

（2）眼睛转动加快，好像在想什么问题。

（3）眼睛好像要闭起来一样，或是不眨眼。

（4）嘴唇开始抿紧，好像在品味什么东西。

（5）神色活跃起来。

（6）随着说话者话题的改变而改变表情。

（7）态度更加友好。

（8）顾客的视线随着你的动作或所指的物品而移动。

（9）原先做作的微笑让位于自然的微笑。

由此可见，顾客的语言、面部表情和一举一动，都在表明他（她）在想什么。从顾客明显的行为上，完全可以判断出他是急于购买，还是抵制购买。及时发现、理解和利用顾客表露出来的成交信号并不十分困难，其中大部分能靠常识解决，既要靠耐心体验，又要靠销售人员的积极诱导。

四、报价和达成交易

报价是指价格谈判中一方或双方向对方提出自己全部要求的过程。报价是价格谈判中一个十分关键的步骤，它标志着谈判者的礼仪要求的"亮相"，他不仅给谈判对手以利益信号,而且成为能否引发对方交易欲望的前奏。

通过透明、公平和有效的报价和价格谈判,赢得顾客对于产品的性价比的充分认识,增强对品牌、产品的信赖感;通过敏感的把握成交信号和积极的成交技巧来促成交易,实现个人和公司销售业绩的提升。

操作步骤

与顾客成交,得到订单并签下合同,是一个要经过诸多努力之后才能达到的目标。因此在顾客开发过程中,掌握引导顾客成交的方法是很重要的。

一、常见的几种促进成交方法

1. 直接请求成交法

汽车销售人员在有些情况下可以直接提出成交的建议。直接请求适用于以下几种情况:

(1) 顾客的购买欲望已经非常强烈时。

(2) 和顾客是老关系。

(3) 当顾客想把话题转到其他方面去,销售人员可通过直接请求把话题转移到销售的轨道上来。

2. 假设成交法

假设成交法是假定顾客会购买产品的一种方法。顾客没有表示肯定买产品,但是通过观察顾客的成交信号判断出顾客已经对产品感兴趣了,这时候就可假设顾客想买产品,运用某种技巧和手段去诱导顾客购买产品。假设成交法的诀窍在于能够抓住顾客的心理,牢牢抓住顾客说过的话,步步紧逼顾客成交。这种方法多适应于亲切型的顾客。

汽车加油站的服务员在见了司机之后就说:"先生,您加多少油?"司机说:"加个 10 L、20 L吧。"这样服务员只能卖出 10 L、20 L 的油。营销专家认为,这句话说错了,正确的说法是:"先生,我把您的油箱加满吧?"如果顾客说可以,你就可能卖出 30 L、40 L 的油。

3. 保证成交法

当顾客对产品还有些担心和顾虑的时候,营销人员可以用保证来减轻或消除顾客的担心和顾虑,如"产品在试用期内出现质量问题我们保证免费为您提供零配件直至换车""我们保证为您的车做好售后服务"等,通过保证消除产品在对方心目中的风险,从而使顾客下决心购买产品。

4. 选择成交法

选择成交法指销售人员直接向顾客提供一些购买决策方案,并且要求顾客立即购买的一种成交方法。选择成交法具有减轻顾客成交心理压力、创造良好成交气氛、有效促成交易、留有一定成交余地的优点。

采用本方法时,可以这样询问顾客:

"您是用现金购买,还是要刷卡呢? 怎么做都可以。"

"您的车内装潢准备选用 A 套餐还是 B 套餐?"

选择法使用得当能让顾客及营销人员都皆大欢喜,但要掌握住适当的时机,要在能判断出顾客同意购买的状况下,使用起来才不着痕迹。

使用此法时,必须注意下述问题:针对顾客的购买动机和购买意向,假定顾客已经决定购买,先假设成交,后选择成交;看准成交信号,向顾客提供成交选择方案;把握成交选择主动权,积极促成交易;主动当好顾客的购买参谋,帮助顾客做出正确的成交选择。

5. 利益汇总法

利益总结成交法是把先前向顾客介绍的各项产品利益,特别是获得顾客认同的地方,一起汇总,扼要地再提醒顾客,在加重顾客对利益的感受中,同时向顾客要求签约。利益汇总法是营销人员经常使用的技巧,特别是在做完产品介绍时。

总之,在引导顾客成交时,应注意以下几点:

(1) 不可讲多余的话——言多必有失。

(2) 不可给予顾客"自己很激动"的感觉——靠专业实力自然不会激动。

(3) 不同其争辩,否定对方的观点——"占争论的便宜越多,吃销售的亏越大"。

(4) 对于交易条件没有软弱的必要——充满自信。

二、报价方法

1. 成本核算法

成本是构成价格的主体部分,也决定了产品价格的最下限。在对产品进行报价时,从分析成本入手,向顾客解释产品价格是一种普通的做法。

所谓的成本分析法指的就是汽车推销员分析了产品成本的构成之后,进一步告知顾客通过销售该产品企业获得利益的情况,即推销差价的方法。这种报价方法会使顾客认为产品价格是将本求利,合情合理。

2. 需求导向法

需求导向法是指汽车推销员在向顾客解释产品报价时,将其放在一个较大的需求背景下来介绍,让顾客认为只有马上去购买,才是最佳的做法,否则就会失去购买的机会的方法。

3. 产品比价法

也称同类比较法,指汽车销售人员在向顾客解释产品的报价时,列举其他同类产品的价格,比较其他产品与本产品的优缺点,依据同质同价、优质优价、低质低价的原则导出本产品价格的合理性。

4. 相关比价法

相关比价法是指汽车销售人员在向顾客做产品报价时,采用分析其他相关产品的比价关系的方式,说明价格的合理性。

5. 均摊价格法

也称为价格分解法,指的是推销员采用缩短时间单位或采用单一使用单位的方式,分解价格,以减轻价格压力。也就是将一次投资大而受益时间长的产品价格分解到一天、一个星期等较小的时间单位上,使其显得投资很少。譬如说"一辆汽车的价格是十万元,以使用十年计,每天才支付二十多块钱,就可以享受到汽车带给您的方便,不用再挤公交车,不用再为打不上"的士"而烦恼,多么受益啊!"

6. 优质优价法

如果推销品属于价格比较高的优质产品,推销中就要集中力量说明产品优质之所在。还可以通过展示内部结构,给顾客一个直观印象的方式来进行优质的说明。

7. 灵活价格法

灵活价格法是指推销员故意将商品的价格报得很高,在自己心里保留一个控制价位。这种方法主要是针对那些有砍价欲望的顾客。

不管选择哪种报价方法,都要遵循以下几条原则:① 报价的表达应是准确、完整而又明白,以避免产生误解或曲解。② 报价时不能流露出信心不足,更不能表现出半点歉意。③ 报出的第一个价格必须是最高的。④ 报价应合乎情理。

总之,报价方法选择是否正确,会直接影响到推销是否能继续进行下去。汽车销售人员一定要根据所推销产品的实际情况,结合顾客的个人情况,正确地选择合适的报价方法。

三、报价与达成交易流程

报价与达成交易流程如图 5.16 所示。

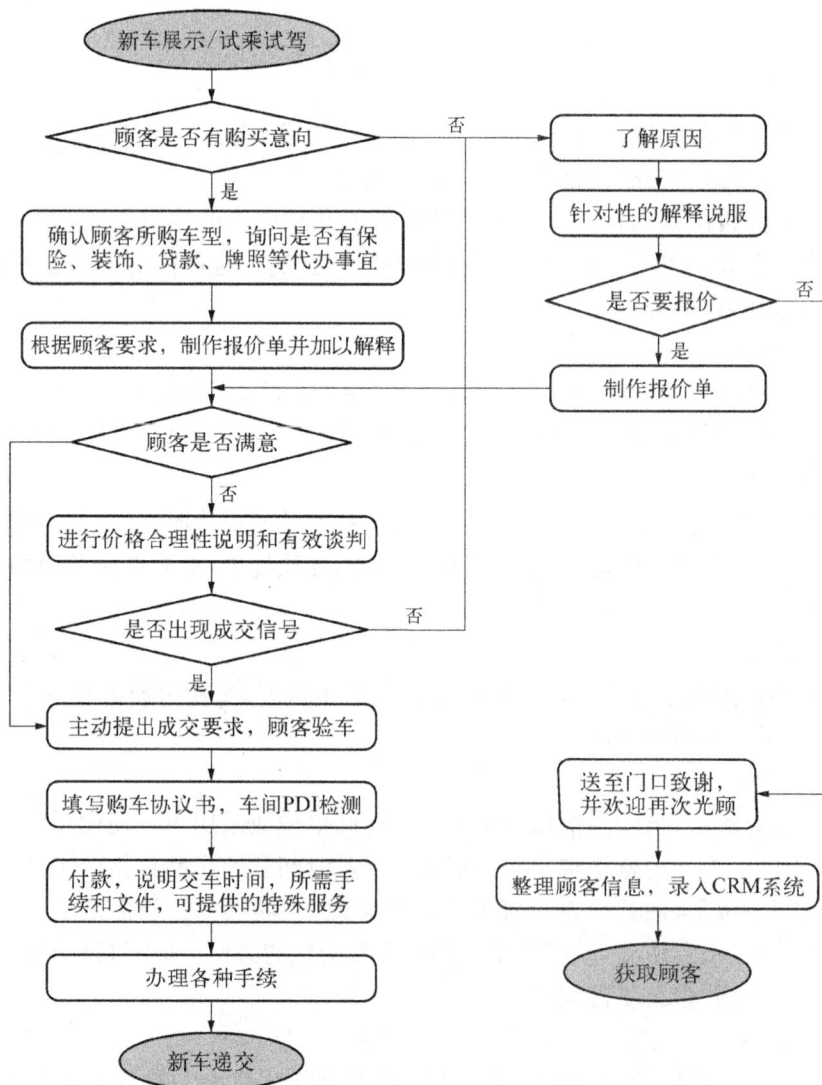

图 5.16   报价与达成交易流程

实训练习

设计情景,灵活运用促进成交方法以及练习达成交易流程。

项目 5.7　交　车

项目目的

(1)熟悉交车流程。

(2)掌握交车步骤与方法。

项目内容

(1)交车前的准备。

(2)交车流程。

相关知识点析

交车是与顾客保持良好关系的开始,也是在购车过程中洋溢着喜悦气氛的时刻。交车时顾客的心理会发生很大的改变,一方面顾客会希望自己的新车能按时、按要求交货;另一方面,顾客也会对自己新车的一些操作和维修问题特别感兴趣,因此销售人员必须留有充分的时间来帮助顾客了解这些内容。这个过程中,销售人员可以通过标准的交车流程和车辆与服务的高品质让顾客对汽车销售公司的服务体制及商品保证有高度的认同,进而提升顾客满意度。

交车过程中,顾客的心理防线会相对松弛下来,但此时销售人员的精神状态则要高度集中,销售人员应当拿出最专业的水准来帮助顾客完成整个交车仪式,并能让顾客在整个过程中都能感受到销售人员的热情和愉悦的心情,将顾客的喜悦心情带到极点。

正所谓"机会都是给予有准备的人"一个准备充分的销售人员势必能帮助顾客完成最完美的交车仪式。具体流程如表 5-13 所示。

表 5-13　交车准备流程表

步　骤	执　行　要　点	预备物品
收　款	收款后出具新车交车通知单	新车交车通知单
PDI 检查	按 PDI 检查单检查,防止漏检任何项目	PDI 检查单
联系交车日期	1. 即使是在交车日期不能预定的情况下,也定期与顾客保持联络 2. 如果出现向顾客说明的预定交车日期发生延迟的情况,向顾客说明其原因及解决方案	——

步　骤	执　行　要　点	预备物品
准备交车	1. 确保举行交车仪式的场地（交车场所）并做好清扫 2. 交车日、交车时间决定之后，通知顾客并确认 3. 确认是否有车牌板、登记材料、保证书、保险证书、行驶证、其他材料等，提前检查妥当 4. 确认顾客所要求的装备并检查此装备是否正常运作 5. 销售人员在交车前，应对照"交车验收单"，对交付车辆进行验收、确认	登记材料 保证书 保险证书 行驶证 交车验收单 ……

一、收款

1. 收款方式

（1）现金支付。对中低档车，有很多客户会用现金支付，这是最方便快捷的付款方式，但如果款项过大，这可能给企业的安保带来很大压力。

（2）存折转账支付。当地购车用户可以选用存折进行转账付款。这种方法简单安全，但需要去银行转账，而且交易受银行工作时间的制约。

（3）银行卡支付。这种付款方式简洁方便，但应该确认款项到账后再允许客户提车，以防意外。

（4）支票支付。支票分为现金支票、转账支票和汇票。这种付款方式相对麻烦，支票转账到账后或当天去开户行反提支票后方可提车。

（5）承兑汇票支付。承兑汇票是银行汇票的一种，但与一般汇票不同，通常要求按照该银行的汇率进行贴息后方可按一般支票处理。

（6）分期付款。开展分期付款业务的汽车公司，根据汽车金融公司或银行的相关贷款规定对满足车辆贷款条件的顾客办理分期付款，在相关手续齐全、顾客交完首付款后，第二天可提车并按规定办理相关手续。

2. 新车交车通知单

收款后为买方出具新车交车通知单，转售后部门。新车交车通知单如表 5 - 14 所示。

表 5 - 14　新车交车通知单

客户资料	客　户		委托交车人	
	联系地址			
	联系电话		身份证	
车辆资料	交车车型		车　色	
	VIN 号码		发动机号	
PDI 检查	车辆停放处			
	预定交车时间			

（续表）

审批	销售主管		财务主管	
	合同编号			
	交款单			
	报告书原件			
	销售顾问		车辆管理员	

二、PDI 检查

所谓 PDI(Pre Delivery Inspection)就是新车送交顾客之前进行的一种检查。PDI 是交车体系的一部分，包括在新车交货前需要完成的工作，目的是在新车投入正常使用前及时发现问题，并按新车出厂标准进行修复。PDI 检查的大部分项目是由服务部门来完成的。

1. PDI 服务的基本要求

我国汽车服务行业从 2002 年 7 月 23 日起实施的《汽车售后服务规范》，提出了 PDI 服务、技术咨询的基本要求，包括：

（1）供方在将汽车交给顾客前，应保证汽车完好。

（2）供方应仔细检查汽车的外观，确保外观无划伤及外部装备齐全。

（3）供方应仔细检查汽车内饰及装备，确保内饰清洁和装备完好。

（4）供方应对汽车性能进行测试，确保汽车的安全性和动力性良好。

（5）供方应保证汽车的辅助设备功能齐全。

（6）供方应向顾客介绍汽车的使用常识。

（7）供方有责任向顾客介绍汽车的装备、使用常识、保养常识、保修规定、保险常识、出险后的处理程序和应注意的问题。

（8）供方应向顾客提供 24 小时服务热线及求援电话。

（9）供方应随时解答顾客在使用中所遇到的问题。

2. PDI 的内容

PDI 检查流程如图 5.17 所示。

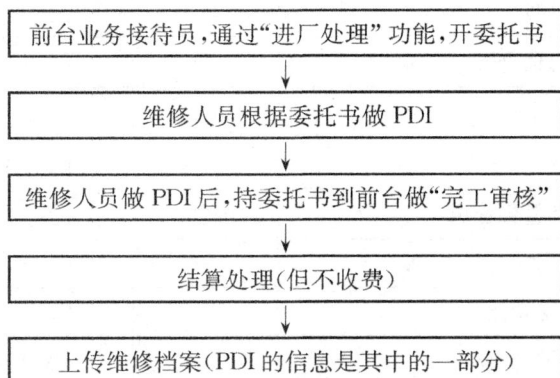

前台业务接待员，通过"进厂处理"功能，开委托书

↓

维修人员根据委托书做 PDI

↓

维修人员做 PDI 后，持委托书到前台做"完工审核"

↓

结算处理（但不收费）

↓

上传维修档案（PDI 的信息是其中的一部分）

图 5.17　PDI 检查工作流程

PDI 的许多项目是由汽车维修检验技师完成，他们的技能水平、经验和责任心关系到 PDI 的品质。PDI 检查要注意如下事项：

(1) 检查前，应先将车辆清洗干净。

(2) 检查时，应按 PDI 检查单进行检查，防止漏检任何项目。

(3) 根据车型以及车款的不同，PDI 项目表(见表 5 - 15)所列项目与实际车型检查内容可能有所不同，应结合实际车型进行检查。PDI 应该检查的项目，请参照轿车厂家服务部印制的新车交车前整备检查表。

表 5 - 15　PDI 项目表

全　车　检　查					
特约维修站		销售商			
车辆明细	车型	车架号			
检查员		检查日期			
车辆外观		是否已检	是否合格	是否处理	备注
01	除蜡或清除保护膜	☐	☐	☐	
02	外观	☐	☐	☐	
03	外部车身辅件	☐	☐	☐	
04	车门、发动机盖、行李箱和油箱	☐	☐	☐	
电气系统/辅助设备					
01	安装室内灯熔丝(DOMN)	☐	☐	☐	
02	门锁系统、照明系统	☐	☐	☐	
03	点火开关	☐	☐	☐	
04	前照灯、雾灯	☐	☐	☐	
05	远光灯、近光灯	☐	☐	☐	
06	驻车灯、尾灯、牌照灯	☐	☐	☐	
07	转向信号灯、紧急信号灯	☐	☐	☐	
08	制动灯、倒车灯	☐	☐	☐	
09	仪表灯、照明控制	☐	☐	☐	
10	警告、指示灯和警告音响	☐	☐	☐	
11	驾驶室内灯	☐	☐	☐	
12	座椅、安全带、记忆功能	☐	☐	☐	
13	转向盘倾斜和伸缩调整	☐	☐	☐	
14	后窗除雾	☐	☐	☐	

（续表）

电气系统/辅助设备		是否已检	是否合格	是否处理	备注
15	电动顶窗	☐	☐	☐	
16	数字时钟（调整到适当时间）	☐	☐	☐	
17	外侧、内侧后视镜	☐	☐	☐	
18	电动窗	☐	☐	☐	
19	点烟器、烟灰盒	☐	☐	☐	
20	杯架	☐	☐	☐	
21	喇叭	☐	☐	☐	
22	仪表板诊断系统批示	☐	☐	☐	
23	遥控车门锁装置	☐	☐	☐	
车辆内部					
01	发动机油	☐	☐	☐	
02	漏水	☐	☐	☐	
03	制动踏板	☐	☐	☐	
发动机罩下部					
01	发动机油	☐	☐	☐	
02	制动液	☐	☐	☐	
03	动力转向液	☐	☐	☐	
04	冷却液、清洗液	☐	☐	☐	
05	蓄电池	☐	☐	☐	
06	发动机冷机状态	☐	☐	☐	
07	发动机暖机状态	☐	☐	☐	
08	发动机冷却风扇运转状态	☐	☐	☐	
09	变速器油	☐	☐	☐	
10	液体渗漏（燃油、冷却液等）	☐	☐	☐	
车辆下部（使用举升器）					
01	车轮螺母力矩	☐	☐	☐	
02	轮胎（包括备胎）气压	☐	☐	☐	
03	渗漏及损伤	☐	☐	☐	
04	排气系统	☐	☐	☐	
05	除去制动器防锈盖	☐	☐	☐	
06	安装橡胶塞（车身）	☐	☐	☐	
07	安装车轮盖	☐	☐	☐	

笔记

（续表）

试 验		是否已检	是否合格	是否处理	备注
01	刮水器和清洗器	☐	☐	☐	
02	暖风和空调	☐	☐	☐	
03	音响设备	☐	☐	☐	
04	计量表和仪表	☐	☐	☐	
05	自动变速器	☐	☐	☐	
06	制动和驻车制动	☐	☐	☐	
07	转向和转向盘偏置	☐	☐	☐	
08	发动机怠速	☐	☐	☐	
	最终检验				
01	行李箱灯	☐	☐	☐	
02	备胎、千斤顶和工具等	☐	☐	☐	
03	行李箱装饰物、地毯	☐	☐	☐	
04	使用手册及资料	☐	☐	☐	
05	钥匙	☐	☐	☐	
06	除去车内保护罩、不需要的标签等	☐	☐	☐	
07	清洗车辆	☐	☐	☐	

（4）如果检查有一个或几个项目不合格，检查人员把所有需修理项目填写在 B 单上，修理完毕并确认后填写上"已修复"，同时重新填写一份全部合格的 A 单。

（5）检查完成后，检查员必须在检查单上签字，并在《保修手册》交车前检查栏中签字。

（6）检查一般不允许顾客在场，以避免顾客见到有缺陷的车辆而影响整车销售或引起纠纷。

（7）车辆销售时，顾客在确认车辆完好后，必须请顾客在全部检查项目合格的 A 单上签字，以明确车辆在交付顾客时处于完好的状态，避免以后发生问题时因责任不清而产生纠纷。

（8）车辆在销售给顾客时，必须填写《保修手册》中保修登记表内的用户车辆详细资料。

（9）相关手续根据不同车型厂家要求进行处理。

（10）新车检查完毕以后还应根据《用户使用手册》和《保修手册》向顾客介绍新车使用常识、装备情况、保养维修知识和解答顾客提出的使用中各种临时性的问题。

三、联系交车日期

车辆到达公司后，销售人员应在第一时间将信息告知顾客，并跟顾客商定交车时间。通常采用的方式都是电话预约，电话预约的内容包括以下几点：

（1）销售人员应告诉顾客交车所需要的时间较长。

（2）询问顾客最方便的交车时间和地点。

（3）询问顾客交车时，将与谁同来（销售人员可以事先做准备）。

（4）销售人员应询问顾客是否需要安排车辆进行接送。

（5）销售人员应对顾客表示祝贺。

电话预约过程中，销售人员一定要注意礼貌问题，要注意语言措辞，要让顾客感觉到自身的被重视。此外，电话预约过程中，销售人员一定要注意跟顾客之间的确认并作记录，对一些重要内容（例如交车的时间和随行人员等），销售人员在通话过程中应跟顾客再次确认，并及时记录。在交车前一天，销售人员应再次跟顾客进行电话确认，防止顾客忘记。

四、进行场地布置

销售人员应事先布置好交车的场地；要确保场地没有其他用途，并打扫干净；要在交车区域内最明显的位置设立标示牌及标准作业流程的看板和告示牌，并要在展厅入门处设置好恭贺牌。

操作步骤

一、交车流程规范

交车流程规范如表 5-16 所示。

表 5-16　交车流程规范

步　骤	执　行　要　点	预备物品
展厅外迎接顾客	1. 注意仪表外貌的整洁，面带微笑，并以响亮的问候声出迎	安全注意事项
介绍交车流程	2. 各项费用的清算	车主手册
介绍服务顾问	3. 依照"安全注意事项"，进行安全乘坐的说明	保险证
讲解随车文件	4. 递交分发物品（车主手册、保险证、行驶证、钥匙）	行驶证
一起检查车况	5. 关于保修及售后服务的说明	保证书
签署 PDI 清单	6. 关于免费检修时期（5 000 km、10 000 km）的说明	钥匙（包括备用
介绍操作方法	7. 务必邀请服务顾问（或维修人员）出席	钥匙）
提醒注意事项	8. 服务顾问与销售人员使用"实车说明清单"，用简单易懂的语言对顾客进行说明。说明完了以后，核对"交车验收单"	实车说明清单
客户满意度现场调查	9. 做一些为顾客留下美好纪念的策划（拍摄纪念照片、递交小纪念品等）	照相机
再次递交名片，提醒加油，并送别顾客	10. 请顾客在"交车验收单"上签名，把原件交给顾客，复印件交由经理保管 11. 目送顾客到车辆看不见为止 12. 向经理报告交车活动 13. 使用 CRM 系统完成"交车完成输入" 14. 在一周内与顾客联系，感谢购买车辆并询问车辆使用情况	交车验收单

二、新车交车流程

新车交车流程如图 5.18 所示。

客户车辆上好车牌后,牌证组将车辆资料、车辆及钥匙(1 把) 交给销售顾问

↓

销售顾问确认交车资料无误并确认代办项目及精品安排已完成,车辆完好无损后,通知客户提车

↓

客户到展厅后,销售顾问将车停放到公司规定的交车区(应提前)

↓

经客户检查确认无误后,与客户开具结算清单,带领客户到财务收银处交余额

↓

客户交完全款后,由财务部开具《全款确认单》

↓

销售顾问凭《全款确认单》到(财务部)处签字领取交车资料带客户本人到财务处签字领取备用钥匙及随车物品,财务部核对车主无误后方可放行(财务处开具放行条)

↓

销售顾问填写《新车交车确认单》并按规定和客户共同完成:① 车辆及随车物品检查与确认;② 车辆文件的交付及确认;③ 车辆的正确使用及功能键的操作,然后带客户到售后服务部门

↓

向客户介绍售后服务部门的服务功能及售后服务部门经理(严格按照《新车交车确认单》第 4 条和第 5 条执行)

↓

销售顾问将《新车交车确认》复印 2 份,经客户签字确认后,交付给客户 1 份留存

↓

销售顾问送鲜花给客户表示感谢,并与客户合影留念(由销售内勤负责拍照),然后目送客户离开公司

↓

客户走后,销售顾问将另外 2 份《新车交车确认单》,1 份传递给售后服务部门留存,1 份传递给销售内勤留存

↓

将《客户意见咨询表》交给市场部主管留存

↓

将《客户非常满意调查问卷》交给销售部经理留存

↓

交车工作圆满结束

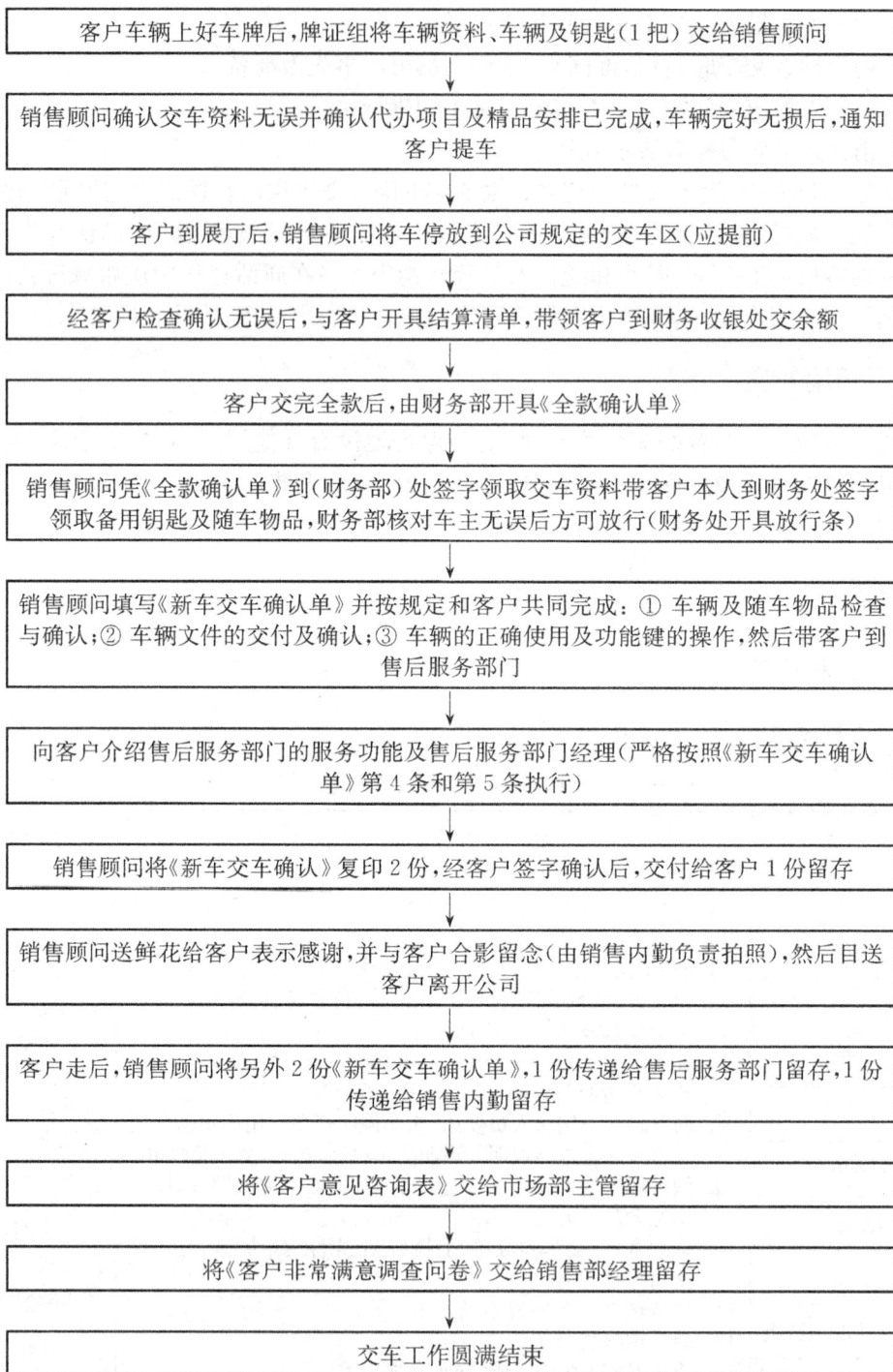

图 5.18　新车交车流程

实训联系

设计情景,学生分组练习交车流程,熟练掌握每个环节。

项目 5.8　跟　　踪

项目目的

（1）掌握售后回访流程。

（2）处理顾客抱怨与投诉的方法。

项目内容

（1）售后回访流程。

（2）顾客抱怨与投诉处理方法。

相关知识点析

所谓跟踪访问，就是销售顾问或其他工作人员为了达成交易或为了提高顾客的忠诚度，运用客户跟踪服务和访问技巧，主动在售前或售后跟进客户，获取信息、促成交易、提供服务和确保客户满意，使之成为忠实客户。

售后服务的工作内容如下：

1. 建立顾客档案

顾客的信息是动态的，销售人员在与顾客初次接触之后，就要开始收集顾客的信息，每一次接触都会有新的信息补充进来，在顾客交车后，还要将顾客车辆的信息收录其中，形成完整的顾客档案，并在今后的售后服务中不断地丰富和修改档案中的信息。

2. 采取多种方式提供服务

汽车销售需要对顾客持续的关怀与跟进，让顾客感觉到你没有忘记他们。有的时候，一张小小的卡片，一个祝福的电话，一个联络的邮件，都可帮助维系顾客关系，使你的顾客成为永续的资源。

1）电话方式同顾客进行联系

销售人员在向客户交车的 24 小时内，代表个人致电或发送短信对顾客能够信任自己并提高了自己的销售业绩表示感谢，并提醒如果有操作或使用方面的问题，可以随时联系自己或售后顾问。

在交车后的 24 小时内，汽车销售公司或专营店的销售经理也应该给顾客打一个电话或发送一个短信，代表公司感谢客户选择了本公司和所经营的汽车品牌，同时询问客户对新车的感受，有无不明白、不会用的地方，并调查客户对专营店和销售人员的服务感受，了解销售人员和公司其他员工的工作情况等。应对顾客提出的建议表示感谢，并及时处理客户的不满和投诉。

在交车后的一周内由销售人员负责打出第二个电话。内容包括：询问客户对新车的感受、新车首次保养的提醒、新车牌照号码、参保的保险公司情况等。

以后要定期地,如每周都电话或短信联系顾客,询问车辆使用状况,提醒磨合期结束前的"拉高速"、首次保养时间、安全驾驶等问题。每一次电话沟通后,都要将谈话情况或顾客来电情况进行整理,记录到"顾客联系登记表"中。

2)走访客户

可以找一个合适的时机,如客户生日、购车周年、工作顺道等去看望客户,了解车辆的使用情况,介绍公司最新的活动以及其他相关的信息。最后将走访结果记录到"调查表"里。

3)组织会员活动

每一个顾客都应成为公司所经营品牌车辆的"车友会"成员,公司可以选择节假日或其他时机,组织客户互动和参与活动,如举办汽车文化讲座,组织一些有共同兴趣的顾客进行自驾游、健身或体育项目比赛、客户联谊会等。通过组织这些活动,既可以增进顾客同公司的感情,也为客户们提供了交流的机会。

4)经常性的关怀

遇到天气冷热等突发事件时向顾客致电或发送一个短信,体现对顾客的关怀。档案资料里如果反映出客户的生日或客户家人的生日的,应及时发出祝贺;客户的购车周年纪念日也不要忘记适时地给予祝贺。

3. 技术培训

售后服务本身属于技术服务的范畴。由于汽车产品的高度技术密集、知识密集,汽车产品的售后服务工作必然包括对用户的技术指导、技术咨询、技术示范,也包括对厂商售后服务网络的技术培训、技术示范、技术指导和技术咨询。通常的做法是,汽车厂商的售后服务部门借助售后服务网络再对广大用户实施上述工作。

4. 质量保修

质量保修,又称质量保证、质量担保、质量赔偿等,我国俗称"三包",其基本含义是指处理用户的质量索赔要求,进行质量鉴定、决定和实施赔偿行为,并向厂商反馈用户质量信息。

5. 备件供应

备件供应在售后服务中具有决定性作用,没有良好的备件供应就没有优质的售后服务。备件供应还是售后服务工作的重要利润来源。

6. 组织和管理售后服务网络

汽车厂商为了圆满完成售后服务的全部工作,在全社会组织一个庞大的服务网络,广泛利用社会资源,在合适的地点选择合适的经销商和服务商,以此构建自己的营销及服务网络。

7. 企业形象建设

汽车厂商售后服务网络是用户经常"打交道"的窗口,对汽车厂商的企业形象建设方面负有重要责任。

操作步骤

售后跟踪的操作步骤如下。

一、售后回访流程

售后回访流程如表 5-17 和图 5.19 所示。

表 5-17　售后回访流程

流　程	支 持 工 具	责 任 部 门
交车当天现场满意度调查	现场满意度调查表 现场满意度调查计算卡	客户服务部
销售顾问一周内回访	销售顾问回访模板	销售部
一月内客户服务部回访	CRM 系统 客户回访模板	客户服务部
每月满意度分析与总结	CRM 系统 销售回访结果统计报表	客户服务部

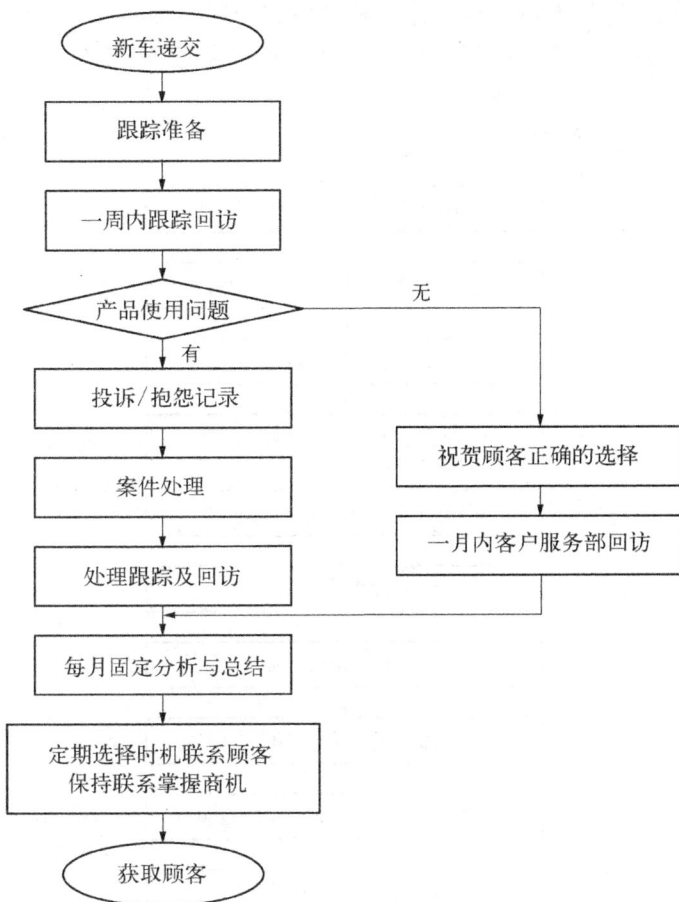

图 5.19　售后回访流程

售后回访话术：

×先生/女士：您好！我是××公司的销售顾问×××，您的车已经提了一段时间了，现在我要对您的××轿车做跟踪回访，需要打搅您几分钟的时间，您现在方便吗？

1. 您对购买的车辆是否满意？　　　　　　　　□是　□否

　　否的原因：_____

笔记

2. 车辆的基本操作是否熟悉？　　　　　□是　□否

3. 您还有什么问题需要我们帮助解决？　□是　□否

4. 我们的交车流程您是否满意？　　　　□是　□否

5. 还有什么意见和建议意见：

二、客户抱怨和投诉的处理

无论多么努力，销售人员无法避免遇到不满意的顾客。每一个销售人员都必须要意识到，顾客的投诉是必然会存在的，这对于销售人员来说是一件好事情，对于顾客的投诉要抱着接纳和欢迎的态度。如果销售人员没有一个正确的认识，在处理顾客投诉时就容易与顾客对立。所以，成熟的销售人员懂得怎样正确对待和处理顾客的投诉和抱怨。

顾客投诉如果处理得当，不但不会影响到顾客的满意度，反而会大大提高顾客的满意度。

处理顾客投诉的流程如图 5.20 所示。

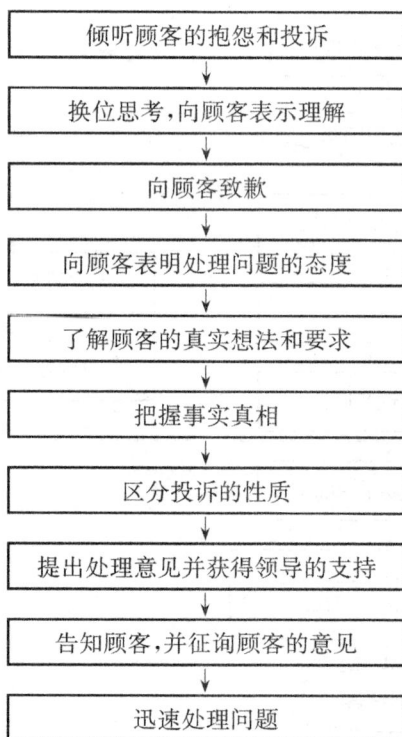

图 5.20　处理顾客投诉的流程

投诉处理后，要及时了解顾客对于处理结果的满意程度，以便销售人员及时跟进。销售人员还需要对顾客的投诉进行细致的分析和总结，找出工作中存在的问题，及时调整工作流程和工作标准，防止此类事件的再次发生。

每一次顾客投诉都要详细记录处理的过程和结果，以此作为日常工作的经验积累。销售人员要在事件处理后，认真填写用户投诉处理报告，并将报告存档（见表 5-18）。

笔 记

表 5－18 投诉处理报告表

投诉处理报告 报告人：	年　　月　　日
投诉受理日	
投诉方式	来函 □　　传真 □　　电话 □　　来访 □　　展示厅 □
投诉内容	
投诉见证人	
地址及联系方式	
处理紧急度	特急 □　　急 □　　普通 □
承办人	
处理日	
处理内容	
费用	
顾客意见	
原因调查	
调查会议记录	
原因	
记载事项	
检讨	

实训练习

设计情景，练习售后回访流程以及处理顾客抱怨与投诉的方法。

模块六

汽车 4S 店的销售管理

项目 6.1 汽车 4S 店展厅基础管理

项目目的

(1) 了解和认识 4S 店组织结构,熟悉一般 4S 店各部门的职能。

(2) 熟悉掌握 4S 店展厅管理工作。

项目内容

(1) 4S 店组织机构、各部门职能。

(2) 4S 店展厅管理工作内容。

相关知识点析

汽车 4S 店是指将四项功能集于一体的汽车销售服务企业,包括整车销售(sale)、零配件(spare-part)、售后服务(service)和信息反馈(survey)。作为一种新兴的汽车整体服务方式,虽然 4S 店从 1998 年以后才逐步由欧洲进入国内,但其发展却极为迅速。4S 店已经成为目前汽车经销领域投资热点,尽管这种销售模式由于投资风险偏大、销售品种单一等,受到一些业内人士的质疑,但出于种种原因和经销某些品牌短期就可收回投资的巨大利益诱惑,从汽车生产企业到经销商,对建设 4S 店依然充满热情。

操作步骤

一、4S 店组织结构

1. 4S 店组织机构

单一的 4S(四位一体)公司组织结构普遍实行董事会下辖总经理负责制,一般设置以下职能部门:销售部、市场部、客户服务部、采购部、配件部、维修部、财务部及办公室,如图6.1所示。

```
                    ┌──────────┐
                    │  经销商   │
                    │  总经理   │
                    └────┬─────┘
     ┌──────┬──────┬─────┼──────────┬────────┬──────┐
  ┌──┴──┐┌──┴──┐┌──┴──┐┌───┴────┐┌───┴───┐┌───┴──┐
  │销售部││服务部││市场部││客户关系 ││综合管理││财务部│
  │     ││     ││     ││管理部   ││部     ││     │
  └─────┘└─────┘└─────┘└────────┘└───────┘└──────┘
```

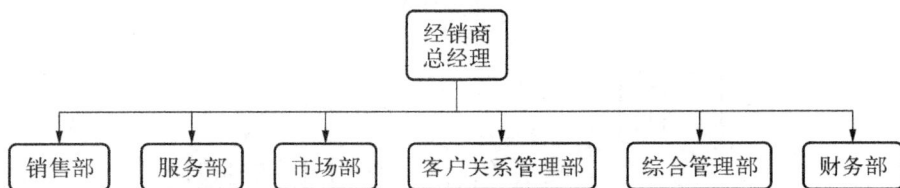

图6.1 组织机构图

2. 各部门组织机构

销售部、市场部以及服务部为4S店的主要职能部门,组织机构图如图6.2(销售部组织机构)、图6.3(服务部组织机构)、图6.4(市场部组织机构)、图6.5(综合管理部)所示。

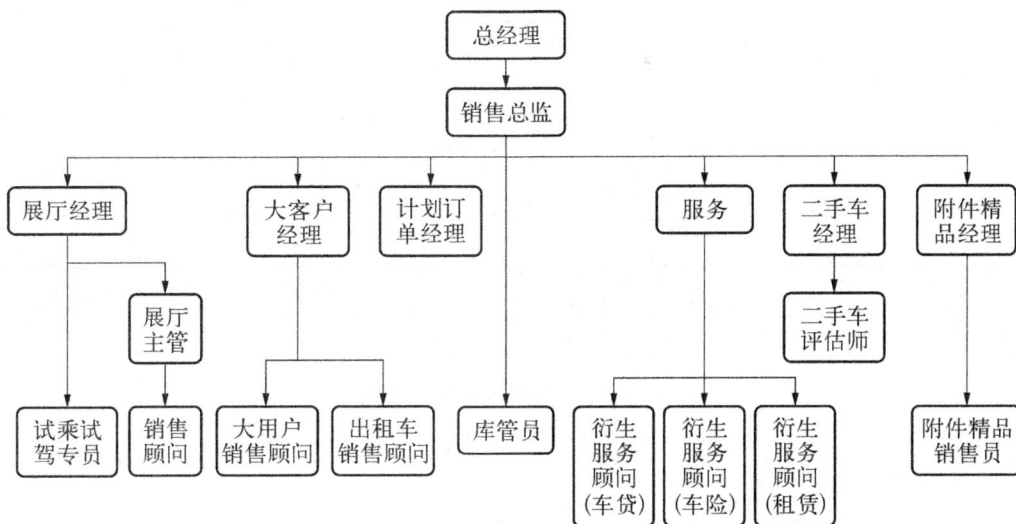

图6.2 销售部组织机构

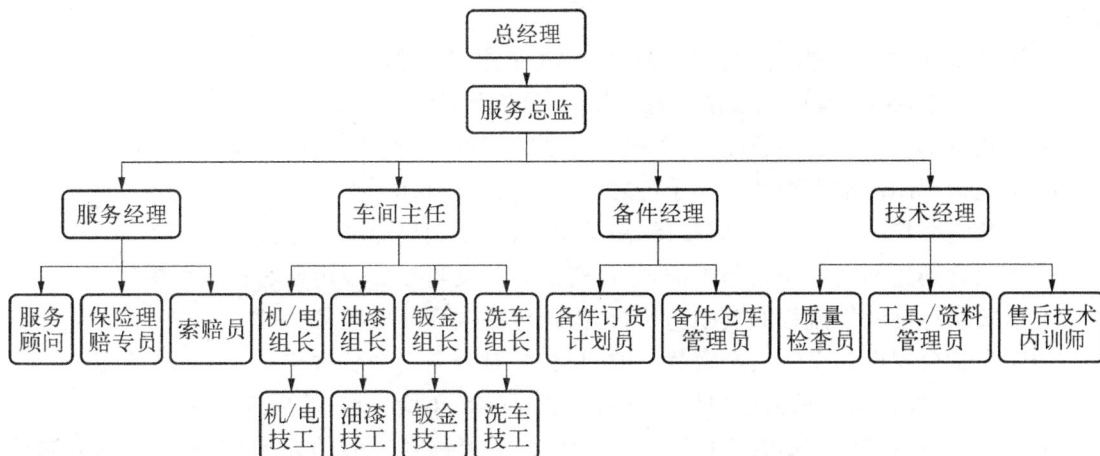

图6.3 售后服务部组织机构

笔 记

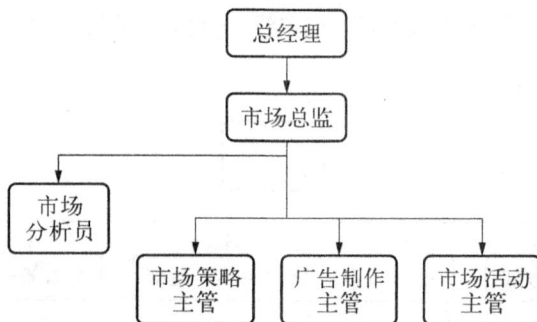

图 6.4　市场策划部组织机构

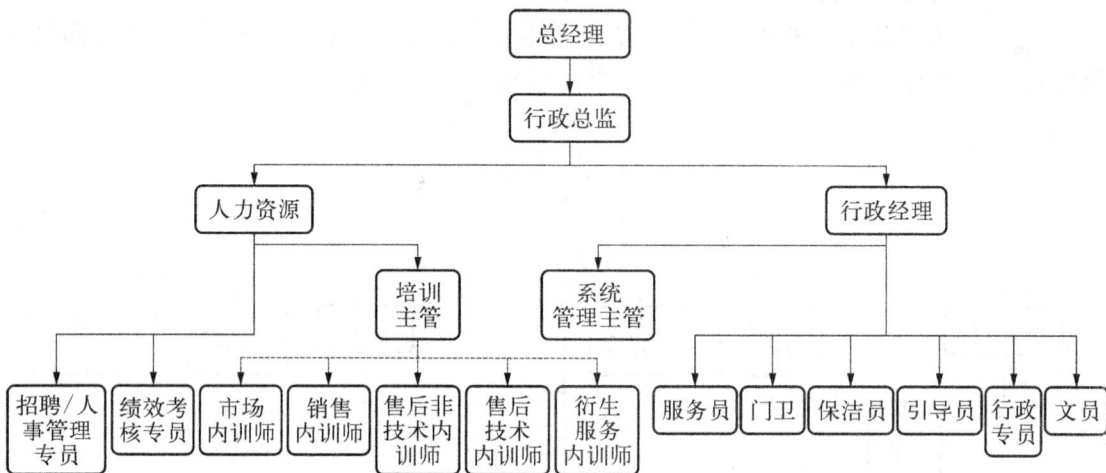

图 6.5　综合管理部组织机构

二、主要职能部门职责

1. 销售部

（1）根据公司经营管理要求、部门发展规划及销售方针，制定部门年度工作计划与目标。

（2）负责部门内管理办法及制度的拟定、执行、检查与修订。

（3）SSI 各项销售考评以及销售各项任务、利润目标制定执行。

（4）负责部门内员工满意度、员工培养计划的建设、实施及完善。

（5）负责部门内部完整考核体系与之相应的培训体系的建立。

（6）负责客户电话咨询、来店接待、跟踪服务、新车销售业务工作。

（7）负责销售网络的建设与维护，客户资源的开发与拓展及重要客户的维护。

（8）负责标准销售流程的实施与执行，为顾客提供高品质服务。

（9）负责公司商品车辆安全及款项的回收，并对资金安全负责。

（10）负责按公司要求为客户提供办置上牌、保险、年检、过户等后续服务。

（11）始终贯彻"服务提升价值"的经营理念，负责顾客投诉的处理，就所存在的问题分析并改进。

（12）按公司要求，作好销售各种资料及报表的统计、分析、报送、存档工作。

（13）负责市场信息的收集整理与反馈，并实现该信息在公司相关部门资源共享。

（14）按照品牌标准，督导车辆展示区、客户接待区及休息区环境维护。

（15）作好 P、D、C、A 工作，对部门内工作流程提出改进计划并实施。

（16）协助总经理完成公司安排的其他工作任务。

销售部主要岗位为销售部经理、汽车销售顾问，其岗位职能如表 6-1、表 6-2 所示。

表 6-1　销售经理岗位职能描述

1. 岗位名称	销售部经理
2. 直接上级	营销副总（营销总监）
3. 直接下级	展示厅主管
4. 职能	
（1）把握市场	需求分析/销售预测/市场占有率调查/购买动机调查/失败原因分析/竞争分析/情报管理等
（2）确保销售目标	利润计划/市场占有率目标/基本销售目标/销售价格政策/需求变动对策/环境变动政策/阶段性销售目标
（3）决定销售策略	品牌策略/通路策略与管理/市场细分/促销策略/广告策略/企业形象管理
（4）编制销售计划	销售方针/销售分配/销售目标、计划、预算/人员招聘、培训与配置/访问计划/销售地图/销售基点/销售用具
（5）制定销售战术	战术的独创性/失败分析/客户抱怨分析/潜在客户整理方法/客户吸引策略/专案分析/销售方案/售前与售后服务
（6）训练销售人员	产品知识/购买心理研究/洽谈方法/沟通技巧/处理抱怨的方法/应对各类顾客的方法/角色扮演
（7）培养奋斗精神	适才适用/时间管理/能力评估/业绩评估/薪资政策、报酬设计/销售竞赛
（8）管理销售活动	设计合适的销售组织/职务分配/团队建设/行动管理/销售事务管理/销售费用控制/报表管理/业务量测定
（9）利润计划与资金管理	利润目标设定/降低成本的目标/过程管理/经营分析/预算控制/差异分析/信用调查/应收账款管理/收款活动管理
5. 责任	
（1）完成目标责任	对销售部工作目标的完成负责；对指标制定和分解的合理性负责；对销售网络建设的合理性负责
（2）管理下属责任	对下级的纪律行为、工作秩序、精神面貌负责；对销售部给企业造成的影响负责
（3）制定规章、流程的责任	对销售部负责监督检查的规章制度的执行情况负责；对销售部工作流程的正确执行负责
（4）收支管理责任	对确保货款及时回笼负责；对销售部预算开支的合理性负责
（5）信息完整负责	对销售部所掌握的信息完整性、秘密信息的安全负责

笔记

(续表)

6. 权限	
(1) 对内对外的管理权限	① 有对销售部人员及各项工作的管理权;② 对重大促销活动有现场指挥权;③ 对下级的工作有监督检查权;④ 有对直接下级岗位的调配建议权;⑤ 对所属下级的工作争议有裁决权;⑥ 对限额资金有支配权;⑦ 一定范围内的客诉赔偿权;⑧ 有代表企业对外的联络权
(2) 对上的报告权	有向公司领导层报告权
(3) 对下的考核权	① 对直接下级有奖惩的建议权;② 对所属下级的管理水平、业务水平和业绩有考核权

表6-2　销售顾问岗位描述

1. 岗位名称	汽车销售顾问
2. 直接上级	销售部经理

3. 本职工作
(1) 完成或超额完成销售定额
(2) 寻找客户：销售顾问负责寻找新客户或主要客户
(3) 传播信息：销售顾问应能熟练地将公司车辆和服务信息传递给目标客户
(4) 推销产品：熟练掌握销售艺术，与客户接洽、向客户报价、回答客户的疑问并达成交易
(5) 提供服务：销售顾问要为客户提供各种服务，对顾客的问题提出咨询意见，给予技术帮助，安排资金融通，加速交车
(6) 收集信息：销售顾问要进行市场调查和情报工作，并认真填写访问报告
(7) 分析销售数据，预测市场潜力，收集市场情报
(8) 参与拟定营销策略和计划
(9) 货款回收

2. 市场部
(1) 协助总经理维护媒介关系，树立企业良好公关形象。
(2) 负责组织及实施品牌推广、企业形象宣传及市场活动，包括广告投放、公关、车展等各种形式的企业形象宣传。
(3) 负责销售店VI管理及店内品牌形象建设。
(4) 负责促销品、制作物的制作及管理工作。
(5) 协助业务部门开展市场开拓工作。
(6) 负责市场信息(竞争品牌、客户信息等)收集、分析及传递，为业务部门工作开展提供依据。
(7) 作好P、D、C、A工作，对部门内工作流程提出改进计划并实施。
(8) 协助总经理完成公司安排的其他工作任务。

3. 客户服务部
(1) 根据公司经营管理要求、部门发展规划，制定部门年度工作计划与目标。
(2) 负责部门管理办法及制度的拟定、执行、检查与修订。
(3) 负责部门内部完整考核体系与之相应的培训体系的建立。
(4) 负责客户关系构筑体系的建立、维护、管理及运用。

（5）负责建立与构筑体系相应的客户信息管理体制，进行客户档案、信息的管理并能有效利用。

（6）负责客户满意度建设管理，包括流程执行、服务质量、满意度调查、评估、考核及改善促进。

（7）负责客户投诉处理制度制定及推进实施，处理及协助业务部门处理客户投诉并形成分析报告以促进改善。

（8）协助业务部门做好客户关怀工作。

4．配件部

（1）负责对商品的采购、存储管理及索赔等事宜。

（2）负责建立供应厂商及价格记录，并对供应商及其价格进行定期评定。

（3）负责售后生产设备、维修工具及辅料用品的采购。

（4）负责库存商品存储标准的拟订、检查及修订。

（5）负责商品的询价、比价、议价、订购作业及款项报批。

（6）负责精品销售、施工、售后协调及施工现场管理工作。

（7）做好零部件市场的调整与研究，收集同类轿车产品零部件的各类信息，建立零部件市场信息资料共享机制。

（8）作好P、D、C、A工作，对部门内工作流程提出改进计划并实施。

（9）协助总经理完成公司安排的其他工作任务。

5．售后服务部

（1）根据公司经营管理要求、部门发展规划及售后服务方针，制定部门年度工作计划与目标。

（2）负责部门内管理办法及制度的拟定、执行、检查与修订。

（3）负责CSI及各项售后考评以及售后各项任务、利润目标的达成。

（4）负责部门内员工满意度、员工培养计划的建设、实施及完善。

（5）负责部门内考核体系的建立及组织实施及建立相应的培训体系。

（6）负责售后网络的建设与维护，客户资源的开发与拓展以及重要客户的维护。

（7）负责客户技术咨询、车辆保养、维修、保险理赔及跟踪服务等业务工作开展。

（8）负责标准售后流程的实施与执行，为顾客提供高品质服务。

（9）负责售后维修挂账、保险理赔、厂家索赔等款项的回收，并对资金安全负责。

（10）负责按照相关规章制度，组织与保障车间安全、合格生产工作。

（11）负责来厂车辆的进厂、存放、移动及出门试车等管理工作，确保来厂车辆安全；始终贯彻"服务提升价值"的经营理念，负责顾客投诉的处理，并就所存在问题分析与改进。

（12）按公司的要求，做好售后各种资料及报表的统计、分析、报送、存档工作。

（13）负责市场信息的收集整理与反馈，并实现该信息资源共享。

（14）按照品牌标准，督导贵宾停车区、前台接待区、休息区、生产区环境维护。

（15）做好P、D、C、A工作，对部门内工作流程提出改进计划并实施。

（16）协助总经理完成公司安排的其他工作任务。

6．财务部

（1）严格贯彻执行国家的法律、法规和公司制定的财务规章制度。

（2）负责产值、利润等的测算以及经济情况的分析预测工作，管理并编制总账和报表总审工作，准确及时地提出收支核算和分析资料。

（3）参与企业经营预测与决策事务，参与拟定审查有关经济合同、协议及其他经济文件，审查对外提供的会计资料。

（4）负责组织会计人员进行会计核算、做到手续完备、符合标准、内容真实、数据准确。

（5）积极主动地催收修车拖欠款。

7. 综合服务部

（1）按照公司领导要求和指示，起草综合性业务、行政工作规划、计划、报告、总结、请示、通知等公文，并审核待签发的文件。

（2）负责公司人事管理工作。

（3）协调、平衡各部门间的关系，汇总各部门的规章制度，监督检查各部门各项工作的完成情况。

（4）负责公司文件收发、打印、复印以及归档的管理和使用。

（5）组织并检查落实各部门的培训工作。

（6）合理、准确管理和发放合格证原件管理。

三、展厅环境"5S"管理

"5S"：就是整理（Seiri）、整顿（Seiton）、清扫（Seiso）、清洁（Seikeetsu）、素养（Shitsuke）五项管理活动，简称"5S"（见图6.6）。通过现场5S的管理可以创造一个悦人的、清洁的、摆设良好的卖场，有效延长客户在展厅停留的时间，最终将销售机会提升至最大。

图6.6 "5S"关系

现在工作过程中，在"5S"基础上整合了安全管理即为"6S"，活动包括以下内容：

1. 整理（Seiri）

区别要用与不要用的东西，不要用的东西清理掉。有效利用空间。

2. 整顿（Seiton）

要用的东西依规定定位、定量地摆放整齐，明确地标示。节约时间，提高工作效率，创造一个有效率的工作环境。

3. 清扫（Seiso）

清除职场内的脏污，并防止污染的发生。创造一个舒适的工作环境。

4. 清洁（Seikeetsu）

将前3S实施的做法制度化、规范化、贯彻执行并维持成果。通过制度建立，进而发现"异常"并不断改进。

5. 素养（Shitsuke）

人人依规定行事、养成好习惯。提高人员素质，改善工作品质。

6. 安全（Safe）

人人注意安全。

相比之下"6S"管理可以提高企业形象;降低生产成本;使生产安全有保障;企业管理有序;增加员工归属感。

四、展厅设施布置管理

展厅是为所有消费者而存在的,而不是为卖方而存在的。展厅的布置与设施包括如下内容:

1. 展厅整体风貌

(1) 展厅外店招图中的汽车标识、店招图画、尺寸、文字、色调等符合汽车公司有关 CI、VI 要求,夜间对店招等外部标识的照明达到应有的视觉效果。

(2) 展厅外店招图、外墙面、玻璃墙等保持干净整洁。

(3) 展厅内部使用的吉利标识应符合品牌汽车有关 CI、VI 要求。

(4) 在展厅正门入口处显著位置要挂有标准的营业时间看牌。

(5) 展厅的地面、墙面、展台、灯具、空调器、视听设备等各部分保持干净整洁,墙面无乱贴的广告海报等。

(6) 展厅内摆设有型录架,型录架上放满与展示车辆相对应的各种型录。

(7) 展厅内保持适宜、舒适的温度。

(8) 展厅内的照明要求明亮、令人感觉舒适。

(9) 展厅内,在营业期间应播放适宜的背景音乐。

(10) 展厅内所有布置物应使用品牌可提供的标准布置物。

2. 车辆展示区

每辆展车附近的规定位置(位于展车驾驶位的左前方,距离展车 0.7 米左右)设有一个型录架,型录架上摆有与该展车一致的型录表。

1) 车身和车外部分

① 展车车身经过清洗、打蜡处理,保持清洁,挡风玻璃和车窗玻璃保持干净明亮。

② 展车四个轮胎下方放置车轮垫板,位置正确,车左侧(驾驶席侧)放置礼貌地毯。

③ 轮胎经过清洗、上光,各轮胎内侧护板要刷洗干净,没有污渍。

④ 车顶正上方摆放 POP 板。

⑤ 除特殊要求外,展车的车门保持不上锁的状态,可供客户随时进入车内;展车左右对应车窗玻璃升降的高度保持一致。

⑥ 车身上及车内不许摆放价格板、型录、宣传资料等其他物品。

2) 车内部分

① 汽车发动机室内部可见部分、可触及部位等必须清洗、擦拭干净,发动机室左右两道边槽、排气管、前挡风玻璃与其下方塑料件结合部位应无灰尘。

② 行李箱保持干燥洁净,无其他杂物,车厢内部保持清洁。

③ 汽车油箱内备有一定的汽油(不少于五升),确保汽车可随时点火发动。

④ 副驾驶位的手套箱内不要放置其他任何杂物,车门内侧杂物袋不得放有杂物。

⑤ 前座椅在前后方向上移至适当的位置,方便正常身高的试乘者试驾,并且各座椅上的安全带摆放整齐一致。

⑥ 车内后视镜和左右后视镜配合驾驶位相应地调至合适的位置,并擦拭干净,不留手印等污迹。

⑦ 车内 CD 机盒中装有 CD 试音碟或标准音乐碟,可供随时播放,要有已调谐好的收音频道(建议调至调频立体声音乐台或当地交通台)。

⑧ 车内的时钟调至准确的时间。

⑨ 在汽车手制动下方放置固体香水。

⑩ 车内地板上铺有车用脚跟垫,并保持干净整齐。

⑪ 车内可以有序地摆设一些新颖可爱的小装饰物等。

3. 客户休息区

(1) 客户休息区保持整齐清洁。

(2) 客户休息区桌面上备有烟灰缸,烟灰缸内若有三个以上的烟蒂,应立即清理,每次在客人走后应立即把用过的烟灰缸清理干净。

(3) 客户休息区设有杂志架、报纸架,各备有 5 种以上的杂志、报纸,其中要含有汽车杂志、报纸,具体要求如下:

① 杂志要有专人管理、收发、存档;

② 杂志要摆放整齐,及时整理;

③ 杂志要按月更新,只能摆放当月及上月的杂志。

(4) 客户休息区要有饮水机,并使用吉利标准的杯托和纸杯。

(5) 客户休息区需摆放绿色植物盆栽,以保持生机盎然的氛围。

(6) 客户休息区配备有大屏幕彩色电视机(29 英寸或 29 英寸以上)、影碟机等视听设备,在营业时间内须播放汽车广告宣传片和专题片。

4. 业务洽谈区

业务洽谈区的桌椅整齐有序,保持清洁,桌面上备有烟灰缸,烟灰缸内若有三个以上的烟蒂,应立即清理,每次在客人走后应立即把用过的烟灰缸清理干净。

5. 客户接待台

(1) 接待台保持干净,台面上不可放有任何物品,各种文件、名片、资料等整齐有序地摆放在台面下,不许放置与工作无关的报纸、杂志等杂物。

(2) 接待台处的电话、电脑等设备保持良好的使用状态。

6. 卫生间

(1) 卫生间应有明确、标准的标识牌指引,男女标识易于明确区分,由专人负责卫生打扫与清洁。

(2) 卫生间的地面、墙面、洗手台、设备用具等各部分保持清洁,地面不许有积水,大小便池不许有黄垢等脏物。

(3) 卫生间内应无异味,可采用自动喷洒香水的喷洒器或空气清新剂来消除异味。

(4) 卫生间内相应位置应备有充足的卫生纸,各隔间内设有衣帽钩,小便池所在的墙面上应悬挂有赏心悦目的图画。

(5) 适量布置一些绿色植物或鲜花予以点缀。

(6) 卫生间洗手处须有洗手液、烘干机、擦手纸、绿色的盆栽等,洗手台上不可有积水或其他杂物。

7. 儿童游戏区

（1）儿童活动区应设在展厅的里端,位置应相对独立,有专人负责儿童的看护工作(建议为女性),不宜离楼梯、展车、电视、型录架等距离太近,但能使展厅内的客户看到儿童的活动情况。

（2）儿童游戏区要能够保证儿童的安全,所用的儿童玩具应符合国家的安全标准要求,应由相对柔软的材料制作而成,不许采用坚硬锐利的物品作为儿童玩具。

（3）儿童游戏区的玩具要具有一定的新意,色调丰富,保证玩具对儿童有一定的吸引力。

展厅管理的标准和要求按如表 6－3 所示执行。

表 6－3　销售服务店环境设施管理考评表

周期	场所	项　　目	日　　　期														
			1	2	3	4	5	6	7	8	9	10	11	12	13	14	15
一天一次	外观	① 展厅前是否有停车位															
		② 展厅前是否有杂物															
	停车场	③ 是否按标牌所示停放车辆															
	入口	④ 是否打扫干净															
		⑤ 门口脚垫是否干净、平整															
	展车	⑥ 是否将车擦干净															
		⑦ 是否打开前座玻璃窗															
		⑧ 座椅是否调整好															
		⑨ 车内地板衬垫是否打扫干净															
		⑩ 顾客离开后是否确认车辆打扫干净															
	客户休息室	⑪ 是否整洁															
		⑫ 是否准备好宣传资料、茶具等															
	卫生间	⑬ 卫生间是否打扫干净,卫生用品是否准备好															
一周一次	外观	① 玻璃是否干净,有无破损															
		② 广告画是否妨碍从外向内观望															
		③ 绿化草皮是否长出杂草,树木和花草是否枯萎															
	建筑物周围	④ 地面、墙壁、天花、楼梯是否脏和破损															
		⑤ 横幅、广告画、POP 是否陈旧破损															
		⑥ 展车是否有正在销售的颜色,重点推出的车是否展示在入口处															

笔 记

(续表)

周期	场所	项　目	日　期														
			1	2	3	4	5	6	7	8	9	10	11	12	13	14	15
一周一次	展车	⑦ 展车数量是否够,摆放是否面向道路、斜着摆放															
		⑧ 是否有车辆展示牌,标签文字是否清晰															
		⑨ 展车的特征是否突出,各种车型是否齐全															
一月一次	室外标牌	① 从远处是否可以看到室外标牌(包括夜间效果)															
		② 标牌是否干净,有无破损,油漆是否脱落															
		③ 各种标识牌是否清楚,夜间灯光有无损坏															

"√"—良好,"⊙"—中等,"○"—差　　　检查人:_____　销售经理签字:_____　　年　　月　　日

实训练习

设计情景,对学生分组进行考核汽车 4S 店展厅管理的内容。

项目 6.2　汽车 4S 店客户关系管理

项目目的

(1) 掌握客户关系管理组织的三个级别和客户关系管理的相关方法。

(2) 掌握客户关系管理的内容以及客户关系管理实施的方法技巧。

项目内容

(1) 4S 店客户关系管理流程、工作内容。

(2) 客户关系管理在汽车营销中的作用。

(3) 客户关系管理实施组织的相关方法。

相关知识点析

一、客户关系管理的概念

客户关系管理(Customer Relationship Management,CRM),指企业用 CRM 来管理与

客户之间的关系。CRM是选择和管理有价值客户及其关系的一种商业策略,CRM要求以客户为中心的商业哲学和企业文化来支持有效的市场营销、销售与服务流程。如果企业拥有正确的领导、策略和企业文化,CRM应用将为企业实现有效的客户关系管理。

CRM的实施目标就是通过全面提升企业业务流程的管理来降低企业成本,通过提供更快速和周到的优质服务来吸引和保持更多的客户。作为一种新型管理机制,CRM极大地改善了企业与客户之间的关系,实施于企业的市场营销、销售、服务与技术支持等与客户相关的领域。

客户是企业的一项重要资产,客户关怀是CRM的中心,客户关怀的目的是与所选客户建立长期和有效的业务关系,在与客户的每一个"接触点"上都更加接近客户、了解客户,最大限度地增加利润和利润占有率。

CRM的核心是客户价值管理,它将客户价值分为既成价值、潜在价值和模型价值,通过一对一营销原则,满足不同价值客户的个性化需求,提高客户忠诚度和保有率,实现客户价值持续贡献,从而全面提升企业盈利能力。

作为解决方案(Solution)的CRM,它集合了当今最新的信息技术,它们包括Internet和电子商务、多媒体技术、数据仓库和数据挖掘、专家系统和人工智能、呼叫中心等。作为一个应用软件的客户关系管理(CRM),凝聚了市场营销的管理理念。

二、客户关系管理策略

客户关系管理主要指以客户期望管理为出发点,通过设立标准、流程,对售前、售中和售后的有效管理来实现让顾客满意的目的,从而建立忠诚的客户群体。主要有以下几种策略方法。

1. 客户保持策略

随着市场从"产品"导向转变为"客户"导向,客户成为企业中重要的资源之一,谁赢得客户谁就能成为真正的赢家。然而,许多企业忙于市场开拓、发展客户,却对客户保持重视不够。由此引发了这样的现象:一方面企业投入大量人力、物力、财力去发展新客户,另一方面因客户保持工作的不完善导致现有客户不满意而产生流失。面对这样的市场状况,企业必须着手进行客户保持的研究,以有效的客户关系管理来提高客户保持率,支持企业经济效益的不断增长。

客户是公司最重要的资产,与有价值的客户保持长期稳定的关系是公司获得持续竞争优势的关键。Michelle和Sesser(1990)为这一观点提供了强有力的证据,他们对美国15个行业的调查数据表明,客户保持率增加5%,行业平均利润增加幅度在25%～85%。

2. 客户关怀策略

客户关怀是从市场营销中的售后服务发展而来的,客户关怀发展的领域开始只是服务领域。目前,客户关怀不断地向实体产品销售领域扩展,贯穿了市场营销的所有环节,包括这几部分:售前服务(向客户提供产品信息和服务建议等);产品质量(应符合有关标准、适合客户使用、保证安全可靠);服务质量(指在与企业接触的过程中客户的体验);售中服务(产品销售过程中客户所享受到的服务);售后服务(包括售后的查询和投诉,以及维护和修理)。

客户关怀手段指企业与客户交流的手段,主要有主动电话营销、网站服务、呼叫中心等。

3. 客户联盟

对于企业来说,客户联盟是其最为重要的知识信息源泉和开发的合作者。组建客户联盟、向客户学习,对于资源的充分运用与构建具有重要意义。目前国内外企业建立客户联盟,提供完美的解决方案主要有三种模式:定制模式、引导模式和合伙人模式。

三、客户关系管理在汽车营销中作用

对于汽车4S店,汽车营销渠道的经营核心从市场交易转移到全方位的客户服务,客户关系管理(CRM)成为汽车4S店增强竞争力的重要手段。通过制定并实施全方位的客户关系管理策略,汽车4S店为客户提供主动的、超值的、让客户感动和满意的服务才能赢得客户的信任,以达到共赢。

目前汽车营销企业主要应用客户关系管理开展以下几方面工作。

1. 运用客户关系管理进行需求获取

传统方式是依靠客户主动上门,来获取客户购买机会。但是汽车营销企业以及其连锁机构建立了越来越多的展示中心以及4S店,如何让更多的客户关注你的产品而不是对手的产品。在今后,将有越来越多的汽车公司通过汽车会员俱乐部的方式,针对指定的目标客户群进行沟通和互动来获取销售机会。

营销部门通过数据公司购买客户数据,首先找到所销售产品的目标消费群体然后通过各种沟通方式对目标客户群体进行数据库营销。如可以直投试驾活动,购车优惠,安装内饰有奖调研以及一些公司品牌的出版物等形式,然后与公司的互动和反馈情况对客户进行分类管理。

2. 运用客户关系管理建立汽车销售跟踪系统

客户进行分类管理,向不同层次客户销售不同档次的产品;固化业务流程,大幅度提升业务人员工作能力;实现知识库管理、知识共享,提升顾客对公司的信任程度。同时,整合的客户信息便于利用,易于分配,既防止业务人员流动造成客户流失,同时又可以防止业务人员发生撞单现象。

四、客户关系管理的职能部门

1. 客户关系管理部部门职责

(1) 与公司其他部门共同处理、解决所有客户咨询、问题和抱怨。

(2) 在新车交车后和服务维修后做有关客户满意度的跟踪,并对其他部门的客户服务态度和质量进行监督和评估。

(3) 追逐和分析客户问题,并向客户推荐问题解决方法。

(4) 收集并管控有望客户和车主的资料,不间断地监控客户信息,以确保信息的准确和适时,评价销售和服务部门有效利用信息的能力。

(5) 配合各品牌做好客户关怀活动并对活动效果进行跟踪,促进销售、服务和其他业务。

2. 客服中心各人员工作细则

1) 客服中心主管

(1) 负责客户关系中心日常运作及管理,向公司分管客户关系中心的领导汇报。

（2）负责维护客户关系,与客户电话互动,解决客户的疑问并预防问题的再发生。

（3）与公司的其他部门紧密合作,共同改善和提高公司的客户服务流程。

（4）有适当的权力和财务预算以便及时处理客户的问题来满足并超过客户的期望(按客户关系问题,财务支配权限的相关规定办理)。

（5）贯彻流程,保证客户资料在公司内部流通顺利,并得到充分利用。

（6）培训和监督员工对客户资料的收集、使用和更新。

（7）对客户资料和公司客户管理系统其他内容的修改有确认权利。

（8）收集整理并分析客户需求、意见,定期评估公司客户满意度,为整个公司改善管理与服务提供直接意见。

（9）与厂家各职能部门的日常联络。

（10）公司领导交办的其他事宜,主动拾遗补漏。

2）客服展厅专员

（1）负责对各品牌展厅内的客户流量记录、统计、分析并形成报表,对所有来店、来电客户建立客户档案并形成报表,每日上报相关部门。

（2）对展厅内销售顾问各种表格的完整性、规范性核实并记录,每日将结果汇总并形成报表上报各相关部门。

（3）配合各品牌做好各种主动服务活动(如保养提醒、生日祝福、优质服务活动提醒、各类会员活动的邀约等)。

（4）每月进行销售满意度回访,并对结果记录、统计、分析并形成报表,上报相关部门。

（5）公司领导交办的其他事宜,主动拾遗补漏。

3）客服回访专员

（1）负责对各品牌新购车客户建立完整、规范的客户档案,必要时汇总并上报相关部门。

（2）对各品牌新购车客户进行新车回访、进厂维修后客户三日回访,并对结果记录、统计、分析并形成报表,每周上报相关部门。

（3）对一般性回访抱怨、来电投诉,协调相关部门解决、对结果追踪并形成报表,每周上报相关部门。

（4）配合各品牌做好各种主动服务活动(如保养提醒、生日祝福、优质服务活动提醒、各类会员活动的邀约等)。

（5）每月进行客户满意度回访,并对结果记录、统计、分析并形成报表,上报相关部门。

（6）公司领导交办的其他事宜,主动拾遗补漏。

操作步骤

客户关系管理主要以客户满意度提高为主要目的,最终建立客户的忠诚度。J. D. Power Asia Pacific 自 2000 年开始独立开展年度 SSI 调查,以衡量在中国市场购买新车方面的顾客满意度水平。该指数基于顾客在 6 个方面的感受,按重要性排序分别为:交车过程,销售人员,销售店设施,交车时间,交易条件,以及书面文件。SSI 总分为 1 000 分。分数越高,表示对销售过程的满意度越高。

该项目实训基本技巧主要分为客服人员的电话接听、客服人员的客户档案管理以及客户关怀策略 3 个方面进行。

一、客服人员电话接听

1. 电话接听步骤及注意事项

销售服务店的电话接听人员(客服专员),要保证在电话响起后随时能接听(第一声不要接)。电话接听人员在电话接通时,应先向对方问候"您好"随后报出"××××销售店名称、接听人职务、姓名",电话接听人员的语速要平稳,发音清晰。电话接听人员应在短时间内了解来电人的最初目的,迅速做出处理方法,通话结束后以"再见"作为结束语,当对方放下电话后你再轻轻挂断,以示尊重。

问候,了解客户需求,解答客户关心的问题,留下客户联系方式,邀约来公司,告之联系方式,致谢,完善信息表。为电话接听的完整步骤。

2. 客服中心电话接听标准用语

能够准确判断并详细、清楚地记录客户反应的焦点,语句简练、通畅、明确。表 6-4 为客服中心电话服务规范用语。

表 6-4 客服中心电话服务标准用语

情 景	用 语 规 范	服 务 禁 语
1. 开头语	××××客服中心,您好,您需要什么帮助? /您好,很高兴为您服务	"讲";"说话";"我听得见";"喂"
	协调——(与客户联系)您好,这里是××××客服中心,您是×××先生/女士吗?	
	回访——您好,这里是××××客服中心,您是×××先生/女士吗?	
2. 当客服专员听不见或听不懂客户的讲话时	"对不起先生,由于线路的问题,我没有听清楚或听懂您的意思,您能再重复一遍吗?"	"您说话呀";"说话";"您说什么?"; "嗯?"; "多少?"; "什么?"
3. 当客服专员有问题需要向他人或主管咨询后答复的	"先生抱歉,您的问题需要向主管咨询,请您不要挂机,等待一下可以吗?"/"检索答案需要一段时间,请您稍等一下可以吗?"	没有征求客户的同意,就离席问问题。或"我问一下吧"。"我不知道,我给您问一下吧"
4. 当让客户在线上等待很长时间时	"先生,很抱歉让您久等了";"对不起先生,让您久等了"	"我告诉您……";"我查了一下……";"喂";"您记一下"
5. 等候中避免长时间沉默,应辅之以沟通,如客户追问,应加以解释	"由于信息量很大,系统处理要花一些时间,您需要稍等,请原谅!"	"喂";"我不是正在给您查那吗?";"您等会不行呀!"
6. 当客户没有反应时	"先生,您好,请问您听见我的讲话吗?";"您好!"或"您好,请讲","我能为您做些什么?"	严禁用:喂,喂,喂追问或"您听见没有"
7. 如需转接电话,应明确地告诉客户原因	"我需要将您的电话转给主管处理,您看可以吗?"客户同意后方可转接,并说"谢谢您!"	如客户不同意转接电话,客服专员不要私自把电话转出

(续表)

情　　景	用　语　规　范	服　务　禁　语
8. 当客户来电要求转接其他客服专员时	好,请您稍等,我马上帮您转接	等会儿,我这就给您转过去
9. 当客户要求转接的工作人员不在或正在接电话时	先生/女士抱歉,××现在正忙/不在座席上,您有什么需要帮助,我可以帮您转告,或让他给您回电话,您看可以吗?	不在/他忙着呢,您待会再找他吧
10. 来电客户表示不满或抱怨时,即对方有所误会	静静听完对方的怨言,再提出解释说明或澄清误会	不要在客户抱怨时总是打断客户的讲话
11. 抱怨客户在解释前应先匹配客户	如"先生,真对不起给您带来这么多麻烦"或"先生,请您不要生气,您的意思我明白,我会尽快帮助您协调的"	不理客户,让客户自己说。或"您的意思我不懂"或"您到底让我们怎么办?"
12. 当客户提供车辆的基本资料有困难时,客服专员需耐心的指引客户尽快找到所需要的资料	先生/女士,您先不要着急,您可以查阅一下您的××(行驶证或合格证等车辆相关证件),上面就有车辆的××(出厂编号、车牌号码或车辆型号等)	"您自己的车辆,您不知道出厂编号在哪?"或"我不知道,您自己找一下吧!""您不知道出厂编号在哪儿吗? 我告诉您,就在……"
13. 当客户口音比较严重时	"先生请您尽量讲普通话可以吗,我不是很明白您的意思。"或"先生您身边是否有能讲普通话的朋友,请他来帮助讲明意思可以吗?"	"您说什么呀!";"您会不会讲普通话呀!";"我听不懂"
14. 不准随便使用"OK,GOOD,BYEBYE"等外文表达方式	"好的";"可以";"再见";"谢谢"	"OK","GOOD","THANK","BYEBYE","GOODBYE"
15. 当客户反映的问题为批量质量问题时	"先生很抱歉给您带来这么多麻烦,您所反映的问题我们已经记录下来,会向相关部门反映并会尽快给您答复的"	"这是设计原因,我无能为力。"或"内在质量问题造成的,我们无法解决。"或"这样型号的产品就这样,我们帮助不了您"
16. 当客户有无理要求时	"感谢您提出的宝贵意见,我们会针对您所提出的意见进行调查,如有需要,公司会考虑修改相关规定"	"不可能,您的要求我们做不到""您说的不可能""这个我们办不到"
17. 当因线路问题无法听到客户讲话时	先生/女士很抱歉,因线路问题我现在听不到您的讲话,希望您能换一部电话与我们联系,感谢您致电,再见	什么都不说就挂断电话或用"喂"追问
18. 当客户来电咨询事情处理结果时	(客服专员已经从客户的资料中找到记录单)先生/女士,我们这里已经有了您反映的问题的记录,并且已经通知相关部门正在帮您处理,您不要着急,一有结果我们会马上和您联系,尽快解决您车辆的问题。很抱歉给您带来这么多麻烦,您再耐心的等待一下好吗?(根据客户情况,客服专员灵活掌握)	您得给我们处理时间呀! 我们处理也得有个过程吧!

笔 记

（续表）

情　景	用　语　规　范	服　务　禁　语
19. 当客服专员查不到客户想要的资料时	先生/女士，很抱歉，我手边没有相关资料，您看您能不能跟××联系一下，他们是专门负责这个问题的，您可以和他们联系咨询一下	我不知道，您找×××吧
20. 当客户要求找领导时	先生/女士，很抱歉给您带来这么多麻烦，您有什么事情可以跟我讲一下，我也会尽快帮您反映的，您看可以吗？	您有多大的事还用找领导，和我讲就可以了
21. 当客户为公司的服务、产品等方面提出意见和建议时	非常感谢您能给我们提出这么好的建议，我已经作了详细的记录，并会反馈到相关部门进行分析，根据实际情况进行改进	不作任何回应，继续下一个问题或结束通话；我们公司所有产品都这样，没办法解决
22. 当客户要投诉其他客服专员时	先生/女士，很抱歉给您带来这么多麻烦，您所反映的问题我们已经做了相关记录，一经核实，××××汽车××客服中心会对他进行严肃处理	不要推脱客户、回避客户投诉座席的问题
23. 新车、首保回访时	您是否知道您的销售顾问的名字，联系电话吗？	若客户说有名片但记不起来了，也算知道
24. 结束通话	受理——感谢您的来电，我是您的客服专员×××，今后有什么需要帮助，请随时拨打×××××与我们联系，再见！（遇有特殊日期，如元旦春节等节日，可适当加入"祝您节日愉快"等）	不理客户，挂断电话或客户还在反映问题，客服专员强行说结束语并挂断电话
	回访——我们就是想了解一下情况，以便今后更好地为您提供服务，我是您的客服专员×××，今后有什么需要帮助，请随时拨打×××××与我们联系。祝您工作愉快，再见	

二、客户档案管理

顾客档案信息管理的关注点从过去的基本信息转变到了顾客感受，顾客大量动态信息量的增加上，故现在的顾客信息管理工作要注重顾客的关怀记录、访问记录、购买意愿、购买东西以及购买行为上，只有把重点放在这里，才能有效地提高顾客的满意度，增加顾客的信心，对企业的忠诚度。

顾客信息的分类管理采用固定的顾客信息，采用稳态管理方式。而变动的信息，采用动态管理，是要非常用心的部分。

1. 固定的信息和稳态管理

车主信息（姓名/性别/身份证号/职业/生日，每项单列；家庭住址/家址邮编/工作地点/工作地点邮编；手机/家庭电话/办公电话/E-MAIL/传真）。

车辆信息（车牌号/VIN/车身颜色/车型/首次购车日期；首次来厂日期/首次来厂里程等）。

固定的信息和稳态管理,注意变动:重要的是原始信息的提供;销售部应该建立和提供完全的固定信息;售后部定期从销售部获取信息并及时修正;对于非本司销售车辆,首次即建立完全信息(首次顾客信息登记表);注意更新万一有变动的信息。其主要目的是为了顾客分析以锁定市场目标;个性化关怀的依据(车主生日/车辆生日);市场活动的联系方式等。

2. 变动的信息和动态管理

车辆基本信息(行驶里程分类/完成该里程的时间间隔;消费累计;接受的销售和服务类型;首保/保养/索赔/小修/大修/保险维修/钣喷自费/装饰/零件外购/救援/保险续保/代办年检⋯⋯)。

忠诚度类别为会员级别更新(依据忠诚度级别和消费累计,以保养尤其是首保后保养是否来厂为判断忠诚度依据;每次保养都来的;间隔一次保养未来的;间隔二次未来的;间隔三次和四次未来的;四次以上未来的)。

会员卡制度和优惠(根据顾客忠诚度和消费累计,提供相应会员卡:银卡(9折);会员卡(9.5折)。对于累计消费超过某金额的顾客,公司核算出合理的限定,根据忠诚度的改变,更新顾客会员卡级别)。

每日顾客存档工单,由客服专员统一收集和存档,动态管理的责任人为客服专员,须将动态变化通知SA。

三、客户关系维系的步骤与要点

顾客关系维系工作直接影响顾客满意度提升;顾客对企业的忠诚度;对企业形象的价值;扩大企业获利等。

1. 顾客关系维系的步骤

问候顾客——确定顾客需求——决定正确措施方案——提供良好的售服体验——进行高质量的交付——回访

步骤过程中落实的要点:

良好的初次认识和沟通是顾客关系维系的良好开端,整个服务过程中都应该使顾客放松,在没有压力的情况下进行,尽量鼓励顾客交谈,并同时自己学会倾听,向顾客表明你能够帮助他们并解决问题,时刻都要使顾客感到受尊重。

2. 顾客关系工作的要点

养成良好的销售和服务意识;建立规范标准的制度;顾客关系维护支持销售和服务活动;按照规定定期进行满意度调查分析;积极有效的对抱怨投诉进行闭环处理。

工作过程中要严格按照企业要求,时刻保持积极的服务意识,提高自身职业技能,职业素养。

3. 顾客关怀技巧和实现

对顾客信息资源充分的研究和实践,就是达到对顾客信息资源最有效的使用。顾客信息运用方法如图6.7所示。

顾客关系维系及顾客关怀从传统的、消极的、狭义的、边陲部门、处理顾客诉怨,及问询、

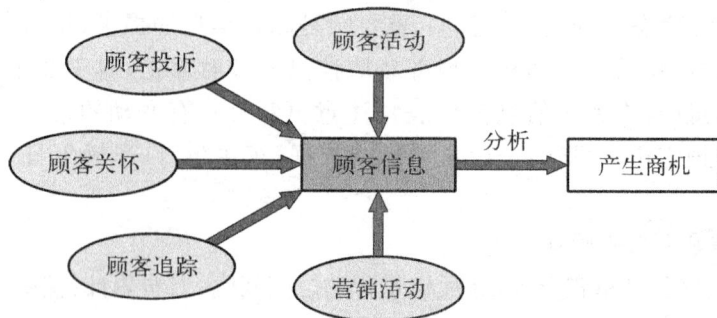

图 6.7 顾客信息运用

销售和服务、寻人寄物、利润成本负担等演变到了现在先进的、积极的、广义的、公司的核心部门、处理顾客满意整体的系统和利润创造的核心部门。

顾客关怀（全员、全程）的体现在对硬件设施的配备；员工素质的标准要求（选用、培训、考核、激励等）；公开必要信息，消除疑虑和不信任；机构与流程的专业化以及顾客投诉的处理等。

顾客的关怀可以分为两个时间阶段，一个为销售和服务当天的关怀，一个为长期关怀。

销售当天的关怀贯穿于作业流程的顾客关怀；首次进店的接待与沟通；售价透明与按时交车；售出后的 3 天和 7 天回访；首次进厂时的特殊关怀；预约承诺的实现；接车流程中的顾客关怀技巧；对于等待中的顾客；如何对待顾客到维修现场观摩的要求；开单预算和结算解释的落实；保证维修效率和质量是关怀顾客的根本；加项维修的合理操作；单据传递中的顾客关怀；车辆的清洁；交车流程中的关怀技巧；零件无库存时的关怀；顾客签字的取得以及交通安排和建议等。

细微处见关怀，每一项都是销售服务当天客户关系维护的重要内容，实际工作过程中要逐一落实，严格执行。

长期关怀主要指的是对顾客关怀（规划方面）如主动预约的实现；车辆生日祝贺和相关提醒；车主生日祝贺；主要节日祝贺；一年内主要的几次服务推广；车主活动/车主课堂；俱乐部和会员卡；顾客关怀（实现）以及个性化关怀；对车辆按日期的追踪和关怀等。

顾客关怀，规划和实现（顾客关怀策略如图 6.8 所示）。

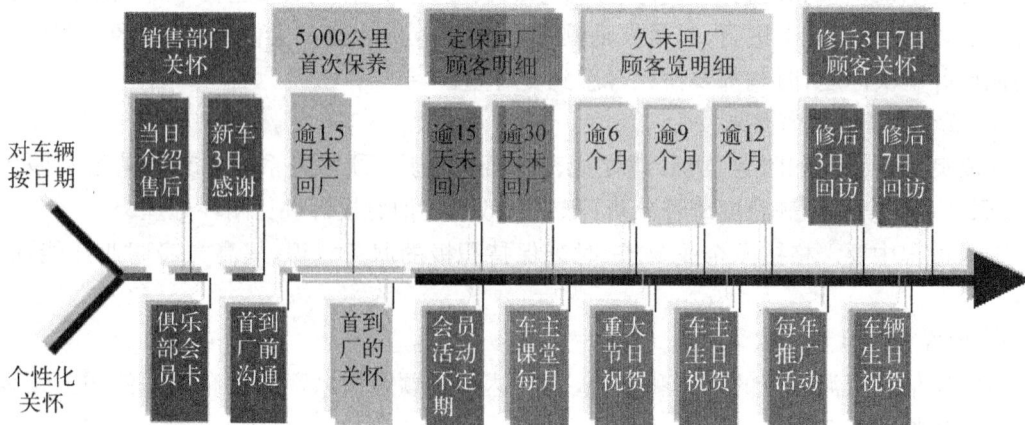

图 6.8 顾客关怀策略

实际工作过程中分析了顾客在销售和服务过程中关心的问题,如图 6.9 所示。时间因素、销售服务人员服务标准以及销售服务的便捷性是顾客考虑较多的因素,因此在实际服务过程中应该得到强化。

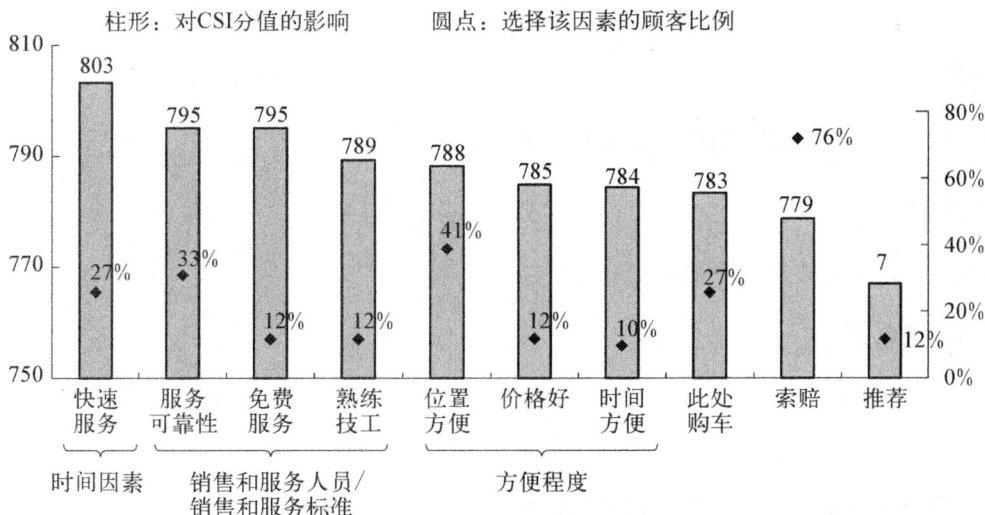

图 6.9　顾客关心的问题对 CSI 的影响

图 6.10 为某销售服务店顾客服务策划案例。

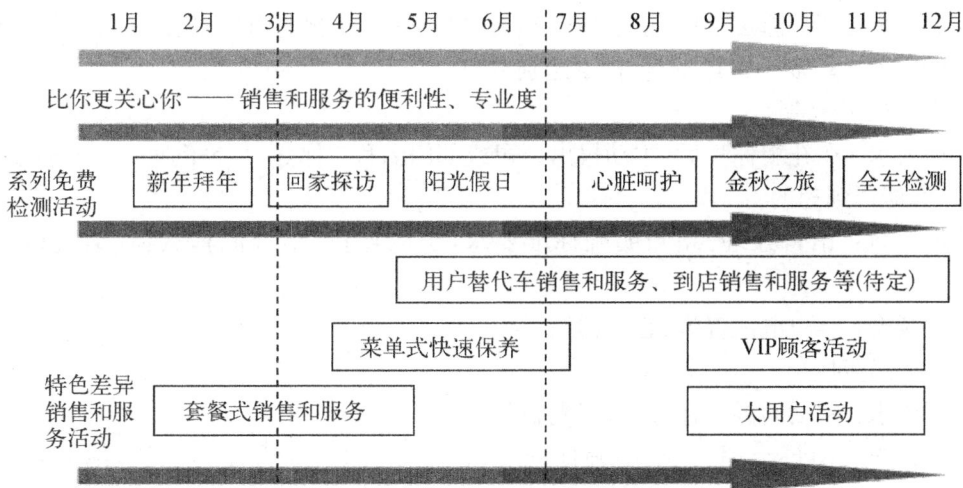

图 6.10　实务策划案例

实训练习

设计情景,学生分组练习针对汽车销售和汽车售后服务这两方面进行客户回访。

项目 6.3 | 汽车 4S 店销售服务管理

项目目的

熟练掌握体验式展厅销售流程及营业管理考评标准。

项目内容

体验式展厅销售营业活动管理。

相关知识点析

销售是经销店获利的重要途径之一,经销店日常的管理工作几乎都是为了更好地规范和促进销售业务的开展,本章涉及的管理工作是以展厅销售为主。

一、销售服务标准流程及"关键十刻"标准

通过分析客户需求,J D Power 设定了行业满意度调研指标。各销售服务商应全面掌握其调研方向,是掌握客户需求,提升客户满意度的关键。通过分析行业满意度指标及公司标准流程执行要素,梳理出了客户感动关键项,通过全面学习,强化执行客户感知效果。

1. 礼仪"关键十刻"

铃响三声接听、主动迎接、鞠躬迎接、热情自我介绍、左侧前引领、邀请入座、俯身递送饮料、临时离开致歉、双手递送资料、挥手送别客户。

1)铃响三声接听

管理要求:在礼貌称呼后,主动报出公司或部门名称:你好,××汽车××专营店/服务站,有什么能帮到您的?

管理促进:销售经理、站长明确标准要求,予以宣贯,结合流程点检,纳入相关人员考核。

应用场合:客户电话咨询、客户预约。

2)迎接语问候

管理要求:主动问候,"你好,欢迎光临"。

管理促进:销售经理、站长明确标准要求,予以宣贯,结合流程点检,纳入相关人员考核。

应用场合:3 米内所有员工见到客户时。

3)30 度鞠躬欢迎

管理要求:客户走到接待人员身边时,起身 15～30 度鞠躬迎接。

管理促进:销售经理、站长明确标准要求,予以宣贯,结合流程点检,纳入接待人员考核。

应用场合：客户进入销售展厅。

4）热情自我介绍

管理要求：交代自己姓名、部门、职务：我是销售/服务顾问×××，很高兴为您服务！

管理促进：销售经理、站长明确标准要求，予以宣贯，结合流程点检，纳入相关人员考核。

应用场合：接待第一次看车、第一次维修进站客户。

5）左侧前引领

管理要求：走在客户的左侧前方，保持一臂的距离，眼睛余光留意客户的位置。

管理促进：销售经理、站长明确标准要求，予以宣贯，结合流程点检，纳入相关人员考核。

应用场合：引领至休息室、引领结账、引领至洽谈区、引领至交车区。

6）邀请入座

管理要求：用手指示，为客户轻轻拉出并扶住椅子。

管理促进：销售经理、站长明确标准要求，予以宣贯，结合流程点检，纳入相关人员考核。

应用场合：制单时、来到洽谈桌旁、结算时。

7）俯身递送饮料

管理要求：俯身将茶杯置于客人右前方，右手五指并拢示意，使用"请用茶"或"请用饮料"的手势和敬语，然后点头示意退下。

管理促进：销售经理、站长明确标准要求，予以宣贯，结合流程点检，纳入相关人员考核。

应用场合：客户到客户休息室休息、随行人员在客休室等待、洽谈。

8）临时离开致歉

管理要求：如有事需要临时离开，向客户致歉并说明离开时间。离开时间尽量不超过10分钟，如果超过承诺时间，应及时向客户说明并致歉。

管理促进：销售经理、站长明确标准要求，予以宣贯，结合流程点检，纳入相关人员考核。

应用场合：客休室专员中间离开、请示问题需离开、临时接待其他客户。

9）双手递送资料

管理要求：双手将资料拿在胸前递出，不可一只手拿资料，更不能直接往对方手里去放资料。

管理促进：销售经理、站长明确标准要求，予以宣贯，结合流程点检，纳入相关人员考核。

应用场合：递送车型图片、贷款资料等、递送《任务委托书》请客户签字、结算单、交车资料。

10）送别语

管理要求：向离去的客户挥手示意，并问候客户"感谢惠顾，祝您行车平安/请慢走！"

管理促进：销售经理、站长明确标准要求，予以宣贯，结合流程点检，纳入相关人员考核。

应用场合：购车、维修客户离店、看车客户离开。

2. 体验式展厅销售流程"关键十刻"识别及标准

体验式展厅销售流程分为销售人员、展厅准备、电话接听、接待及时、接待质量、车辆讲解、文件交接、售后讲解、诚悦交车、售后维系共十大流程。

（1）销售人员：人员着装、销售工具准备。

管理要求：统一的公司制服（领带、丝巾、胸牌齐全），制服不得与其他外搭服饰搭配穿着；销售人员随身佩戴对讲机及耳麦。

管理促进：销售经理晨会时点检销售人员着装情况，客户关系部监督执行。

（2）展厅准备：洽谈区、展车。

洽谈区：荣誉牌、饮料单、绿植、糖果盘（保持充足糖果）、烟灰缸（不得超过三个烟头），洽谈区整体洁净，物品规整。

展车：座椅去除塑料膜、铺有品牌标示绒布脚垫、车门可开启、整车洁净（包含轮胎、发动机舱）。

管理促进：销售经理每日 9:00 前对设施进行检查，监控人员切实监督好执行。

（3）电话接听：接听及时、用语规范。

管理要求：电话铃响三声（彩铃 15 秒）内接听；接听规范用语："您好！××汽车××专营店销售顾问××，请问有什么可以帮助您？"

管理促进：热线电话设置录音功能，销售经理定期抽查，客户关系部人员切实监督好执行。

（4）进店接待：双人值班制、用语规范。

管理要求：营业时间内，接待台处必须保持两名销售顾问值班；客户进入展厅后有人员及时主动上前接待；接待规范用语："您好、欢迎光临××汽车……"

管理促进：实施前台轮班制度，客户关系部人员切实监督好执行，负连带责任。

（5）接待质量：饮品提供、邀约入座。

管理要求：主动提供三种以上（公司指定）的饮品供客户选择，依据客户选择提供相应服务；主动邀请客户至洽谈区洽谈。

管理促进：饮品需设置专人管理，保证饮品充足、冷热适中，监控人员切实监督好执行，负连带责任。

（6）车辆讲解：客户疑问解答。

管理要求：对客户提出有关车辆方面的疑问可以第一时间给予客户正确的解答。

管理促进：店内开展产品定期专项培训，设置考核及演练，留存考核试卷和现场照片备查。

（7）文件交接：交接、讲解文件。

管理要求：发票、《车辆合格证》、《使用说明书》、《保修手册》的交接，除《保修手册》外，其余均需要销售顾问讲解。

管理促进：配交车文件包，交车前，书面文件集中存放文件包中，防止遗漏，客户关系部人员切实监督好执行。

（8）售后讲解：引荐服务顾问讲解《保修手册》。

管理要求：销售顾问引荐服务顾问，服务顾问自我介绍，递上名片，介绍保养里程、时间和免费保养项目。

管理促进：专营店设立绩效机制，服务顾问参与车辆交接，纳入绩效考核，监控人员切实监督好执行。

（9）诚悦交车：诚悦交车仪式。

管理要求：销售顾问、服务顾问、客服人员必须参加诚悦交车仪式。

管理促进：专营店设立绩效考核机制，服务顾问、客服人员参与车辆交接，纳入绩效考核，监控人员切实监督好执行。

（10）售后维系：购车当天、购车 7 日后客户回访。

管理要求：交车当天预估客户到家时间，与客户电话联系，恭喜客户购车，问候平安；在交车后 7 日内与客户联系，询问车辆使用情况及对自身服务的建议。

管理促进：CRM 系统中需体现回访记录，监控人员切实监督好执行。

操作步骤

表 6-5、表 6-6 分别为展厅销售营业管理考评表和销售管理 SSI（销售满意度）考评表。

表 6-5　展厅销售营业管理考评表

项目	细项	序号	营业管理考评项目	评价标准	分值	得分	不合格项说明
			展厅销售营业管理考评表				
			来电接待 9 分				
来电接待	接线员通话	A1	电话响铃 3 次以内有人接听（10 秒）	在电话响铃 3 次内有人接听电话	1		
		A2	接线员主动报出自己的姓名和销售店名称	接线员主动报出姓名和销售店名称	1		
		A3	接线员主动询问客户的购车需求	接线员主动询问客户的购车需求并对车辆做简单说明	1		
		A4	在客户问及时，能大致介绍车辆的情况	接线员不是很熟悉产品的情况下，转接销售顾问；谈话的语速节奏应适应谈话者；不随意打断客户的讲话	1		
	邀请	A5	主动邀请客户到销售店看车	需要接线员或者销售顾问主动邀请	1		
		A6	主动告知销售店的地址和到达办法		1		
	感谢	A7	在电话中，主动索取或确认客户的联系方式	结束时索要客户联系方式	1		
		A8	电话结束时，感谢客户的来电	结束时感谢客户的来电	1		
		A9	接线员在客户挂断电话之后才挂断电话	待客户挂断电话后再挂断电话	1		

笔记

项目	细项	序号	营业管理考评项目	评价标准	分值	得分	不合格项说明
			展厅接待 16 分				
展厅接待	进入展厅时	B1	进店后,接待员或者销售顾问在30秒内立即注意到了客户,并礼貌示意	接待人员或者销售顾问需要在第一时间欢迎客户	1		
		B2	在2分钟内,接近客户并主动与客户交谈		0.5		
		B3	销售顾问第一时间询问了客户来店参观意图	销售顾问明确说明自己的服务意愿和位置	1		
	自行开车时	B4	客户在看车过程中产生疑问并做出寻找相关人员,销售顾问主动上前询问	当客户有疑问时,主动趋前询问	1		
	了解需求	B5	销售顾问询问了您的购车时间		1		
		B6	销售顾问询问了客户的日常活动,过往用车经历		1		
		B7	销售人员询问了您准备购买车型或者您的购车预算是多少		1		
		B8	根据客户上面的需求,给客户提供了合理的车型建议		2		
		B9	销售顾问有能力对客户提出的问题做全面的回答	销售顾问能够全面回答客户的提问	1		
	客户交谈时	B10	负责接待的销售顾问主动做自我介绍	销售顾问需要做自我介绍并递上名片	0.5		
		B11	负责接待的销售顾问在恰当时候递上名片		0.5		
		B12	负责接待的销售顾问请教客户的称呼		0.5		
		B13	销售顾问接待客户时,手持标准销售工具夹		1		
		B14	销售顾问将注意力集中在客户身上,善于倾听	对客户要重视、并一直关注	1		
		B15	销售顾问中途离开时,先跟客户打招呼	销售顾问要提供热情、周到的服务	0.5		
		B16	销售顾问主动要求留下客户信息（如电话、电子邮件等）	与客户保持联系	0.5		
	送行	B17	销售顾问送客户到展厅门口,并有送别话语	放下其他事务,送客户到门外	1		
				有送别话语	1		

表标题（表格内）: 展厅销售营业管理考评表

笔记

项目	细项	序号	营业管理考评项目	评价标准	分值	得分	不合格项说明
			展厅销售营业管理考评表				
			产品介绍 22.5 分				
产品介绍	产品介绍	C1	销售顾问积极引导客户进入展车内亲身感受并动手操作		1		
		C2	销售顾问结合客户的特征和需求,说明车辆对客户的好处		1		
		C3	销售顾问有丰富的产品知识	产品说明中凸显产品的优势	1		
		C4	客户在与同类产品对比对本品产生异议时,销售顾问态度良好,能间接解决问题		1		
		C5	产品说明中,销售顾问的介绍能凸显产品优势	产品说明中不攻击竞争车型	1		
	试乘试驾	C6	销售顾问对于试乘试驾活动态度(即时提供试乘试驾)	主动邀请顾客进行试乘试驾	2		
				不直接回绝客户提出的试乘试驾;不能试乘试驾,给予原因说明	0.5		
		C7	有专门的试乘试驾车辆(标准车贴 & 上牌备案 & 试乘试驾路线图)		1		
		C8	请用户出示驾驶证,并填写试乘试驾车协议		1		
		C9	试乘车辆为专用车辆,且干净整洁		1		
		C10	试乘车辆的性能良好,且油量保持在 1/4 处以上		1		
		C11	在试车过程中解答客户提出的疑问	能够解答客户疑问,消除客户疑虑	1		
		C12	将试乘车辆放到专用停车位,并配有标准试乘试驾遮阳棚		1		
	报价/协商	C13	将客户引到洽谈区,并安排座位	客户的位置可以看到车辆	1		
		C14	主动给客户奉上茶水或饮料	给客户呈上饮料或者水	1		
		C15	销售顾问给客户一份产品手册	给客户呈递产品说明书	1		
		C16	销售顾问总结产品说明的要点以及给客户带来的利益	针对客户需求,口头总结产品特点和客户利益	1		
		C17	销售顾问对价格进行了解释	对于客户关心的价格问题给出解释	1		
		C18	主动介绍××汽车的产品保质期、保修保养内容、服务网络、24 小时售后服务热线电话及客户服务内容	介绍购买产品后的维修保养	1		

（续表）

笔记

展厅销售营业管理考评表							
项目	细项	序号	营业管理考评项目	评价标准	分值	得分	不合格项说明
产品介绍	报价/协商	C19	对于客户的疑问给予耐心、细致、准确的回答	耐心解释客户的疑问	1		
		C20	销售顾问使用标准规范报价单进行报价	需要在标准单据上报价	1		
		C21	销售顾问对于客户要求优惠时的态度良好，耐心解释		1		
	展厅内部人员 6.5 分						
展厅内部人员	仪表	D1	销售顾问/接待员穿着统一职业制服		1		
		D2	销售顾问统一佩带铭牌/吊牌		0.5		
		D3	销售顾问口腔无异味		0.5		
	行为	D4	如果客户讲普通话，销售顾问需要以普通话回答		1		
		D5	销售顾问礼貌、亲切、热情		0.5		
		D6	未在展厅内发现销售顾问吸烟或饮食情况		1		
		D7	展厅内工作人员没有聚众聊天或看报纸/杂志/电视等其他现象		1		
		D8	员工及员工之间语言、手势、表情都很友好		1		
	展厅设施布置管理 23 分						
展厅设施	精品展示区	E1	展车附近的规定位置设有一个车型介绍的型录架	各车型展车附近有一个展车介绍的型录架	1		
		E2	设立增值业务展示专区		1		
		E3	精品展示区内摆放、展示专用精品		1		
	客户休息区	E4	整齐清洁，桌面上有烟灰缸，烟灰缸内烟头不超过 3 个（含 3 个）	烟灰缸及时清理，烟头不超过 3 个	1		
		E5	有汽车杂志、报纸、资料（最近两个月之内的）	报刊杂志按月更新，且不能出现严重陈旧、卷曲	1		
		E6	休息区要有饮水机，并能正常使用	要有饮水机、绿色盆栽	1		
		E7	播放配备的视听设备（42 英寸彩色电视）	播放汽车广告宣传片或专题片	1		
	洽谈区	E8	洽谈区桌椅整齐、干净，烟灰缸及时清理无杂物	洽谈区桌椅整齐、干净	1		

（续表）

展厅销售营业管理考评表							
项目	细项	序号	营业管理考评项目	评价标准	分值	得分	不合格项说明
展厅设施	接待台	E9	接待区物品摆放整齐，无摆放与工作无关的报纸、杂志等	接待台无放置与工作无关的报纸、杂志等杂物	1		
	卫生间	E10	标识易于明确区分		1		
		E11	卫生间内没有异味		1		
		E12	大小便池干净		1		
		E13	卫生间地面、墙面干净		1		
		E14	有充足的洗手液或者肥皂、烘干机、衣帽钩、纸巾		1		
		E15	洗手台干净，没有积水或者其他杂物		1		
	儿童区	E16	有独立的儿童休息区和娱乐设施	不宜离楼梯、展车、电视、型录架等距离太近，但能使展厅内的客户看到儿童的活动情况	2		
	停车场	E17	有独立的停车场	出入口方便车辆进出，宽度超过6米	2		
		E18	停车场停放车辆整齐		1		
		E19	出入口方便车辆进出		1		
		E20	有停车标识，且标识清楚易辨别	停车区标识清楚，便于客户辨认	1		
		E21	停车场内不能停放商品车		1		
展车检查	展车检查10分						
	车外部分	F1	车顶正上方摆放POP板（价格板或者促销板）	有活动的时候车正上方一定要放POP活动促销板	1		
		F2	展示车表面/车窗整洁，车身光亮，引擎舱、后备箱干净整洁	车身保持清洁干净，无手指纹	2		
		F3	展车后窗玻璃关闭，前窗玻璃打开，高度一致	玻璃升降的高度保持一致	1		
		F4	展车的车门保持不上锁的状态	车门保持不上锁状态	1		
		F5	展示车使用车轮垫板，轮标位置正确	轮胎下放置车轮垫板或地毯，轮标位于水平位置	1		
	车内部分	F6	展示车车内、行李箱内、手套箱内、车门内侧杂物袋没有杂物（且车内无异味）	展车内无任何宣传品或者杂物	1		
		F7	展示车车内的塑料保护膜全部拆除（并配有座椅套）	展车内塑料保护膜全部拆除	1		

（续表）

展厅销售营业管理考评表							
项目	细项	序号	营业管理考评项目	评价标准	分值	得分	不合格项说明
展车检查	车内内部分	F8	展示车车内CD机可随时播放音乐或有已调谐好的收音频道	车内CD机中有CD唱片,收音机调节到好的收音频道	1		
		F9	展示车内地板上铺有车用脚垫,且干净整洁	铺有车用脚垫,并保持干净、整洁	1		
合　　计							

表6-6　销售满意度考评表

销售满意度管理考评表			
	问　　题	分值	得分
一、关于销售人员（35%）			
Q1	销售人员有没有主动提出请您试车? [◎是　13分　◎否　0分]	13	
Q2	销售人员有能力对您提出的问题作全面的回答吗? [◎完全可以　9分　◎一般　4分　◎没办法　0分]	9	
Q3	请对您与销售人员相处的整体感受打分 [◎很满意　13分　◎一般　6分　◎不好　0分]	13	
二、关于经销商设施（25%）			
Q4	位置便利程度 [◎很便利　6分　◎较便利　3分　◎不便利　0分]	6	
Q5	您和销售人员完成交易的场所的舒适程度评价? [◎很舒适　6分　◎一般3分　◎不好　0分]	6	
Q6	请对经销商设施的整体感受打分 [◎很满意　8分　◎一般　3分　◎不好　0分]	13	
三、关于交车过程（40%）			
Q7	在交车过程中答复您提出问题的能力 [◎很满意　8分　◎一般　3分　◎不好　0分]	8	
Q8	交车过程中的礼貌和友好程度 [◎很好6分　◎一般2分　◎不好　0分]	6	
Q9	向您完整解释用户手册 [◎很满意　8分　◎一般　3分　◎不好　0分]	8	
Q10	向您完整解释车辆的保养维修内容、保修期、保修范围等 [◎很满意　8分　◎一般　3分　◎不好　0分]	8	
Q11	请对交车环节的整体感受打分 [◎很满意　10分　◎一般　3分　◎不好　0分]	10	
合　　计		100	

实训练习

　　严格按照展厅销售流程的基本程序、技巧和方法能独立或与他人合作完成情景演练的全过程。实训一般分组进行,每组 2～3 人,在教师指导下开展演练活动,完成规定任务,按照销售服务管理考评表标准进行考核。

模块七

汽车营销策划

项目 7.1 汽车营销活动策划案的编写

项目目的

(1) 能运用汽车市场营销组合策略等理论与知识进行汽车营销活动的策划。

(2) 会独立撰写汽车市场营销活动策划书。

(3) 会使用各种促销方法进行汽车商品的促销。

项目内容

本项目以汽车营销活动策划过程为载体,培养学生掌握汽车营销市场组合的基础知识和各种促销方法,掌握必要的策划撰写和实施技能。本项目的主要学习内容包括:

(1) 营销策划的程序、基本内容。

(2) 营销策划书的编写。

相关知识点析

一、汽车营销策划内容

汽车营销策划指汽车企业在经营方针、经营目标的指导下,通过对企业内部经营环境的分析,找出市场机会,选择营销渠道和促销手段,经过精心构思设计,将产品推向目标市场,以达到占有市场的目的。

　　1. 内容提要

对营销目标、营销策略作简要叙述,使企业高层主管很快掌握营销策划方案的核心内容。

2. 营销环境分析

分析该产品目前所处的营销环境状况,明确产品面向的细分市场情况、产品的销售情况、竞争对手的数量、竞争优势、劣势及分销渠道情况。列出本产品的优势、劣势、机会和威胁。在制订营销计划时,要充分利用外界机会环境,避免外界威胁环境,充分发挥产品的优势,改进产品劣势,使营销计划最大限度地完成营销目标。

3. 确定营销目标

营销目标:本计划期内要达到的目标。

常见营销目标:市场占有率、销售额、利润率及投资收益率等。

4. 制订营销策略

营销策略是指达到上述营销目标的途径或手段。

常见营销策略:目标市场选择策略、市场定位策略及营销组合策略等。

5. 确定活动流程

即确定本次营销活动开展的形式、活动时间、活动地点、活动负责人。

6. 制订预算方案

任何营销活动的开展都要以预算为支撑,在拟定营销活动大纲时,可根据活动程序编制预算方案并提请领导审批,在后期的计划执行过程中可依照预算方案进行资金控制。

7. 制订过程控制方案

过程控制方案是营销计划的最后一项内容,也是不可缺少的内容。其可对计划执行过程中的目标实现和经费支出进行监督检查,并且对突发事件进行预备方案处理。

二、汽车营销策划的步骤

一般来说,汽车企业市场营销策划包括以下几个基本步骤:

1. 明确问题

策划人将企业发展中的问题按照简单化、明确化、重要化的原则加以界定和提炼,最终提出真正面临的需要加以解决的问题。

2. 市场调查

市场调查的目的在于了解企业的营销环境,为企业的营销策划提供真实可靠的信息。市场调查包括企业营销外部与内部环境的调查与分析。主要内容包括:市场形势、产品情况、竞争形势、分销情况、宏观环境等。这是整个营销策划的前提,只有充分掌握了企业、产品的情况,才能为后面的营销策划打下基础。具体的市场调查流程与方法见项目二。

3. 市场情况分析

一个好的营销策划必须对市场、竞争对手、行业动态有一个较为客观的分析。市场分析的方法有很多,常用的有 SWOT 分析方法:① 机会与风险分析。找出市场上该产品可能受到的冲击,寻找市场上的机会和"空当"。② 优势与弱点分析。找出该企业的弱项和强项,同时尽可能充分发挥其优势,改进或弱化其不足。③ 结果总结。通过对整个市场综合情况的全盘考虑和各种分析,为制定出应当采用的营销目标、营销战略、营销组合策略和构想及措施等打下基础。具体参见项目二的市场分析相关内容。

4. 营销战略确定

企业营销战略策划主要包括 STP、Brand、CI 和 CS 策划。

STP：市场细分（Segmenting）、目标市场（Targeting）和市场定位（Position）。STP 策划就是要根据企业的总体战略、营销目标和营销重点，进行"市场细分"确定目标市场和市场定位。

Brand：品牌建设。主要包括品牌架构、品牌定位、品牌个性等；品牌营销策划可分为：品牌形象策划、品牌传播策划、综合创意策划等过程和内容。

CI：企业形象（Corporate Identity）的缩写形式。其本质是一种塑造企业形象为目标的组织传播行为。CI 策划主要包括理念识别（MI）、行为识别（BD）和视觉识别（VI）。

CS：客户满意（Customer Satisfaction）的缩写形式。客户满意系统把企业的客户分为外部及内部客户。CS 策划就是满足内外部客户需求，提升销售业绩、促进企业发展壮大。

5. 汽车营销战术

营销战术注重企业营销活动的可操作性，是为实现企业的营销战略所进行的战术、措施、项目策划。它的内容包括以下方面：

（1）营销组合策划。根据企业的营销战略，对企业的营销因素进行整合策划。现代市场营销组合应该是 4P＋4C。4P，即产品（produce）、价格（price）、渠道（place）、促销（promotion）；4C，即客户（Customer）、成本（Cost）、方便（Convenience）、沟通（Communication）。

（2）营销项目策划。根据企业营销战略所确定的营销重点，企业还可以进行一些项目策划，如市场调研策划、产品策划、价格策划、分销策划、促销策划、广告策划、公关策划、推广策划。

6. 产生创意

所谓创意，就是具有创新的想法和建议。创意分为产生灵感的（线索）启示、产生灵感、产生创意构想三个阶段。每个阶段信息的收集、整理、加工、组合方法的优劣决定最终创意乃至最终策划的优劣。

7. 选择方案

当策划者有了足够多的创意及构想之后，就必须认真评估创意方案的优劣，并从中选定一个可行方案。所谓"可行"方案，可从下面三点理解：① 方案切实可行；② 高层主管的信任与支持；③ 其他职能部门的全力配合。

8. 撰写文案

企业营销策划文案是将最终成果整理出书面材料即营销策划书，也叫企划案。它是表现和传送营销策划内容的载体，一方面是营销策划活动的主要成果，另一方面也是企业进行营销活动的行动计划。其主体部分包括现状或背景介绍，分析、目标、战略、战术或行动方案。方案还包括效益预测、控制和应急措施。各部分的内容可因具体要求不同而详细程度不一。

汽车营销策划书中不可缺少的项目包括：① 方案名称；② 单位人员；③ 策划目标；④ 策划内容；⑤ 成本预算；⑥ 参考资料；⑦ 注意事项等。

9. 模拟布局

营销策划者必须根据已经拟妥的预算表与进度表，运用"图像思考法"模拟出营销策划实施的布局与进度。模拟布局可以预测营销方案实施的过程及进度。也可预测营销策划书实施后的效果。只有在想象中或在模型中预演后,才能做到心中有数。

10. 实施总结

企业的营销策划方案完成以后,要通过企业的营销管理部门组织策划的实施。这是策划的最后一个阶段。它指的是营销策划方案在实施过程中的组织、指挥、控制与协调活动,是把营销策划方案转化为具体行动的过程。为此,企业营销管理部门必须根据策划的要求,分配企业的人、财、物等各种营销资源,处理好企业内外的各种关系,加强领导与激励,提高执行力,把营销策划的内容落到实处。应当指出的是,一个具体的营销策划,内容与形式都十分复杂,不会严格按照以上几个程序进行,程序只是人为总结出来的基本框架,而在实际的操作过程中,要灵活运用。

操作步骤

从营销策划活动一般规律及特性来看,其中有些要素是共同的。因此,重点谈一下如何设计营销策划方案的各部分内容及编制要求。

1. 策划案的内容

汽车营销策划本质是经过对竞争对手营销策划的分析,做出有别于竞争对手的方案,出奇制胜,进而指导企业的汽车销售活动,为企业创名牌、创效益。营销策划由策划人、策划目标、策划资源和策划方案四大要素组成。营销策划的定义有广义和狭义之分。狭义的营销策划属于传统策划思想,即传统公式:产品+价格+渠道+促销,它是以营销策略性策划为核心的营销组合策划。广义的营销策划定义实际上超越了传统的现代营销策划思想,即4P+2P+1S+1C,其中4P是指产品、价格、渠道、促销;2P是指权利和公关;S是指服务;C是指客户。

完整有效的营销策划内容要点如下:

(1)封面。策划方案的封面可提供以下信息:① 策划方案的名称;② 被策划的客户;③ 策划机构或策划人的名称;④ 策划完成日期及适用时间段;⑤ 编号。

例如,"××汽车"小型车展活动策划方案。

名称:"××汽车"小型车展活动策划方案

策划单位:××公司

策划人:王××

日期:2009 年 4 月 10 日

(2)前言。前言或序是对策划方案的高度概括,让人一目了然,引起客户的注意和兴趣。其内容主要是:① 接受委托的情况。如:×××公司接受××××公司的委托,就××汽车的广告宣传计划进行具体策划。② 本次策划的重要性与必要性。③ 策划的概况,即策划的过程及达到的目的。

(3)目录。策划方案的目录和其他书籍的目录一样,它涵盖了全方案的主体内容和要点,读过后应能使人对策划的全貌、策划人的思路、策划方案的整体结构有一个大体的了解,并且为使用者查找相关内容提供了方便。

(4)概要。概要包括策划的目的、意义、创意形成的过程,相关策划的思路、内容等介绍,阅读者通过概要提示,可以大致理解策划的要点。概要应简明扼要,篇幅不能过长,可以控制在一页纸内,即四五百字左右。

(5) 明确问题。在这一部分中,需要明示策划所实现的目标或改善的重点。如何提出问题、如何界定问题主次、哪些问题必须定义、哪些问题可暂时不理,等等。在进行营销策划之前要找到一个最佳切入点,以及实现那些目标的战略直觉。这主要是通过界定问题来解决,即把问题简单化、明确化、重要化。

(6) 环境分析。"知己知彼,百战不殆",这一部分需要策划者对环境有所了解。环境分析的内容包括宏观营销环境、微观营销环境分析、竞争对手分析等。

(7) 问题点和机会点。营销策划方案是对市场机会的把握和策略的运用,因此分析问题、寻找市场机会,就成了营销策划的关键。找准了市场机会,可以极大地提高策划成功率。通常采取 SWOT 分析法。

(8) 营销目标。无论是什么方面的营销策划方案,其营销目标的主体内容都要具体明确,如市场占有率、销售增长率、分销网点数、营业额及利润目标等。

(9) 营销战略。在营销策划方案中的"营销战略"部分,要清楚地表述企业所要实行的具体战略,主要包括市场细分、目标市场和市场定位三方面的内容。市场细分(S),其目的在于帮助企业发现和评价市场机会,以正确选择和确定目标市场。目标市场(T),根据企业资源状况及实力,找准目标市场。市场定位(P),是指企业为在目标客户心目中寻求和确定最佳位置而设计产品和经营特色的活动。

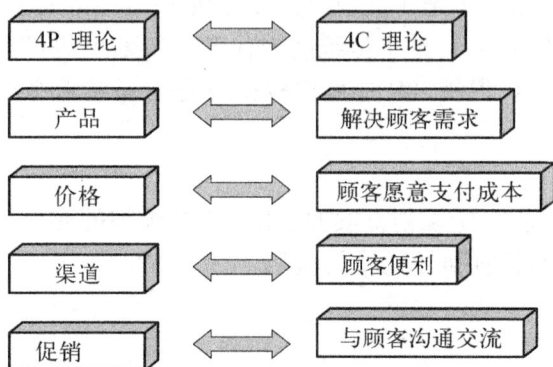

图 7.1　营销组合 4P+4C

(10) 营销组合策略。确定营销目标、目标市场和市场定位之后,就必须着手准备在各个细分市场所采取的具体营销策略,以及确定相关的营销组合策略。现代市场营销组合应该是 4P+4C。4P+4C 的组合关系如图 7.1 所示。

(11) 行动方案。要实施营销策划,还要将各项营销策划转化成具体的活动程序。为此,必须设计详细的策划行动方案。在行动方案中,需确定以下的内容:要做什么作业、何时开始、何时完成,其中的个别作业为多少天、个别作业的关联性怎样、在何地、需要何种方式的协助、需要什么样的布置、要建立什么样的组织机构、由谁来负责、实施怎样的奖酬制度、需要哪些资源、各项作业收支预算为多少等。

(12) 费用预算。主要是对策划方案各种费用的预算,包括营销过程中的总费用、阶段费用、项目费用等,其原则是以较少的投入获得最优效果。预算费用是策划方案必不可少的部分。预算应尽可能详尽周密,各费用项目应尽可能细化。预算费用应尽可能准确,能真实反映该策划案实在的投入大小。同时,应尽可能将各项花费控制在最小规模上,以求获得最大的经济效益。

(13) 方案调整。这一部分是作为策划方案的补充部分。在方案执行中都可能出现与现实情况不相适应的地方,因此方案在贯彻过程中必须随时根据市场的反馈及时对方案进行调整。

（14）结束语与前言呼应,使策划方案有一个圆满的结束,主要是再重复一下主要观点并突出要点。

（15）附录。附录是策划方案的附件。附录的内容对策划方案起着补充说明作用,便于策划方案的实施者了解有关问题的来龙去脉。附录为营销策划提供有力的佐证,如引用的权威数据资料、消费者问卷的样本、座谈会记录等。列出附录,既能补充说明一些正文内容的问题,又显示了策划者负责任,同时也能增加策划案的可信度。作为附录也要标明顺序,以便查找。

营销策划方案的编制一般由以上几项内容构成。企业产品不同,营销目标不同则所侧重的各项内容在编制上也可有详略取舍。

2. 营销策划书的撰写

要想完成一份营销策划书,首先要学会分析市场环境,然后再有针对性地设计相应活动主题。撰写营销策划案之前,可以先从以下几个方面做好准备工作。

（1）分析市场环境,尤其是区域市场环境。市场环境分析是编写策划案中非常重要的一块内容,营销环境分析的主要内容和各分析工具已在前面章节中详细介绍,这里就不再重复。

（2）明确活动主题,即明确策划目标。具体写出通过本策划所要实现的目标或要解决的问题,如提高市场占有率、销售增长率和营业额等。

注:市场占有率又称为市场份额,指一个企业的销售量(或销售额)在市场同类产品中所占的比重,直接反映企业所提供的商品和劳务对客户的满足程度,表明企业的商品在市场上所处的地位。

销售增长率是指企业本年销售增长额与上年销售额之间的比率,反映销售的增减变动情况,是评价企业成长状况和发展能力的重要指标。其计算公式为:销售增长率=本年销售增长额÷上年销售额=(本年销售额-上年销售额)÷上年销售额。

营业额是指为纳税人提供应税劳务、转让无形资产或者销售不动产向对方收取的全部价款和价外费用。

（3）明确活动所涉及的各单位,包括:主办方、承办方、协办方、参加人员及活动的机构设置和责任分工。特别是如果活动的地点需要外借,则必须要注意与对方的沟通和交流。

（4）进行营销活动整体设计(即营销战略的选择和营销组合策略的使用)。

（5）行动方案的设计。如何来设计行动方案呢?具体如表7-1所示。

表7-1　行动方案设计要素

要　素	关　键　点	备　注
要做什么活动	活动的形式? 涉及面有多广	
活动时间	何时开始? 活动一共需要多少天,各项活动的关联如何	

笔记

（续表）

要　素	关　键　点	备　注
活动地点	要以何种方式协助？需要什么样的布置	
组织机构	要建立什么样的组织机构？由谁来负责	
奖惩制度	如何责任到人？如何来进行奖励	

（6）进行费用预算。具体如表7-2所示。

表7-2　费用预算表

项目分类	月消费/元	时间/月	单项费用/元
知名网站及论坛	6 000	2	12 000
报刊杂志	18 000	2	36 000
广播电台	20 000	2	40 000
主流报纸 DM 夹报	13 000	2	26 000
店内外物品布置场租			10 000
活动奖品			15 000
活动总预算：139 000 元			

（7）请在心理上做好组织实施活动的准备。

（8）对可能出现的问题给出解决方案。如活动是在室外进行，遇到不好的天气该如何处理？

3. 策划书撰写的流程

策划书的撰写是策划人的策划成果，可以参照以下的流程来进行。

（1）进行封面设计。封面设计要做到突出重点、层次分明，要给人很好的视觉效果。

（2）营销策划书的目录设计。

（3）营销策划书正文内容撰写。现在很多策划机构开始使用 PPT 来制作策划书，这样可以更加醒目，以符合时代的发展要求。正文的主要内容如表7-3所示。

表7-3　营销策划书正文基本内容

结　构	基　本　内　容
前　言	策划的背景、策划的目的和意义、策划的宗旨
策划目标	营销职能目标、财务目标
环境分析	企业内外部环境分析
营销战略	市场细分、目标市场、市场定位
营销组合策略	4P＋4C 策略
行动方案	活动项目、活动方式、人员分工、时间、地点等的安排

（续表）

结　构	基　本　内　容
费用预算	营销过程中的总费用、阶段费用、项目费用
实施进度计划	项目及实践的起止时间
结束语	重复主要重点，突出策划内容要点

（4）备用方案、市场问卷、调研报告、参考文献等数据资料作为附录放在策划书的最后。

（5）撰写的过程中应随时记录下所碰到的问题，以供完善策划书和后面实施策划书参考。

4. 策划书撰写要求

策划书是策划人的策划成果，因此要认真对待。在写作过程中要注意的是，营销策划书并非仅仅用文字的方式来表现其内容，一般情况下，为了更形象、更直观地表现策划内容，通常采用文字、框图、数据及视觉图片等四种方式来表现策划的内容。策划书的写作要求如下：

（1）策划书表达要求简洁明了。策划书如果长篇大论，文辞优美，反而在阅读上造成困难，不易抓住策划书的主题。

具体要求如下：① 文体统一。在整个策划书中，前后问题必须统一，避免使用口语化的文体及过于书面化的文体，同时要求策划用语统一、数字使用方法统一。② 文字简洁、准确。简洁在文字表现中是非常重要的，一段文字最好掌握在 40～50 字左右，另外最好能将文字内容分条列出。先做结论，后再简单阐述。③ 结论明确。营销策划书中应避免内容含糊、态度模糊的表现。例如在文中出现"也许"、"大概"等，容易给人不真实的感觉。

（2）要强调方案的可操作性。策划方案不是论文，而是可以直接拿来实施的、可操作性极强的方案，因而在策划书写作中，能够具体的一定要具体，尽量少出现"可以"的字眼。

（3）加强方案的说服力。首先，策划书的内容组织要有逻辑性，符合人们的阅读习惯；其次，策划书还应在内容、结构和语言上增强说服力。

实训练习

（1）严格按照营销策划的基本程序、技巧和方法能独立或与他人合作完成策划书撰写的全过程。

（2）实训一般分组进行，每组 4～5 人，在教师指导下开展策划活动，完成规定任务，提交营销资料和策划报告书。

（3）在实训项目完成后，学生必须提交工作情况、营销资料和策划报告书。

项目 7.2　汽车营销策划案的实施

项目目的

（1）能够与他人合作共同完成汽车营销活动策划案的实施。

（2）掌握汽车营销策划实施过程中的过程监控、组织协调技能。

（3）能够对策划实施效果进行科学有效的评价。

项目内容

（1）汽车营销活动策划实施的要点、关键技能。

（2）汽车营销活动策划实施效果评价。

相关知识点析

汽车营销策划的目的在于实施，没有成功的实施，最后的策划案也不过一堆废纸而已。通过方案实施可以使梦想成真，可以在实施过程中说服更多的人去理解和支持营销策划活动，同时也可以发现营销策划方案是否合理、周全，是否需要补充、修正。汽车营销策划方案的实施不同于策划工作，它的着重点不在于分析、判断、描述和评价，而在于组织各种活动，进行资源分配和利用，将方案付诸现实，使其转变为有效的成果。因此，方案的实施是企业营销策划成功不可忽视的关键环节。

一、汽车策划案实施的注意事项

1. 策划案实施的准备

（1）宣传造势。营销策划方案实施前和实施过程中，企业要注意进行对外宣传造势，这样能够扩大影响，有助于提升企业形象，改善公共关系。对于产品品牌的策划，宣传造势有利于品牌力的提升；对于价格策划，宣传造势有利于突出产品的市场定位；对于客户满意策划，宣传造势有利于体现企业为客户着想的形象。宣传造势形式有：广告、新闻稿、对外宣传册、多媒体作品等。

（2）企业渗透。企业渗透是指在企业营销策划方案实施之前和实施过程中，通过各种方式使企业全体员工了解策划方案，理解策划活动的必要性，从而支持并认真执行企业营销策划方案的过程。营销策划的企业渗透可以通过以下方法进行：印发内部刊物、举行报告会、进行培训、召开座谈会、填写调查表、进行非正式沟通等。

（3）办理手续。在营销策划方案活动确定以后，活动的开展要合法合理，因此企业还应该得到有关单位的审批。例如，某地一单位曾做过一个敬老活动策划，是整个营销策划方案的一个亮点。当时虽然该地还没有规定在城市放烟花要经过审批，但在公众场所进行活动必须经过审批。这个单位是一个局级单位，他们认为有权在自己的场地上做敬老活动，就没有向有关单位报批。活动办得很热闹，有文艺节目演出，有很多赞助单位给老人送礼品，最后放烟花，但烟花一放，遭到了公安机关的追究，为什么？因为他们在飞机航线上放烟花，没有办审批手续，也缺乏民航管理规范知识，无论如何都是违法的。

2. 汽车策划案实施的关键点

（1）高层支持。成功实施的一个关键是赢得企业的高层支持。高层支持的项目，或称"一把手"工程，往往能够推行得比较顺利。在项目实施中，最经常的项目牵头人是客户方负责运营的总经理。企业营销策划方案实施，不应当仅仅是营销部门的事情，而应当是整个企业在高层领导的直接参与指导之下的多方协同调整，因为实施涉及的是市场、销售、服务等多个与客户打交道的部门和流程。企业内部的高层管理者必须承担起项目负责人的角色，才能让策划实施顺利地开展。

（2）过程监控。过程监控是保证策划成功实施的必要的管理手段。监控通过收集信息，掌握策划的执行结果，来确定策划方案与执行结果的偏差，进而找出产生偏差的原因，制定相应的对策和措施，然后再进行信息反馈，以纠正偏差或继续实施策划或进行新的企业策划活动。这就要求策划者如同重视编制策划方案一样来重视策划实施过程中的管理，正确处理策划实施与法律、政府有关机构、社会团体和组织以及大众传播媒体的关系，科学地运用策划实施所需的人、财、物、信息等资源，实现企业、环境、企业经营目标、策划目标与策划执行结果的协调统一。

（3）组织协调。一方面，协调好项目内部组织关系。协调的内容主要是明确组织内各部门机构及人员的责权及相互关系，强化内部组织的配合协助。因此策划者应该充分考虑策划与组织的关系，想办法借着组织力量，达到优秀的成果。另一方面，在实施策划过程中，经常会遇到现场排斥的现象，为了突破这种敏感的排斥性，使组织的成员协助策划的推行，就不得不将策划意图渗透到组织末端，尤其必要的是实行部门负责人的支持、协助与共鸣。

二、汽车营销策划案实施的主要工作内容和技能要求

汽车营销策划案的实施最重要的是执行力，提高营销人员执行力，就是要提高营销运作的四项执行技能，即分配、监控、组织和关系技能。

1. 汽车营销策划案实施的主要工作内容

（1）成立相应的方案执行机构。在策划案实施前一定要组建有效的执行机构和将责任落实到个人，并且要确定每个职位的职权范围、职责及其关系，以便各司其职、各负其责，高效运作。

（2）拟定行动方案。行动方案具体包括营销策划方案的实施计划和保证方案实施的制度和政策。实施方案的拟定要详细具体，明确关键性决策和任务，运用目标管理法，把营销策划目标层层分解，落实到每一个执行单位和个人。行动方案必须是行动的具体步骤，各步骤的任务和执行的方法，以及完成这些任务的先后顺序、时间进度和资源安排等。

（3）实施前充分沟通。要确保有关营销策划方案的各项内容为参与人员所充分了解和接受。因此必须要加强对执行人员的培训，让他们具备执行方案所必备的素质和技能。同时必须让他们充分接受和了解方案的全貌和具体细节，了解方案的关键之处和具体的注意事项。

（4）建立有效的奖惩制度和有效的监督机制。大多数人是需要激励才会努力工作的，缺乏有效的奖惩激励制度，方案的执行人员就看不到自己努力工作的回报，这样会严重挫伤他们的工作积极性。但是所有的激励措施都必须要能和方案的实施进程情况相适应，及时调整行动。

2. 汽车营销策划案实施的技能要求

（1）分配技能。分配技能是指营销管理者根据营销任务，分配时间、资源和人员的能力，其中一个重要环节，是为自己的下属员工或部门设立实施与完成任务的时间表。这一方

面可以提高员工或部门经理的责任心,另一方面可以让员工或部门对自己的任务做到心中有数。

(2)监控技能。监控就是在任务落实后,营销管理者要经常过问或监督,以便每一个员工或部门都能按时完成自己的任务。另外,出现问题时,还要帮忙解决。

(3)组织技能。组织技能是指营销管理者通过建立组织机构和协调机制,使营销策划方案得以顺利实施的能力。组织有正式组织和非正式组织之分,需要注意的是,管理人员要充分认识非正式组织的地位和作用,使非正式组织与正式组织达到良好配合,促进营销策划方案的顺利实施。

(4)关系技能。关系技能是指借助于他人的关系力量来完成自己工作的能力。营销管理者不仅要做到组织员工去有效实施营销方案,而且要有较强的社交能力,能充分利用外部的关系力量,为实施营销方案,达成目标提供帮助。

三、汽车策划实施效果评价方法

方案实施后,其效果如何,要用特定的标准、方法及报告来进行检测和评价。

1. 实施效果测评的形式

策划方案实施的效果测评,可分阶段性测评和终结性测评。阶段性测评主要是指在营销策划方案实施过程中进行的阶段测评,其目的是了解前一阶段方案实施的效果如何,并可以为下一阶段实施营销策划方案提供指导及经验教训等。终结性测评主要是指在策划方案实施的最后阶段所进行的总结性测评,其目的是要了解和掌握整个营销策划方案的实施效果,为以后的方案设计提供依据。

2. 实施效果评价的方法和内容

因为营销策划的目的有经济目的和非经济目的之分,所以对于非经济目的实施效果的测评,如社会效果、政治效果、文化效果、法律效果等,可以用定性方法来进行测评,而对经济效果的测评主要采用定量测评方法,选择可用的指标来进行考察。

(1)市场占有率,又称"市场份额"。某一汽车产品某一时期在某地区的市场占有率,是指该汽车品牌在该时期内的实际销售(量或额)占整个行业的实际销售(量或额)百分比。市场占有率既是评价企业经营态势和竞争能力的重要指标,也是进行市场营销方案实施效果测评的重要指标。

(2)汽车品牌及企业形象。汽车品牌及企业形象是反映企业在市场中的地位的重要指标,也是作为测评营销策划方案实施效果的一个重要指标。在今天的市场环境中,人们除重视商品实际功能外还注重"软价值",如所获得的良好感、优越感、幸福感、超价值的服务等。所以在营销策划中,提升品牌及企业形象作为策划的重要内容。

在测评时,汽车品牌及企业形象是否得到提升以及提升程度成为方案实施测评的常用指标。在具体测评过程中,可以根据实际情况对品牌及企业的知名度、美誉度、反应度、注意度、认知度、传播度、忠诚度及追随度等进行测评。

(3)成本指标。在营销策划方案实施进程中,成本指标也是测评的一个重要指标。这里所讲的成本指标是指在策划活动进程中各项成本的控制,如付给相关工作人员的报酬,调查、公关活动等专案费用。如果成本能控制恰当,可以表明此营销策划方案收到的效果是较理想的。

3. 实施效果测评报告

实施效果测评报告的主要内容与具体结构包括：

（1）扉页。包括题目、执行该项目研究的机构的名称、负责人的姓名、所属结构、完稿日期。

（2）目录或索引。

（3）引言。包括测评背景和测评目的。

（4）摘要。阅读测评报告的人只知道测评所得的主要结果、主要结论，以及他们如何根据测评结果行事。因此，摘要也许是测评结果得益的客户唯一阅读的部分。这部分应当用清楚、简洁而概括的手法，扼要地说明测评的主要结果。

（5）正文。包括测评的全部事实，从测评方法确定，直到结论形式及其论证等一系列步骤都要包括进去。之所以要全部，其原因：一是让阅读报告的人了解所得测评结果是否客观、科学、准确可信；二是让阅读报告的人从测评结果得出他们自己的结论，而不受策划人员作解释的影响。

（6）结构。测评方法：测评地区、对象；样本容量、结构；资料采集方法。

测评结果：包括说明、推论和讨论三个层次；结论和建议；附录。

操作步骤

一、组织成立相应的方案执行机构

执行方案要涉及每个职位的职权范围、职责及其关系，以便各司其职、各负其责，高效运作。

公司成立以市场部为主的对外新闻发布机构，选取担任对外新闻发布的负责人。

1. 根据工作先后顺序，进行机构设置和任务分配

根据工作需要设置以下几个小组并确定各个小组的负责人与工作分工。

1）招募组

负责人：

分工：

- 携手某网，制作招募页面，如主题（"秀我风采"网友有奖试驾会）；
- 统一收集报名名单，确认报名有效性；
- 统计、筛选网友；
- 电话邀请试驾，针对网友可能提出的问题进行假设和解释；
- 选择活动场地，并负责组织、布置活动现场；
- 确定试驾路线，当天活动流程安排设计；
- 主持人、车手邀请；
- 发放奖品、更新获奖名录、回访奖品发放情况；
- 活动总结报告的提交（活动结束后2个工作日内提供参与情况、现场图片、报名及参与人员名单）。

2）宣传组

负责人：

分工：

- 与广告公司携手制定相应的店内宣传、平面广告宣传等宣传资料；
- 做好现场宣传所用的宣传资料；
- 做好现场活动的布置；
- 加大宣传力度，如增加有关广告资源位的露出和时长，对活动宣传需要进行紧急备用等。

3）培训组

负责人：

分工：

- 培训陪驾人员，使其具有陪驾资格，且对该汽车产品达到所要求的理解程度；
- 被培训者包括：媒体工作人员，作为现场活动的陪驾者，必须是媒体内部懂车的人（如汽车栏目的编辑）；
- 确定试驾人员具体路线。

4）销售组

负责人：

分工：

- 递交店头报名材料；
- 现场试驾陪同；
- 售车讲解；
- 活动当场订单签署；
- 后续销售跟进。

5）协调组

负责人：

分工：

- 确认各项礼品及活动流程；
- 协调各项工作；
- 协调好活动当天的所有后勤跟进工作；
- 做好活动当天的安保工作。

2. 明确分工

邀请企业副总到场，召集相应工作人员开会，明确自己的分工。

3. 培训

对重要岗位的相关人员进行培训。

二、拟定行动方案

行动方案的拟订要详细具体，明确关键性决策和任务，运用目标管理法，把营销策划目标层层分解，落实到每一个执行单位和个人。行动方案是行动的具体步骤，包括各步骤的任务和执行方法,以及完成这些任务的先后顺序、时间进度和资源安排等。

（1）为保证策划活动的顺利实施,在确定各个小组负责人和工作分工的基础上,将营销策划目标进行层层分解,落实到每一个单位和个人。

（2）确定行动方案中各步骤的任务和执行方法。

（3）编制各行动计划的进度安排。进度安排的方法有很多,例如甘特图、里程碑计划、网络计划和项目计划表等,如果计划时间比较紧,而且对每个项目的具体任务非常了解,可以采用制定项目计划表(见表7-4)。

表 7-4　试驾活动详细计划实施表

时　间	活动安排	具 体 内 容	人　员
提前三天	物料人员到位	物料准备、活动道具预定	工作相关
提前一天	场地布展		工作相关
8:30～9:00	人员到场准备	所有人员到场按照分工进行活动前各项准备	
9:00～9:30	客户签到、引领	礼仪人员做好迎接、引领、客户签到	礼仪负责人
9:30～9:50	产品及活动说明	主持人介绍试驾车辆和活动内容(规则、车辆优惠政策)	主持人
9:50～10:40	常规试驾体验	由陪驾人员陪同进行常规试驾及各项性能测试	陪驾、客户
10:40～11:00	文艺表演	进行舞蹈、小提琴等文艺表演	演员、主持人
11:00～11:30	趣味试驾比赛	进行快速通过 S 弯路障和碾压水气球比赛	客户、主持人
11:30～11:55	冷餐、互动环节	客户进行自主餐饮同时与主持人互动	
11:55～12:00	结束词及收尾	上午内容结束,主持人致结束语	主持人
12:00～14:00	休　息		

（4）对活动各个阶段所需资源进行详细安排,尤其是活动当天的现场布置与所需材料进行重点安排。活动当天的现场布置与所需材料的安排如下:

物料:包括背景板、休息区、A 版、易拉宝、演讲台、签到台、茶点台、洽谈桌、宣传资料和赛程说明等。

AV 设备:音响、功放、播放器、无线麦克、调音台、均衡器等。

其他:租赁大巴、活动保险、对讲机、胸牌、食品、矿泉水、秒表、签到物品、工作证、休息椅、所有嘉宾和工作人员的午餐等。

礼品:汽车上小饰品 100 份、香水 50 份、环保袋 150 份。

活动现场安排:主持人 2 人、摄影 1 人、专业车手 2 人、工作人员 3 人、秩序维持人员 2 人。

（5）为有效发挥协调部的控制职能,做好控制工作,请对协调部的工作进行安排。在活动开展的各个阶段,试驾策划案主负责人充当活动开展的协调者和监督者。

三、实施前充分沟通与准备

充分沟通的目的是要确保有关人员对策划方案的各项内容为参与实施人员充分接受和彻底了解。

（1）对活动整个过程及试驾当天的安排进一步与市场部经理进行沟通确定。试驾当天是活动的重点与关键，活动之前负责人与经理要进行详细的沟通确认，进一步的完善。

（2）制定相应的奖惩机制、建立监督与重要工作报告机制。

（3）公司内部宣传，让所有的人都了解活动的背景、意义和目的，统一思想认识。为了强调活动的重要性，在活动开始前及试驾当天邀请企业副总到场召集相应工作人员开会，要求大家都明确活动的主题、时间和具体任务。

（4）加强和媒体、相关企业的沟通和交流，安排好广宣工作，与媒体签订好广宣外包合同。由于活动涉及××汽车网，活动前必须要做到与对方的沟通和交流，明确双方的职责。

（5）为了保证活动的顺利开展，在活动正式实施前有必要进行模拟训练。

（6）根据各方沟通的情况，以及模拟训练的情况，对活动的细节进行预处理。

为了更好地实施这次策划案，针对现场有可能碰到的问题进行预测，并做好解决方案，包括细节的应对。

试驾者安全问题：

● 要求每位试驾者签订试驾安全免责协议；

● 由于露天比赛，选手对路段不了解，在比赛前给选手发放各路段安全指导说明；

● 参与试驾活动的人员，必须统一购买保险。

天气问题：

● 小雨：添加户外遮阳伞、现场提供雨伞等雨具、活动正常进行；

● 大雨：简化车手表演（视技术和条件情况合理简化），取消户外互动活动，以室内活动代替；

● 雾天：取消车手表演，适当缩短试驾路线保证安全。

概括而言，实施策划案之前要做以下工作：

● 与广宣的汽车网站进行沟通将双方的职责明确；

● 人员分配之前，先和企业领导进行了沟通，并汇报活动的计划和进程；

● 对涉及的所有人员，进行相应的培训，要求大家都必须明确活动的主题、时间和具体任务；

● 加强在企业内部的宣传，做到让所有员工都能知道此项活动的目的和意义。

四、策划活动的执行

策划活动执行当天，按预定计划实施，营造良好的活动氛围。

活动执行过程中要及时对所碰到的问题进行记录并解决。

五、营销活动执行后的效果评估

确定每一阶段预期达到的目标，并把它填入表7-5中，将此目标作为评价标准。

表7-5　效果评价

项目分类	执行计划	人员/资源配置	传播预期	实施效果栏
汽车知名网站及论坛	3个网站2个论坛	市场部	覆盖网站及转载量	
报刊杂志	3家媒体	市场部	发布媒体及篇数	
广播电台	每日3次十秒	市场部	覆盖电台及条数	
主流报纸DM夹报	100 000份	市场部	广告位及实际受众	
店内外物品布置场租	展示物及展台	行政部、销售部、售后部	店内覆盖人数	
活动奖品	若干	销售、精品部		

为每一个评价项目的实施效果选择测定方法,并把测定结果填入表7-5的实施效果栏。策划案实施效果测定的方法很多,可以设立观众留言簿、召开座谈会听取意见、检验公众对车子的留意程度等,我们可以根据评价项目的特点及工作的方便性来选择。

制定活动执行总结表,根据实际业务推动数量(集客、成交)与预期做比较,收集现场照片,总结优缺点分析,进行原因分析,并找到解决方案,为下次活动总结经验。

实训练习

实训分组进行,每组4~5人,在教师指导下开展行动方案设计、执行流程的撰写,完成规定任务,提交策划报告书和具体详细的阐述该策划案流程执行任务书,在实训项目完成后,学生必须提交工作情况、营销资料和策划报告书。

主要参考文献

[1] 吴常红.汽车营销基础与实务[M].北京：北京邮电大学出版社,2013.

[2] 蔡升桂.沟通能力培训全案[M].北京：人民邮电出版社,2011.

[3] 陈桃源.职场沟通与交流能力训练教程[M].北京：高等教育出版社,2011.

[4] 孙路弘.汽车销售的第一本书[M].北京：中国人民大学出版社,2008.

[5] 成玉莲.汽车营销[M].北京：北京理工大学出版社,2011.

[6] 刘军.汽车4S店管理全程指导[M].北京：化学工业出版社,2011.

[7] 王子璐.汽车4S店销售管理实战技巧[M].北京：机械工业出版社,2014.

[8] 裘文才.汽车营销策划[M].北京：机械工业出版社,2011.

[9] 刘军.汽车4S店活动策划全案[M].北京：化学工业出版社,2012.

[10] 何瑛.汽车营销策划[M].北京：北京理工大学出版社,2013.

[11] 陈永革.汽车市场营销[M].北京：高等教育出版社,2012.

[12] 韩广,等.从0到100打造汽车销售高手[M].北京：机械工业出版社,2003.